EINZIG

IN IHRER SCHÖN

MS

ARTIGKEIT
NSTEN FORM

EUROPA

Entgelt
zahlt
Empfänger

Deutsche Post

WERBEANTWORT

Hapag-Lloyd Kreuzfahrten GmbH
Marketing Services
Kennwort HL1305109
Ballindamm 25
20095 Hamburg

EINZIGARTIGKEIT
IN IHRER SCHÖNSTEN FORM
MS EUROPA
Die Antwortkarte ist bereits weg? Kein Problem: Weiter unten
erfahren Sie, wie Sie mit uns in Kontakt treten können.
Hapag-Lloyd
Kreuzfahrten
Große Momente. Ganz exklusiv.

Leinen los zu unserer 8. Ausgabe!

In der Mitte angekommen

Wir haben Kreuzfahrten demokratisiert. Sie sind in der Mitte der Gesellschaft angekommen." Michael Ungerer, der das sagt, muss es wissen: Er ist der Chef von AIDA Cruises, jener Reederei, die einst mit dem „Clubschiff" die Kreuzfahrt aus ihrer elitären Nische holte. Wie erfolgreich sie damit war, ist bekannt. Und dass AIDA nun entschieden hat, dass man das Club-Etikett nicht mehr braucht, belegt, wie die Kreuzfahrt sich verändert hat: Bei 21 Millionen Gästen im Jahr 2013 weltweit, davon über 1,5 Millionen in Deutschland, ist die „Lustreise zur See", wie sie ganz zu Anfang einmal hieß, keine „Club"-Angelegenheit mehr, sondern in der Tat ein Vergnügen für jedermann.

Willkommen, welcome – Europa 2!

Auch die 8. Ausgabe dieses Jahrbuchs zeigt das auf vielfältige Weise. Mit den bewährten Porträts der besten Hochsee- und Flussschiffe. Mit Berichten über Reisen, bei denen 30 – auf dem schwedischen Götakanal – oder 3.000 Gäste dabei waren. Mit Blicken hinter die Kulissen der „Traumschiff"-Drehs, mit einem Besuch der Werft, auf der die „Mein Schiff 3" entsteht. Und nicht zuletzt mit der Vorstellung eines Schiffs, das nun auch den Luxusbegriff, wenn man so will, demokratisiert: die faszinierende „neue Europa" – die „2" von Hapag-Lloyd.

Herzlich, Ihre

FOTOS: privat (1), A. Haug (1), Hapag-Lloyd Kreuzfahrten (1); TITEL: Princess Cruises; ILLUSTRATION: G. Zbinden

2015 ENTDECKEN SIE
KREUZFAHRT NEU
aida.de/neuegeneration
TRÄU
werden wahr, wenn
aida.de

AIDAprima
ME
wir Grenzen überwinden.
Einmalig.
Immer wieder.
AIDA

FOTOS: J. Bohmann (2), Anbieter (6)

REPORTAGEN

SEESCHIFFE

ROUTEN & REVIERE

Inhalt Flussreisen

FOTOS: F. M. Frei (1), F. Neumeier (1), Anbieter (2)

REPORTAGEN

SCHIFFE & REVIERE

NEU:
DOPPELKABINEN
ZUR ALLEIN-
BENUTZUNG OHNE
AUFPREIS!
TUI FLUSSGENUSS –
GENAU MEINE WELLENLÄNGE
TUI
FLUSSGENUSS
Willkommen an Bord – eine TUI Flusskreuzfahrt ist wie gemacht für Städtefans, Gourmets und Kulturliebhaber
Unsere Highlights 2014:
Noch mehr ThemenReisen: WeinZeit, FotoMotive und FeiertagsSpecials Donau & Rhein
Neu: Verbesserte Gruppenkonditionen, z.B. 8% Ermäßigung ab 20 Vollzahlern, Bonustermine mit doppeltem Frühbucher u.v.m
Wieder dabei: 1 Getränkepaket und Ausflugspakete zum Vorteilspreis
Wieder dabei: Attraktive Frühbuchererermäßigungen von bis zu € 350, bei Buchung bis zum 31.01.14
Mehr Informationen, Schiffsrundgänge u.v.m. unter www.TUI-FlussGenuss.de.
TUI Deutschland GmbH · Karl-Wiechert-Allee 23 · 30625 Hannover
World of TUI
MEIN URLAUB
designed by TUI

FOTOS: TUI (2)

Jawort auf dem Ozean

Heiraten auf hoher See: Entgegen landläufiger Meinung ist nicht jeder Kapitän automatisch auch Standesbeamter. Auf die Flagge des Schiffs kommt es an

Der Käpt'n als Standesbeamter, der Cruise Director als Trauzeuge: Romantische Hochzeiten auf See werden immer beliebter. Die Cunard Line hat unter anderem aus diesem Grund sogar die britische Flagge zugunsten der Bermudas-Flagge aufgegeben: Lediglich nach dortigem Recht sowie unter maltesischer Flagge darf der Kapitän nämlich Ehen schließen, sobald sein Schiff in internationalen Gewässern fährt. Mit einem Sondererlass der Bahamas sind Eheschließungen seit Kurzem aber auch bei Royal Caribbean möglich.

Relativ unkompliziert ist die Heirat unter maltesischer Flagge bei TUI Cruises, Celebrity, Seacloud und Azamara. Die nötigen Papiere vorausgesetzt, ist diese Ehe nämlich sofort wirksam. Wer bei Royal Caribbean oder unter Bahamas-Flagge bei Cunard oder Princess heiratet, muss die Hochzeit von den deutschen Behörden nachträglich anerkennen lassen. Ganz spontan geht übrigens nichts, für eine Eheschließung im Ausland ist einiges an Papierkram nötig. Zudem sind die Hochzeitstermine auf den Schiffen meist viele Monate im Voraus ausgebucht.

Für den Papierkram empfiehlt es sich, die Hilfe der Reederei in Anspruch zu nehmen, denn die Experten dort wissen genau, welche Dokumente nötig sind, und helfen bei der Beschaffung. Billig sind solche Hochzeits-Arrangements nicht – mit 2.000 Euro sollte man mindestens rechnen, die Kreuzfahrt selbst noch nicht mit eingeschlossen. Soll die Hochzeit vor allem ein romantischer Augenblick werden, bei dem die Rechtsgültigkeit keine Rolle spielt, finden sich bei zahlreichen Reedereien entsprechende Arrangements, für die man sich den bürokratischen Aufwand sparen kann. Die rechtlich bindende Eheschließung muss man dann aber auf dem heimischen Standesamt nachholen. **FN**

HOCHZEITSPLAN

Eine Hochzeit im Ausland – also Bahamas, Bermudas oder Malta – erfordert einiges an Papieren und Dokumenten, teils beglaubigt oder ins Englische übersetzt. Die Hochzeitsplaner der Reederei helfen hier mit den nötigen Informationen.

NICHT VERGESSEN: Frühzeitig einen Termin bei der Reederei sichern und die Hochzeitsgäste informieren, damit sie die Kreuzfahrt planen und buchen können!

NORDLAND ROYAL
WELTWEITE KREUZFAHRTEN – DESIGNED FOR WOW℠
NEU:
AB HAMBURG!
7 Nächte Norwegische Fjorde
Legend of the Seas®
ab €919,–*
AB HAMBURG | OSLO | STAVANGER
GEIRANGER | ÅLESUND | HAMBURG
Abfahrtstermine 2014: 10.08. | 17.08. | 24.08. | 31.08.
Reisen Sie ab August 2014 auf der frisch renovierten Legend of the Seas® erstmalig ab Hamburg in den hohen Norden und erleben Sie einmalige Naturlandschaften hautnah. An Bord erwarten Sie zahlreiche Entspannungs- und Entertainmentangebote sowie eine große Auswahl an Spezialitätenrestaurants.
BUCHBAR IN IHREM REISEBÜRO | 069 / 920071-89 | WWW.ROYALCARIBBEAN.DE
*Preise pro Person bei Doppelbelegung einer Kabine. Preisbeispiel für die Abfahrt am 31. August 2014. Verfügbarkeit vorbehalten.
RoyalCaribbean
INTERNATIONAL

FOTOS: Blue Star Line (2)

„Ich habe genug Geld, um das alles zu finanzieren": Clive Palmer und seine Titanic

Die Legende lebt

100 Jahre nach ihrem Untergang will ein australischer Milliardär die Titanic nachbauen. Die Jungfernfahrt soll schon 2016 sein – auf der Originalroute!

Das schaurige Jubiläum, der 100. Jahrestag ihres Untergangs, war gerade vorbei, da ging diese Nachricht um die Welt: Ein Australier namens Clive Palmer gab bekannt, für seine neu gegründete Reederei Blue Star Line vier Luxusliner bauen zu wollen. Die Sensation dabei: Das Flaggschiff wird ein Nachbau der Titanic! Ein Witz? Mitnichten, denn es ist alles schon recht konkret: Für die Projektentwicklung zeichnet die finnische Firma Deltamarin verantwortlich, für die Kabinen und öffentlichen Bereiche (nach historischem Vorbild) Tillberg Design aus Schweden. Auch für Innendesign und Schiffsmanagement wurden bereits Partner benannt, und für erste Erprobungen am Modell, so hieß es im August 2013, stehe die Hamburgische Schiffsversuchsanstalt (HSVA) bereit. Als Werft wird CSC Jinling aus China genannt – allerdings folgte auf die Absichtserklärung zum Bau bis zum Redaktionsschluss dieses Buches noch kein konkreter Bauauftrag.

Den Termin für die Jungfernfahrt gibt es aber bereits. Sie soll 2016 sein, und zwar auf der Originalroute von Southampton nach New York. Dabei sollen die Passagiere – für das richtige Flair – historische Kostüme aus der Zeit erhalten. Ein Szenario, das offenbar eine immense Nachfrage schürt: Angeblich wollen mehrere Interessierte mehr als eine Million Dollar zahlen, um dabei zu sein.

Neun Decks soll das Schiff haben, mit voneinander getrennten Unterkünften in drei Klassen, wie beim Original. Für modernen Komfort sorgen freilich Aufzüge und Klimaanlagen. Außerdem ist ein zusätzliches „Safety-Deck" mit Rettungsbooten und -rutschen sowie neuen öffentlichen Bereichen geplant. Und natürlich wird das Schiff auch unterhalb der Wasserlinie alle heutigen Standards erfüllen.

Nichts bekannt ist über die Kosten des Projekts. Palmer, der übrigens Eigner eines großen Bergbaukonzerns ist, erklärt dazu nur lapidar: „Ich habe genug Geld, um das alles zu finanzieren." Und die Jungfernreise, fügt er hinzu, wolle er in einer Kabine der dritten Klasse erleben. „Dort ist es doch am spaßigsten." **PG**

Bis Redaktionsschluss wurden keine Tickets für die Jungfernfahrt ausgegeben. Verkaufsstart und Preise werden zu gegebener Zeit unter www.bluestarline.com.au bekannt gegeben. Ein Newsletter informiert automatisch über alle Neuigkeiten.

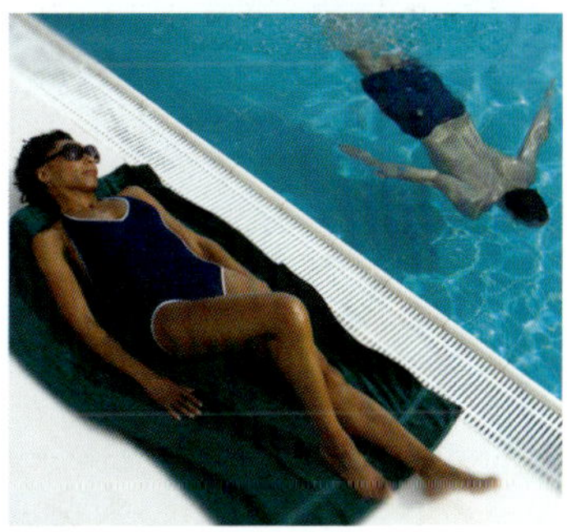

FOTOS: Hurtigruten

Postschiff, Kurs Nord!

Norwegen feiert die „schönste Seereise der Welt": Vor 120 Jahren fuhr das erste Hurtigruten-Schiff

2. Juli 1893: Um 8.30 Uhr legt der Dampfer **Vesterålen** in Trondheim ab und nimmt Kurs auf Hammerfest. 67 Stunden später macht er dort fest – zum allerersten Mal. Die „Hurtigrute", zu Deutsch „schnelle Route", ist geboren, die erste reguläre Schiffsverbindung zum Transport von Post und Waren längs der norwegischen Küste. Was heute, als „schönste Seereise der Welt" beworben, längst einen festen Platz in der Kreuzfahrtwelt hat, begann also als Abenteuer. **Richard With**, der die Vesterålen steuerte, nahm es auf sich; bis heute ist deshalb eines der aktuell elf Hurtigruten-Schiffe nach ihm benannt. Er war es, der eine Seestrecke voll tückischer Riffe und enger Sunde, für die es zuvor keine Karten gab, befahrbar machte, er war es, der den ersten sicheren Handelsweg schuf, der Nord- und Südnorwegen verband. Und der die Kommunikation revolutionierte: Post in den hohen Norden zu bringen (was zuvor bis zu fünf Monate gedauert hatte) war und blieb eine Königsaufgabe der Hurtigruten. Die seit 1936 täglich zwischen Bergen und Kirkenes verkehrenden Schiffe tun das bis heute. Und sie bringen rund ums Jahr, also auch im Winter, Touristen. Seit den 1980er-Jahren – siehe die Fotos links – liegt darauf der Fokus. Nahezu täglich laufen die Schiffe heute 34 Häfen längs der norwegischen Küste an – mit über 400.000 Passagieren pro Jahr, von denen knapp ein Viertel Rundreisegäste sind. Und nicht wenige Mitglieder im Kundenclub, der sinnigerweise „1893 Ambassador" heißt. JB

FOTOS: Projekt 1218/Parken & Meer (2)

Wohin mit dem Auto im Hafen?

Valet Parking, Shuttle-Service oder doch einfach ins Parkhaus fahren? Wer mit dem Auto zum Kreuzfahrtterminal reist, hat viele Möglichkeiten

In den deutschen Kreuzfahrthäfen konkurrieren inzwischen mehrere Anbieter darum, den Passagieren einen Parkservice zu bieten: eingesessene Schifffahrtsdienstleister wie Sartori & Berger, aber auch speziell zu diesem Zweck gegründete Marken wie „Parken & Meer". Das umfangreichste Angebot hat mit fünf deutschen Kreuzfahrthäfen Holiday Extras, auch Flusskreuzfahrer werden hier fündig: Wer in Frankfurt am Main oder in Passau seine Reise startet, kann das Auto über Holiday Extras unterstellen lassen. In Frankfurt am Main vermittelt das Unternehmen unter der Marke „Airparks" Parkplätze am Frankfurter Flughafen zu einem günstigeren Tarif. Acht Tage Parken inklusive Transfer zum Hafen und zurück gibt es ab 68 Euro.

Auch in den deutschen Hochseehäfen sowie in Venedig ist dieser Shuttle-Service eine günstige Alternative. Wer es bequemer haben möchte, nutzt die etwas teurere Alternative „Valet Parking": Dabei wird das Fahrzeug direkt am Terminal übergeben und für die Reisezeit auf einem gesicherten Parkplatz geparkt. Besonders stressfrei und gar nicht mal allzu teuer sind „Hotel und Parken"-Pakete von Holiday Extras oder Parken & Meer.

Übrigens: Auch für Spezialfälle gibt es Lösungen. Wer seine Kreuzfahrt zum Beispiel in Hamburg startet und in Kiel beendet, kann sich das Auto von Kühne & Nagel überführen lassen. PG

PREISE & BESONDERHEITEN

In **Bremerhaven** werden die Stellplätze ohne Vorabreservierung vom Hafenbetreiber vermietet (7 Tage für 34,50 Euro). Auch Valet Parking ist im Angebot.

In **Kiel** können Stellplätze im Voraus beim Hafenbetreiber gebucht werden (www.portparking.de). Es stehen mehrere Möglichkeiten zur Verfügung, darunter auch eine mit Shuttle-Service (6 bis 8 Tage für 79 Euro).

In **Warnemünde** gibt es einen 12 km entfernten, unbewachten Parkplatz, der mit öffentlichen Verkehrsmitteln zu erreichen ist (7 Euro pro Woche). Wer auf Nummer sicher gehen will, zahlt 119 Euro für acht Tage Pkw-Unterbringung über den Anbieter „Parken & Meer".

In **Hamburg** fährt der preisbewusste Kreuzfahrer in nahegelegene Parkhäuser (Kreuzfahrttarife ab 5 Euro pro Tag). Für Direktbucher ist auch das Valet Parking der Firma RuS erschwinglich (112 Euro für 7 Tage).

FOTO: Getty Images/Fotosearch

Die Sache mit den „Tips"

Wie viel Trinkgeld gibt man auf Schiffen? Und was sind eigentlich Servicegebühren? Wer davon verunsichert ist, informiert sich vorab und plant fürs Reisebudget vor

Amerikaner geben großzügig, Skandinavier sind es gar nicht gewohnt, und die Deutschen gelten oft als knauserig. Aber nicht nur kulturelle Unterschiede machen den entspannten Umgang mit dem „Tip", wie Trinkgeld auf Englisch heißt, so schwierig. Viele Reedereien sind dazu übergegangen, das Trinkgeld als „Servicegebühr" zu titulieren – und automatisch zu berechnen. Der ursprüngliche Gedanke, guten Service mit ein paar Extra-Groschen zu belohnen, geht damit verloren, und oft liegt der Verdacht nahe, ungefragt abgebuchte Servicegebühren dienten lediglich der Reisepreiserhöhung durch die Hintertür.

Trotzdem gehört es zum guten Ton, Trinkgeld in angemessener Höhe zu geben. Weder die Kabinenstewardess noch der Kellner können schließlich etwas für die Preisstruktur und Trinkgeldpolitik ihres Arbeitgebers. Am letzten Abend nicht ins Hauptrestaurant zum Essen zu gehen, nur um sich vor dem „Tip" für den Kellner zu drücken – so etwas sollte absolut tabu sein.

Ebenso wie bei einigen internationalen Luxusreedereien sind übrigens bei AIDA, TUI Cruises und Carnival (bei Buchung in Deutschland) die Trinkgelder im Reisepreis inbegriffen. Über zusätzliche „Tips" für besonderen Service freut sich die Crew aber trotzdem. Bei den übrigen deutschen Reedereien ist Trinkgeld freiwillig, meist gibt es aber eine Empfehlung zur Höhe, an die man sich halten sollte.

Die beste Orientierung gibt aber ein simpler Gedanke: Als Passagier befindet man sich auf der Sonnenseite des Lebens und leistet sich einen Luxusurlaub, während die Crew zu Hause in Asien oder Osteuropa vor allem mit Trinkgeldern ganze Familien ernährt. Auf einen Euro pro Tag mehr oder weniger sollte es also nicht ankommen. FN

FAUSTREGELN FÜRS TIPPING

- Trinkgeld-Empfehlungen schon vor der Buchung erfragen und ins Reisebudget einkalkulieren. 7 bis 10 Euro pro Person und Tag sind üblich, bei Luxus-Reedereien und in Suiten bis zu 16 Euro.
- Reisevertrag bzw. AGB lesen: Dort ist vermerkt, in welcher Höhe Servicegebühren gegebenenfalls obligatorisch sind und unter welchen Bedingungen sie reduziert werden können.
- Servicemängel sofort reklamieren, um später die Servicegebühr ggfs. reduzieren zu können.
- Achtung: Oft werden zu den Getränkepreisen in der Barkarte noch einmal 15 % Servicegebühr addiert.
- Bei Buchung bereits im Voraus bezahlte Trinkgelder schützen vor nachträglicher Erhöhung der Beträge.

Peter und das Schiff: Maffay beim Kennenlernen seiner Queen – und künftigen Bühne

FOTOS: Rausch PR (2) Cunard (1)

Über sieben Brücken ...

Fünf Tage Rockmusik zur See: Peter Maffay macht eine „Stars at Sea Cruise“ auf der Queen Mary 2. Auftakt zu einer Veranstaltungsreihe, die neue Trends bedient

Peter Maffay, einer der erfolgreichsten Musiker Deutschlands, entert die Kreuzfahrt als „Rockstar zur See“! Dazu passend ist der Name der neuen Event-Serie: „Stars at Sea“. Zur Premiere heißt es klotzen, nicht kleckern: Als Schiff hat sich Maffay gleich die **Queen Mary 2** ausgesucht, für eine fünftägige Cruise ab Hamburg mit Kurs auf Oslo und mit zwei Seetagen wieder zurück an die Elbe. Unterwegs gibt er drei Livekonzerte und hat als Gast – wie auf seiner Tournee – Laith Al-Deen mit dabei. Dazu stehen u. a. Workshops mit den Musikern der Maffay-Band und Jamsessions auf dem Programm. Die Traditionsreederei Cunard hat dafür zum ersten Mal ihren Dresscode gelockert. Es gilt: „Jeans on“ ...

„Stars at Sea“ bedient einen Trend, den hierzulande Udo Lindenbergs „Rockliner“ ausgelöst hat. Auch 2014 sticht der Panikrocker mit seinem restlos ausverkauften dritten Rockliner in See. Roland Temme, einer der Produzenten von „Stars at Sea“, sagt dazu: „Unser Ziel ist es, einmalige Event-Erlebnisse zu produzieren, die einem Kreuzfahrtschiff für vier, fünf Tage einen ganz besonderen Soul geben!“ Dabei beweist auch TUI Cruises Pioniergeist: Sie holten sich 2013 die Wacken-Headbanger mit der „Full Metal Cruise“ an Bord und gehen 2014 – neben Udo Lindenberg – auch mit Helene Fischer auf die Reise.

Mit dabei: Laith Al-Deen

In Amerika haben sich solche musikalischen Themenreisen längst etabliert: Formate wie die „Kiss Kruise“ mit der Norwegian Cruise Line oder Royal Caribbeans „70,000 Tons of Metal“ sind in der US-Kreuzfahrt schon seit langem feste Größen. Dass dabei ein Publikum bucht, das sonst vielleicht gar nicht auf die Idee käme, mit einem Schiff zu reisen, ist den Reedereien mehr als Recht. – Mehr Infos unter www.stars-at-sea.com JB

Wir besuchen 34 Häfen und bringen Sie näher heran an die ursprüngliche Schönheit Norwegens.

Es gibt keinen besseren Weg, die norwegische Küste zu entdecken, als mit Hurtigruten. Wir bringen Sie näher heran an Fjorde und Häfen, die andere Schiffe nicht erreichen. Mit unseren saisonalen Landausflügen erfahren Sie mehr über die Vielfalt, Kultur und Geschichte Norwegens. Im Frühling kehrt die Sonne zurück und lässt das Leben an der Küste neu erwachen. Im Sommer scheint die Sonne oberhalb des Polarkreises 24 Stunden und jede „Nacht" wird unvergessen. Im Herbst genießen Sie die intensiven Farben der Natur und die Ruhe, während wir wunderschöne Landschaften passieren. Im Winter erleben Sie neben einer weiß gepuderten Märchenkulisse mit etwas Glück auch das Nordlicht – eine zauberhafte Farbrevue, die über den arktischen Himmel flackert.

Machen Sie die Reise Ihres Lebens. Buchen Sie jetzt!

Weitere Angebote und Buchung unter www.hurtigruten.de, Tel. (040) 376 93-334 oder in Ihrem Reisebüro.

► Hurtigruten GmbH ► Burchardstr. 14 ► 20095 Hamburg

HURTIGRUTEN

FOTOS: NSB Reederei (1), Hamburg Süd Frachtschiffreisen (1)

Nimm mich mit, Kapitän ...

Per Schiff um die Welt: Auch auf Frachtern und Container-Riesen ist das möglich. Die Alternative zur Traumschiff-Cruise ist robust – und garantiert ein Erlebnis!

Das größte Schiff der Welt, die **Marco Polo** (Foto rechts), befördert 16.020 Container – und seit Kurzem auch zehn Passagiere! Mit 396 Metern ist sie 34 Meter länger als der derzeit größte Cruiseliner, die **Allure of the Seas** – auf der bis zu 6.200 Passagiere reisen. Schiffswelten, wie sie unterschiedlicher kaum sein könnten. Und die Nachricht für alle, die gern einmal auf einem „richtigen" Arbeitsschiff dabei wären, lautet: Vom Wochentörn in der Nordsee bis zur „Großen Fahrt" nach Fernost ist alles möglich. Letzteres auch auf besagter Marco Polo: Zum Tagespreis ab 100 Euro kann man mit ihr von Hamburg über Rotterdam ins Mittelmeer, weiter via Suez nach Shanghai und Hongkong und zurück über Tanger und Southampton nach Hamburg fahren. 77 Tage dauert die Reise; auch in Teilstrecken ist sie möglich.

Auf weitgehende Ereignislosigkeit des Lebens an Bord sollte man sich jedoch ebenso einstellen wie auf wetter- oder ladezeitenbedingte Änderungen des Fahrplans. Deshalb sind für die An- und Abreise umbuchbare Flüge und Zugtickets sinnvoll; das Gleiche gilt für Hotelreservierungen vor oder nach der Fahrt. Wer auf viel Zeit für individuelle Landgänge hofft, der bedenke zudem: Containerterminals liegen selten zentrumsnah. Und schließlich: Frachterreisen sollte man nur in guter körperlicher Verfassung antreten. Statt eines Arztes gibt es an Bord meist nur eine Bordapotheke.

Reisebeispiele Von Hamburg via Panama nach Chile und retour: 56 Tage für 5.755 Euro. Oder von Rotterdam nach Dublin und zurück: 7 Tage für 715 Euro

Anbieter Hamburg Süd (www.hamburgsued-frachtschiffreisen.de); Frachtschiffreisen Pfeiffer in Wuppertal (www.frachtschiffreisen-pfeiffer.de); Kapitän Zylmann in Kappeln (www.frachtschiffreise.de)

Was, bitte schön, ist dann der Reiz solcher Reisen? Er liegt darin, dass man die moderne Seefahrt hautnah so erlebt, wie sie heute ist. Man logiert in robusten Kabinen, isst in der Offiziersmesse – und hat endlos viel Zeit für sich. Entertainment jedenfalls, vom Videoplayer oder vielleicht einem Pool oder einer Sauna abgesehen, gibt es nicht. Dafür aber den endlosen Blick aufs Meer ... **JB**

FOTO: A-ROSA

Neue Ideen auf dem Fluss

Großes Entertainment? Dafür sind Flussschiffe einfach zu klein. Originelle Ideen zu Themen-Specials gibt es dennoch immer wieder – auch in der Saison 2014

„Großes Kino an Main und Rhein“: Das verspricht eine Reise, die man auf der **River Cloud II** buchen kann, im Juni 2014. Einmal nicht um Wein- und Burgenromantik geht es dabei, sondern um die Drehorte von Filmen. In Würzburg („Die Drei Musketiere“), im Kloster Eberbach („Der Name der Rose“) und in Amsterdam (James Bonds „Diamantenfieber“) werden sie besucht. Ein Themen-Special von der Art, mit der gerade die River Cloud II immer wieder überrascht.

Angesichts der begrenzten Größe von Flussschiffen ist das keine leichte Aufgabe: Da für großes Entertainment an Bord kein Platz ist, muss man auf kleine Formate setzen. Auf „LiteraTouren“ oder Krimi-Reisen mit bekannten Autoren, wie **TUI Sonata** (auf dem Rhein) oder **TUI Melodia** (auf der Donau) sie 2014 wieder bieten, auf Gourmetköche, Sommeliers oder Profi-Fotografen, die dem Gast ihr Wissen weitergeben – Letzteres etwa auf einer 17-tägigen Donaudelta-Reise mit der **TUI Allegra** im Mai, begleitet von dem Naturfotografen Benny Nebel.

Für „big events“ dagegen schaut man sich an Land nach Attraktionen um. Deshalb lässt sich kaum ein Anbieter die jährlichen Weihnachtsmärkte-Reisen an Rhein, Main und Donau entgehen, deshalb gilt es als gesetzt, dass man beim Pyrokunst-Spektakel „Rhein in Flammen“ dabei ist. Und will man mit Neuem auch in der klassischen Musik verlocken, die auf Flussschiffen klar die Oberhand hat, spickt man das Programm ebenfalls mit exklusiven Landerlebnissen: Die **Amadeus Diamond** etwa hält 2014 zum Klavierkonzert in Beethovens Geburtshaus in Bonn an, A-ROSA organisiert für seine Donau-Gäste Sonderkonzerte in der Basilika von Esztergom und in der Wiener Akademie, die River Cloud II schaut bei den Wiener Sängerknaben vorbei ... und die **A-ROSA Brava** bei Howard Carpendale! An Bord ist „Howie“ dabei zwar nicht, sondern ein Double. Zum Meister selbst geht man an Land, zum Konzert in der Kölner Lanxess Arena am 5. April.

Apropos A-ROSA: Ganz Neues, siehe das Foto oben, wagen die Rostocker 2014 in der Zielgruppenansprache. Erstmals (endlich, möchte man sagen) gibt es eine Flussreise für Familien mit Kindern! Sie steht zwei Mal, im April und im Oktober, bei der **A-ROSA Flora** im Programm, verspricht Kinder- und Jugendanimation an Bord, dazu Kochkurse, Cocktailmixen (alkoholfrei, natürlich) und Pizzabacken – und inkludiert Ausflüge zum Movie Park Bottrop und zum Europa-Park Rust. Neue Zielgruppe, neues Spiel: Es möge gelingen ... **JB**

See-Fahrt mit Flussdampfern

Schweizer, das ist bekannt, sind begeisterte Kreuzfahrer. Vielleicht auch, weil es im eigenen Land nicht geht? Stimmt nicht ganz: Sie haben doch den Genfersee!

Acht schmucke Schiffe umfasst die Flotte der honorigen Genfersee-Schifffahrtsgesellschaft, alle zwischen 1904 und 1927 von den Gebrüdern Sulzer in Winterthur gebaut, alle mit Schaufelrädern ausgestattet – und alle schwimmende Denkmäler der gehobenen Schweizer Lebensart, für die der Genfersee ganz besonders steht. Wer einmal da war in Lausanne, Montreux oder Vevey, der weiß jedenfalls: Es ist ein Ambiente, zu dem Kreuzfahrten passen. Zwar bieten die Schiffe, die eigentlich Rundfahrten im Liniendienst absolvieren, keine Übernachtungsmöglichkeiten an – kleine „Kreuzfahrten" sind es gleichwohl, wenn z. B. die **Montreux** gelegentlich zur „Beau-Rivage Palace Cruise" einlädt: einer Gourmet-Exkursion, bei welcher der Küchenchef des Hotels Beau-Rivage Palace aus Lausanne die Gäste bekocht. „Blick auf die Terrassen des Lavaux-Kreuzfahrt" nennt sich ein anderer Törn: eine Abendrundfahrt zwar nur, doch an lauen Sommerabenden dürften die atemberaubenden Blicke auf die Weinberge des UNESCO-Welterbes Lavaux unvergesslich bleiben. So unvergesslich vielleicht sogar, dass man an Bord bleiben möchte? Vielleicht sollte man doch mal darüber nachdenken: ein Schiff mit Kabinen, unterwegs zu Kurztörns auf diesem magischen Gewässer – schön wär's schon ... JB

IM LAND DER 187.888 SEEN

Sprichwörtlich sind es 1.000 – offiziell noch viel mehr: 187.888 Seen hat Finnland laut amtlicher Zählung. Und der größte von ihnen, der Saimaa-See zwischen den Städten Kuopio und Savonlinna, wird 2014 Kreuzfahrtrevier. Ein Nostalgieschiff von 1914, die 28,3 Meter lange **MS Puijo**, bietet 5-Nächte-Törns ab Savonlinna an. Bis zu 150 Gäste können dabei sein auf der historischen „Heinävesi-Wasserstraße". Und wer für Juli bucht, erlebt in Savonlinna auch noch das berühmte Opernfestival am See. Info: **www.mspuijo.fi**

FOTOS: Swiss Image (2) ,J. Bohmann (1), kauppakomppania.com (1)

Reportagen aus aller Welt

Reisen

Käpt'n Akkermann und die Kids auf der Brücke. Gegenüber: Traumblick zum Horizont

Ahoi, Europäer!

Eine neue Europa – mit dem Zusatz „2“: Es ist das Schiff des Jahres, weil es Luxus ganz neu definiert. Auch für Familien mit Kindern

VON JOHANNES BOHMANN (TEXT & FOTOS)

Seine ersten Fans hat der Käpt'n, kaum dass wir eingeschifft sind. Auf der Kabine, pardon: Suite, warten Willkommenspräsente für die Kinder. Ein Strandeimer, ein T-Shirt – mit persönlichem Schreiben von „Friedrich Jan Akkermann, Deinem Kapitän", wie die Größere der beiden buchstabiert. Darauf die Kleinere, stirnrunzelnd: „Und ... Käpt'n Knopf?" Der die Kinder vorhin an der Gangway in Empfang nahm? „Ist nur 'ne Puppe", sagt die Große. So schnell vergehen sie, die kindlichen Illusionen.

Wie schnell andererseits Kinder ankommen können, erleben wir ebenfalls: Schon am zweiten Tag sind sie hier zu Hause. Gleich morgens durften sie – vor allen Erwachsenen! – die Brücke besuchen und dem (echten!) Käpt'n beim Steuern helfen. Wo der Pool ist, wo das Kino, wo das Kinderessen („bei den Luftballons hinterm Yacht Club"), wissen sie auch schon. Und weisen deshalb ab sofort jedes Ansinnen der Eltern, sie zum Kids Club zu begleiten, zurück. Der Weg dorthin – „drei Treppen rauf, dann einfach nach rechts" – sei doch „babyleicht". Außerdem hätten ihre „Nannys", die Sylvia, die zwei Sarahs, die Moni und die Andrea gesagt, „dass Eltern im Club nichts zu suchen haben". Okay, Kinder – üben wir also das Loslassen.

Und zwar auch, was dieses, wir nehmen es mal vorweg: rundum umwerfende Schiff betrifft. Denn so verlockend alles Vergleichen auch sein mag, wenn es eine andere Europa noch gibt – wir stellen es bald ein. Weil die „2", wie Hotelchef Frank Neumann nicht müde wird zu betonen, „völlig anders" ist, und das solle sie ja auch sein. Klar, dass Stammgäste der „alten" Europa hier den festen Platz im Restaurant oder den Galaabend vermissten. Klar auch, dass man Puste brauche, um internationale Gäste zu gewinnen. Und eine jüngere Klientel, zu der Familien mit Kindern gehören – wie wir. Nur in einem, fügt er hinzu, bleibe es ganz bestimmt beim Alten: Königlich umsorgt wird man als „Europäer" hier wie dort.

Highlights für die Kids: ein Badetag an der Costa Smeralda (linke Seite), Hafenerkundungen in Catania, eine Bootsfahrt vor Capri – und natürlich das Pizzabacken mit Gennaro

Dank elternfreundlicher Kids-Club-Öffnungszeiten – außer zu Frühstück, Lunch und einer Verschnaufstunde vor dem Abendessen werden wir unsere beiden in dieser Woche kaum sehen – haben wir reichlich Gelegenheit, Herrn Neumanns Versprechen auf den Grund zu gehen. In den Restaurants, nein: den Esstempeln vorneweg: Jeden Abend probieren wir einen anderen aus – eine Sternenfahrt nicht nur in kulinarischer, sondern auch in optischer Hinsicht. Im Serenissima tafelt man italienisch unter moosgrünen Kristalllüstern, die manch ein Gast heimlich fotografiert. Im Elements asiatisch – in einem „Raum aus Gewürzfarben", wie ein Gast es nennt. Und unter Art-déco-Kachelbildern im Bistrot Tarragon, in dem das Beste der französischen Küche serviert wird. Von einer Crew, die zu vierzig Prozent aus Seefahrtsneulingen besteht – bemerkenswert, wie gut sie sich schon eingespielt hat. Bemerkenswert auch, welche Gastkünstler die Küche sich zusätzlich leistet: Es ist ein „Genusshandwerker" an Bord, der im Grande Réserve im kleinen Kreis zu Olivenölen doziert. „Bekennender Oleomane", so nennt er sich – und meint es auch so: Wann immer wir ihn bei Tisch erblicken, hat er sein eigenes Öl dabei – und doziert munter weiter.

Perlen hält auch die Route, die wir befahren, bereit. Von Monte Carlo geht es nach Korsika, wo wir Bonifacio erobern: Wie ein Adlerhorst thront die Stadt auf der Klippe. Dann Sardiniens Costa Smeralda: Badetag mit Blick auf das Schiff, in tatsächlich smaragdgrünem Wasser. Dann Civitavecchia, von wo aus es alle nach Rom zieht – nur nicht die Kinder: Sie marschieren mit ihren Nannys zur Festung am Hafen, um nach Rittern und Prinzessinen zu suchen, wie es in ihrem Programmheftchen heißt. Dass ein gewisser Michelangelo die Festung baute, lernen sie dabei auch. Uns hatte das bereits Bordlektor Volker Gebhardt erzählt, der „doppelte Doktor", der im Theater seine kundigen Vorträge hält. ►

Ansichten eines Traumschiffs: Sushi-Künstler im Sakura, die Restaurants Elements (u. links) und Serenissima (u. Mitte) – und endlos viel Platz auf der Sonnenterrasse auf Deck 11

Und immer wieder bei Tisch – auch in Sorrent am Tag darauf, wo es ein himmlisches Tiramisú zum Dessert gibt, das die Crew frisch an Land besorgt hat – will man von uns wissen, wie es denn so gehe mit Kindern auf so einem Luxusschiff. 35 sind es an der Zahl auf dieser Reise, 50 werden es auf der nächsten sein, behütet von fünf Nannys – immer noch ein Betreuungsschlüssel, auf den jede Kita stolz wäre. Außerdem: Ein heimlicher sechster Kinderbetreuer ist ja der Kapitän. Als wir nach Capri verholen, wo wir bis spätabends liegen werden, sind sie noch einmal bei ihm auf der Brücke, lassen sich Maschinen und Manöver erklären. Akkermann hat selbst Familie, man merkt es – und ein Herz auch für die Teens, für die es an sportlichen Aktivitäten an Bord ein wenig mangelt. Vor Lipari, dem nächsten Stopp, steigt er deshalb in den Zodiac „Blankenese" und fährt die Jungs höchstpersönlich zur Schnorcheltour. Ein Job, den mittlerweile „Sport Hosts" übernommen haben, die speziell für die Teens hinzugekommen sind. Das musste man erst lernen: Von „Nannys" wollen 14-Jährige nicht betüdelt werden.

Unsere beiden, sie sind fünf und acht, dafür um so lieber: Sie machen Mäusejagd, Quiztime, Lesenacht, haben ihre eigene abendliche Pool-Party (große Freude dabei: Käpt'n Knopf taucht wieder auf!) – und in Catania, dem vorletzten Hafen, lernen sie Pizzabacken! Auf einem Ausflug nur für Kinder geht es zu den „Fratelli la Bufala", einer alteingesessenen Trattoria im einstigen Zollhaus am Hafen – wo Gennaro auf sie wartet: ein Sizilianer, wie er im Buche steht. Die weiße Mütze, die er auf dem Kopf trägt, bekommen sie auch alle verpasst, und dann geht es ans Rühren, Kneten, Mehlpusten, Tomatenquetschen, begleitet von viel Lärm und Kindergeschrei. In einem gewaltigen Steinofen wird das vielfache Werk dann gebacken – und schmeckt! So sehr wie die Späße von Gennaro, der kein Wort Deutsch spricht – aber was stört Kinder das. ►

MS Azores
ehem. MS Athena
maritim & persönlich
Azores
FRÜHLINGSKÜSTEN & WELTMETROPOLEN
6 Tage
ab 599,- p.P.
KÜSTENZAUBER DER ADRIA
8 Tage
ab 879,- p.P.
Einzigartig ab Deutschland:
POLARLICHT-ZAUBER & FJORD-ERLEBNIS
14 Tage
ab 1.899.- p.P.
Typisch AMBIENTE
Bordsprache Deutsch
Trinkgelder und Getränkeauswahl inklusiv
!
Überschaubare Schiffsgröße, maximal 550 Gäste an Bord
Freundliche Wohlfühl-Atmosphäre
Vielfalt & Genuss: 3 Restaurants – wahlweise à la carte oder Buffet
Abwechslungsreiche Routen
Faire Nebenkosten an Bord
Jetzt in Ihrem Reisebüro !
AMBIENTE Kreuzfahrten
Stresemannstr. 30, 10963 Berlin
Service-Hotline: 030.814 050 500
www.ambiente-kreuzfahrten.de
AMBIENTE
KREUZFAHRTEN
... eine schöne Reise.

Wo war's am schönsten? Zur Route, die von Monte Carlo nach Malta führt, gehören Bonifacio auf Korsika und Sorrent mit seinen bunten Badehäuschen. Oben links: Blick zum Vesuv

Mit vor Eifer noch rotem Kopf wird das am Abend an der Reling des Yacht Clubs noch einmal rekapituliert. Glutrot ist dabei auch die Sonne über dem Ätna, und in den Bugwellen springen, tatsächlich, Delfine! In der Sansibar können sie der Versuchung nicht widerstehen und legen Rudi Schuricke auf – zur Belustigung von Ian und Leslie aus Sussex, die der „German Kitsch" durchaus amüsiert. Sie gehören zu den exakt 18 internationalen Gästen dieser Reise; die anderen sind aus Amerika, Russland, Australien, sogar China – ein Anfang.

Darf man Ian und Leslie fragen, was sie von der Europa 2 halten? „Oh, certainly." Und dann reden wir über das wunderbare Spa, über die traumschönen Suiten, über die Restaurants ... ohne wirklich eine Antwort zu erhalten. Oder war es diese? Sie haben eine Führung zu den Kunstwerken an Bord mitgemacht – und waren „quite impressed", dass sogar ein echter David Hockney dabei war. Und der sei, wie wir ja wüssten, „the best in our time." ■

KÄPT'N KNOPF – DIE BÜCHER

Käpt'n Knopf mag „nur 'ne Puppe" sein – richtig lebendig wird der Klabauter-Bär trotzdem in Kinderköpfen durch die Geschichten, die sich **Susan Niessen** für ihn ausgedacht hat: „Käpt'n Knopf geht an Bord" heißt der erste Band; weitere sollen folgen (143 S., 14,95 Euro; Alter 5 bis 10 Jahre). Und da Seeluft hungrig macht, gibt's auch ein Käpt'n-Knopf-Kochbuch dazu, mit „kinderleichten" Rezepten, ausgetüftelt von Sternekoch Stefan Marquard (76 S., 14,90 Euro). Bestellung über **www.kaeptnknopf.de**

God save the Queen

Wer mit Cunard auf Kreuzfahrt geht, taucht tief in Traditionen ein. Auch die Queen Elizabeth bewahrt die Geschichte einer Reederei, die jetzt 175 Jahre alt wird

VON UWE BAHN (TEXT & FOTOS)

Abschied von Hamburg

Strahlender Sonnenschein, Blick auf die Gletscher: die Queen vor der Küste Islands

Dicht gedrängt stehen sie an den Hamburger Landungsbrücken. Mit Händen, Mützen und Taschentüchern winken sie dem Schiff zu. Dort an Bord haben sich die Passagiere versammelt, schwenken britische und deutsche Fähnchen über die Reling. So mancher wischt sich Tränen der Rührung aus den Augenwinkeln. Vom Elbufer her erklingt „Land of Hope and Glory" – was die Tränen nur bedingt trocknet. Es ist eine Mischung aus Sehnsucht und Abschiedsschmerz, die Hamburgs Hafen erfüllt. Würden da nicht an Deck und an Land fotografierende iPhones klicken – es wäre wie vor einhundert Jahren.

Damals siedelten von hier die Auswanderer nach Amerika über, ins „Land of Hope and Glory" jener Zeit. Nur waren die Dampfer deutsch und gehörten zur Hapag, die damals den Liniendienst über den Atlantik stellte. Das Schiff, das nun gerade diese historische Stelle passiert, ist britisch: die Queen Elizabeth von der Cunard Line. Ihr Ziel ist jedoch nicht Amerika, sondern Island, das wir auf einer zwölftägigen Kreuzfahrt kennenlernen sollen, ergänzt um das schottische Edinburgh und das norwegische Bergen. Einst fuhr ►

auch Cunard von Southampton den Transatlantik-Liniendienst, jagte dem „Blauen Band“ hinterher, der Bestmarke für die schnellste Überquerung des großen Teichs. Nur noch die Queen Mary 2 fährt diese Strecke heute turnusmäßig. Unser Schiff, die kleinere „QE“, ist dagegen ein reines Kreuzfahrtschiff. Das aber in alter Tradition: Der rote Schornstein mit der schwarzen Kappe und den schwarzen Ringen ist seit über 150 Jahren das Erkennungszeichen der Flotte. Immerhin wurde die Cunard Line bereits 1838 gegründet.

Kurz vor Edinburgh: die Forth Rail Bridge

Very British ist das Interieur: Das Britannia-Restaurant reicht über zwei Decks. Es ist von Säulen durchzogen und mit einem Teppich bestückt, der auch schon auf der Titanic verlegt wurde. So scheint es zumindest. Im Queens Room, dem Ballsaal des Schiffs, wird täglich der „Afternoon Tea“ gereicht. Wer hier einen Latte macchiato bestellt, fällt dumm auf. Überhaupt: Welches Schiff gönnt sich im Zeitalter von Kletterwänden, Wasserrutschen und Eislaufbahnen einen Ballsaal! Auch das Royal Court Theatre ist nicht die Heimat von Hip-Hop, sondern eher von Shakespeare. Oder von Waldorf und Statler, den beiden Muppet-Opas, die wunderbar in diese gold gerahmten Logen passen würden.

Der erste Ankerplatz liegt direkt vor der Forth Rail Bridge, der viktorianischen Eisenbahnbrücke von South Queensferry. Von dort startet der Transfer in einem typischen Taxi

Linke Seite: Brodelndes Island bei den Schwefelquellen von Námaskard. Oben links das Fjorddorf Hesteyri, unten der Godafoss-Wasserfall. Rechts: an Bord im Britannia-Restaurant

nach Edinburgh. Die schottische Stadt scheint ein einziges Schloss zu sein – my home is my castle! Britisch beeindruckt gehen die Passagiere wieder an Bord der Queen Elizabeth und brechen auf in das Land der Naturgewalten, nach Island. Die Seetage bis dahin sind gefüllt mit weiteren Traditionen: Auf dem Croquet Court auf Deck 11 trifft man sich zu dem beliebten englischen Volkssport, passivere Passagiere schauen in der Gartenlounge die „British Open Golf Championship" im Fernsehen – und am Abend gibt's Bingo im Queens Room. Für die Chronisten: Die letzte gezogene Zahl ist die 29.

„Whales!" Das eine Wort reicht, um ein ganzes Schiff narrisch zu machen. Irgendjemand sieht immer irgendwo irgendeinen Wal. Dann kleben Hunderte Passagiere an Relings und Fensterscheiben, packen Feldstecher und Fotoapparate aus, zoomen sich mit Teleobjektiven ins Meer. Wenn der Wal wirklich auftaucht, dann für Sekunden. Das steht in keinem Verhältnis zu den vielen Stunden, die alle erfolglos aufs Meer starren.

Island empfängt das Schiff mit einem Wetter, das zum Heulen schön ist. Nach Reykjavik ankern wir vor Ísafjördur, am Nordwestzipfel der Insel. In einem Ausflugsboot reiten die Kreuzfahrer über die spiegelglatte See durch zwei Fjorde hindurch nach Hesteyri. Umgeben von einem Meer aus blühenden Pflanzen und einem rauschenden Gebirgsfluss steht in dem verlassenen Dorf nur noch eine Handvoll Häuser. Was für eine Welt: kein Radio, kein Fernsehen, kein Internet. Und auch keine Teatime, kein Krocket, kein Bingo.

Der nächste Tag, der nächste Hafen: Akureyri. Von dort beginnen die Exkursionen in die spektakuläre Natur. Beeindruckend der Godafoss-Wasserfall, dessen Wassermassen zeigen, dass Island wohl reichlich Schnee hatte dieses Jahr. Ein falscher Schritt an der steilen Böschung, und das wär's gewesen mit dem irdischen Dasein. Danach – nicht weniger ►

Für klassischen Service stehen die Kellner im Princess Grill. Im Queens Room spielt abends die Big Band auf (o. rechts). Und die tägliche Teatime gibt's sogar auf dem Sonnendeck

gefährlich für Leib und Leben – die heißen Quellen von Námaskard. Dort blubbert die Erde mit 200 Grad, und es riecht nach Stinkbomben. Schwefeldampf steigt in den blauen Himmel auf. Bei strahlendem Sonnenschein verlässt das Schiff am Abend Akureyri. Die Ausfahrt auf dem Eyalfjördur, vorbei an gewaltigen Gletscherketten, verschlägt vielen die Sprache. Bis sie der nächste Aufschrei aus der Demut holt: „Whales!" So geht das bis Bergen.

Auch eine Welt für sich ist das Entertainment am Abend. Im Queens Room spielt die bordeigene Big Band – großartig! Wie auch der Entertainer, der seine Sinatra-Lektionen gelernt hat. Und damit, wie die ganze Atmosphäre dieses Schiffs, zu sagen scheint: Mag diese „Queen" auch zwischen all den modernen Bespaßungsschiffen fast wie ein Relikt aus längst vergangenen Zeiten wirken – diese Tradition gilt es zu pflegen. Möge sie weiter ihren Platz in dieser Kreuzfahrtwelt haben. God save the Queen! ■

TRADITION VERPFLICHTET

Samuel Cunard, der die **Cunard Steamship Limited** 1839 in England gründete, war gebürtiger Kanadier. Seine ersten Schiffe dienten der Postbeförderung nach Übersee, später entwickelte sich daraus der Personenverkehr. 1859 wurde Cunard von Queen Victoria zum Ritter geschlagen. Zu Beginn des 20. Jahrhunderts waren Cunards **Lusitania** und **Mauretania** die größten Passagierschiffe der Welt. Die **Mauretania** hielt 22 Jahre das „Blaue Band" für die schnellste Atlantiküberquerung. Diese Route fährt heute nur noch die **Queen Mary 2**; die fast baugleichen Schwesterschiffe **Queen Victoria** und **Queen Elizabeth** sind reine Kreuzfahrtschiffe.

MS EUROPA 2
DIE GROSSE FREIHEIT:
Flexibel wie eine Yacht.
Entspannt wie ein Resort.
Neu seit Mai 2013!
Die neue EUROPA 2 vereint Exklusivität und höchstes Niveau mit einer modernen und legeren Atmosphäre. Exzellent ausgestattete Suiten für jeden Anspruch, ein großes Fitness- und Wellnessangebot, abwechslungsreiche kulinarische Genussmomente in acht Restaurants und vielfältiges Entertainment – das alles erwartet Sie an Bord der EUROPA 2. Genießen Sie die große Freiheit.
Mehr im Reisebüro • oder 0800 2255556 (gebührenfrei) • www.hlkf.de
Hapag-Lloyd
Kreuzfahrten

AIDAstella – das (B)Logbuch

Im Kreuzfahrt Guide ab jetzt in jeder Ausgabe: ein (B)Logbuch. Aufgezeichnet und fotografiert direkt an Bord. Mit Ereignissen, die frisch erlebt sind. Eine Mischung aus Blog und Logbuch

VON UWE BAHN (TEXT & FOTOS)

In Amsterdam Karaoke im Rotlichtviertel – in London ein Pale Ale im „Sherlock Holmes"

Cruise Terminal Hamburg-Altona: Hier beginnen die 14 Tage AIDAstella. Zwei Wochen, vier Länder: Niederlande, England, Spanien, Frankreich. Vor dem Auslaufen die Rettungsübung. Das ist seit der Costa-Havarie Pflicht, bevor es auf die Reise geht. Diese Übung hat die Anmutung von Ernstfall, dauert gefühlt zwei Stunden und ungefühlt 45 Minuten. Westen angelegt – für klaustrophobe Kreuzfahrer der Horror. Familie Pfeiffer fehlt. Zehn Minuten Zugabe. Endlich Ende. Wir lassen noch die Sea Cloud II auf der Elbe vor, dann legen wir ab Richtung Amsterdam.

Wir sind eine Stunde zu früh. Am Passenger Terminal Amsterdam klebt noch fest vertaut die Prinsendam. Hallo! Landgangsende! Leinen los! Kapitän Cornelis Rümmler dreht derweil die AIDAstella auf der Stelle. Deutlicher kann man Ambitionen nicht machen. Eine Stunde später spazieren wir an der ersten Gracht entlang. An Bord verpassen wir das Bierbingo im Brauhaus. Ärgerlich. Aber, man muss Prioritäten setzen. Unsere heißt: Schaufensterbummel im Red Light District. Aus den Coffeeshops dröhnen Düfte, wir wollen weiter zum kulturellen Highlight dieser Gegend: Akkordeon-Karaoke im Café Verhoeff in der Straße „Zeedijk". Da darf jeder zu den Klängen eines Schifferklaviers singen. Immer mittwochs, wie wir erfahren. Super, es ist Montag.

Die Wetter-App verheißt einen bedeckten zweiten Tag in Amsterdam. Unter wolkenlosem Himmel wachen wir auf Deck 7 auf. Frühstück im Marktrestaurant. Ein noch nicht ausgewachsenes Familienmitglied hat auf einem Teller Zimt-Zucker-Pfannkuchen mit Rührei. Schnell in die Stadt. Entlang der Singelgracht kommt man automatisch zum Blumenmarkt. Statt der Tulpen kaufen wir in einem Käsekeller ein ganz altes Stück Schafskäse aus der Zeit von Rembrandt. Punkt 17 Uhr legt die AIDAstella ab. Kurs Dover.

AIDAstella: der jüngste Liner der Kussmund-Flotte. Und zugleich das letzte Schiff dieser Baureihe. In Japan wird gerade die nächste Generation zusammengesetzt, deren erster Spross 2015 auf Jungfernreise geht. Über den Namen wird noch spekuliert: AIDAsushi? AIDAsumo? AIDAsashimi? Wir haben Dover erreicht. Das heißt: Bus-Transfer nach London und Vier-Stunden-Sightseeing-Quicky. ►

In Weymouth gehen die AIDA-Biker auf Tour – die anderen gucken Kasperle-Theater am Strand

Ohne die überfüllten Basics wie Westminster Abbey und London Eye. Stattdessen Leicester (pronounced „Läster") Square, Schuh-Shopping in Soho und ein schnelles, warmes Pale Ale im Pub „Sherlock Holmes", dann hinein in die Rush Hour und in drei Stunden zurück zum Schiff. Eine schlaue Familie aus Bremen ist mit dem Zug von Dover nach London gefahren. In einer guten Stunde. Notiert.

Nächster Tag: Britain, Teil 2. Wir liegen an der Pier von Portland, einer Halbinsel westlich von Southampton. Und eine echte Überraschung. Per (Gratis-)Shuttle geht es zum kleinen Seebad Weymouth. Im Hafen Fischkutter, die vom Makrelenfang zurück sind, Pubs säumen das Ufer, Silbermöwen sorgen für den maritimen Sound. Wir schauen uns ein historisches Kasperle-Theater an. Strandkultur. Auf der Promenade fahren die AIDA-Biker vorbei, die vielleicht beste Art des Landgangs. Die Räder sind top, die Scouts meist auch. Wer kein Freund von Steigungen ist, kann ein Pedelec buchen, ein Rad mit Elektro-Hilfsmotor. In zehn Jahren sattle ich auch so ein Teil. Unter Salutschüssen werden wir im Hafen von Portland verabschiedet.

Erschreckend ruhig ist die Biscaya. Und das, wo schon Hundertschaften von Matrosen gelb-grün geworden sind. Ging gong. Kapitän Rümmler begrüßt uns über die Lautsprecher in La Coruña. Sympathisch, kompetent, sogar süffisant. Der Mann ist erst 31 Jahre alt, kommt aus Leer, hat dort auf der Seefahrtschule gelernt und hat es bei AIDA vom nautischen Praktikanten bis zum Kapitän geschafft. Diese Tour ist sein Kapitänsdebüt. Dass La Coruña höchstens ein C-Ziel ist, liegt nicht an ihm. Nach dem Ablegen ist Zumba-Zappel-Zeit. Der Tanz für Trainierte lockt vor allem die weiblichen Passagiere auf das Pooldeck. Alternative: Sundowner in der Ocean-Bar, 12er Deck im Heck. Besser. Bevor ich mich beim Zumba zerre.

Santander am nächsten Tag rettet Nordspaniens Ehre. Wunderbar die Einfahrt in den iberischen Fjord, an einer Strandsandbank vorbei, die fast schon karibisch anmutet. Bankpaläste thronen hoch überm Wasser, ein nobles Seebad, das wir da besuchen. Von den 184.000 Einwohnern hat sich die geschätzte Hälfte am El-Sardinero-Strand versammelt. Egal. In der Brandung der Biscaya ist genug

Zwischen Südengland (links) und Nordspanien (rechts: Santander) bleibt die Biscaya ruhig

Platz. Bei 16 Grad kein Wunder. Taxi und Bus-Shuttle bringen uns wieder zum Schiff.

Nächster Hafen, nächstes Land. Le Verdon, Frankreich. Ein Ort an der Gironde-Mündung, der nur aus einer Kaimauer zu bestehen scheint, auf der bei 35 Grad so langsam der Beton weich wird. Kein Wetter für Museen. Also auf nach Soulac, ein kleines Seebad, das vom Schiff aus angeshuttelt wird. Wieder eine Überraschung: Soulac hat Flair und einen lang gezogenen Strand, vor dem sich die atlantischen Wellen brechen. Nach intensiven Gesprächen mit den Eltern leiht mir ein Kind sein kleines Styropor-Surfbrett, mit dem man herrlich auf den Wellen gleiten kann. Als die Schürfwunden, die ich mir dabei hole, verkrustet sind, genieße ich den Seetag in der Wellness-Oase. Die Plätze rund um den Whirlpool unter den Kunstbäumen sind limitiert. Und kosten mittlerweile 25 (früher 15) Euro pro Tag. Individualität hat ihren Preis. Dafür gibt's innovatives Interieur mit loungigen Liegen. Die nicht mit Handtüchern belegt werden.

Brest in der Bretagne und Le Havre in der Normandie sind die letzten beiden Stationen der Reise. „Das sind aber hässliche Häfen", schnappe ich von einigen Landsleuten auf. Warum diesen beiden Städten historische Bausubstanz wohl fehlt? Als Deutscher sollte man den Ball eher flach halten. Heute Abend ist in der AIDA-Bar „Alpenglühen", Holzmichel-Hits zum Mitschunkeln. Solange die Songs vom DJ kommen – okay. Die Combo aber spult Retorten-Rhythmen heute derart lustlos ab, dass sie jeden Getränkeumsatz im Keim ersticken. Wir steigern selbigen im Buffalo-Steakhouse, als wir auf der Karte „Craft-Biere" entdecken: alte Brautraditionen, von kleinen Brauereien neu interpretiert. Das „Local 2" der Brooklyn Brewery etwa: Es wird aus der 0,7-Liter-Flasche serviert und schmeckt wie von einem anderen Stern. Craft-Biere, das wird einer der Gastro-Trends der nächsten Jahre! Auch wenn das bisher nur ein Bruchteil der Passagiere, die zum „AIDA-Zwickel" auf die Bänke im schiffseigenen Brauhaus steigen, entdeckt hat.

Am Pool die letzte Party – und bye-bye, Captain Rümmler. Seine Premiere: vollends gelungen. Genau wie tags darauf das letzte „Einparken" am Cruise Terminal Altona. ■

Franzose durch und durch: Philippe Touati und seine Trikolore

Die Ruhe nach dem Sturm: Die Austral hat in Santa Cruz de la Palma festgemacht

Törn de France

L'Austral – ein französisches Schiff. Deutsche Passagiere sind eher selten an Bord. Schade, denn die Routen der Reederei sind besonders

VON UWE BAHN (TEXT & FOTOS)

Philippe ist Franzose durch und durch. Geboren in Paris, wo sonst. Er ist der Hotelmanager auf der Austral. Wenn er verschmitzt lächelt, sieht er aus wie ein entfernter Verwandter von Louis de Funès. Als der 1973 seinen Film-Bestseller „Die Abenteuer des Rabbi Jacob" drehte, begann die Kreuzfahrtkarriere von Philippe. Als „Room Service Bell Boy" auf der legendären France, dem einst größten Passagierschiff der Welt, sechsmal größer als sein aktueller Arbeitsplatz. Mit 18 umrundete er zum ersten Mal Kap Hoorn, fuhr durch den Panamakanal. Der Trikolore ist er treu geblieben; Fahnenflucht ist nicht sein Ding. Vielmehr entwirrt Philippe sie höchstpersönlich, wenn sich Frankreichs Fahne mal am Heckmast verheddert. Denn das Schiff fährt – natürlich – unter französischer Flagge. Heimathafen ist Mata-Utu, das liegt weder in der Bretagne noch in der Provence, sondern in der Südsee. Mata-Utu ist Teil der Wallis-Inseln, und die sind ein Überseegebiet von – oui – Frankreich! Dort in Polynesien hat sich Philippe das hölzerne Namensschild schnitzen lassen, das jetzt seinen Schreibtisch ziert und verrät, wie er mit Vor- und Zunamen heißt: „Philippe Touati".

Auch wenn die Austral auf dieser Tour keinen französischen Hafen anläuft, es ist ein „Törn de France", wie sich zeigen wird. Spanisch-marokkanisch ist das Routing: Von Gran Canaria über La Palma und Casablanca geht es nach Sevilla. Das Besondere: Die Austral kann auf dem Fluss Guadalquivir fast bis ins Zentrum der andalusischen Metropole fahren. Ein Tiefgang von nur 4,80 Metern ►

Typisches Kanaren-Flair: Palmen, Holzbalkone und Kieselpflaster in Santa Cruz de la Palma

lässt eben ein individuelles Routing zu. Sehr individuell ist der Seegang auf der Überfahrt nach La Palma: Wellen bis zu acht Metern Höhe sorgen für einen erhöhten Umsatz an Remy Martin in der Observation Lounge. Dort shakt und schäkert Nitin, der beste Barkeeper, seit es Cocktails gibt. Seine Heimat ist Mauritius, und seine Freundlichkeit ist angeboren, nicht antrainiert. Dass er auch noch belgisches Hoegaarden-Bier im Sortiment hat, macht ihn unsterblich.

Stopp in Marokko, mit Berber-Band an Bord

Sterben möchte so mancher Franzose auf dieser ersten Etappe zwischen den Kanarischen Inseln: Das Coromandel-Hauptrestaurant auf Deck 2 und auch das Buffetrestaurant Le Rodrigues auf Deck 6 sind verwaist. Es muss schon triftige Gründe geben, wenn Kreuzfahrtpassagiere nicht essen. Rund 250 sind an Bord, die Mehrheit Franzosen, ein paar Belgier, wenige Deutsche. Und alle freuen sich, als sie in Santa Cruz de la Palma wieder festen Boden unter den Füßen haben. In der vielleicht schönsten Metropole der Kanaren flanieren sie entlang der Avenida Maritima, wo die typischen Balkonhäuser aus dem 16. und 17. Jahrhundert stehen.

An Bord brieft derweil Alexandra Tilp ihr Housekeeping-Regiment. Sie ist für 19 Mitarbeiter und die Sauberkeit an Bord, d. h. in den Kabinen und öffentlichen Räumen, verantwortlich. Mit ihr trifft deutsche Gründ-

Philippe im Büro, Alexandra und ihr Housekeeping-Team – und Nitin, der perfekte Barkeeper

lichkeit auf französische Lässigkeit. Mit „laissez faire" kommt sie nicht wirklich klar. „Du bist zu streng, bekomme ich häufiger zu hören", erzählt Alexandra, während sie einem Kellner kurz einen Wink gibt. Am Buffet steht ein leeres Bierglas. Das muss weg – deutsches Reinheitsgebot. Sauber ist die Gastronomie, kulinarische Klimmzüge allerdings bleiben auf dieser Reise aus. Die „Haute Cuisine" ist an manchen Tagen durchaus zu schmecken, aber Paul Bocuse sähe schon noch Luft nach oben.

Der nächste Hafen ist afrikanisch, zumindest heute: Casablanca. Bis 1956 gehörte die Stadt, wie die ganze Region, offiziell zu Französisch-Marokko, einem Protektorat. Kurz: Der Törn de France hat seine nächste Station erreicht. Die afrikanische Reiseleiterin heißt mit Nachnamen „Zinedine", also wie Frankreichs Fußballgott Zidane mit Vornamen. Und dessen Eltern seien ja hier aus der Gegend: aus dem Großraum Marokko, aus Algerien. Letztlich erfahren wir in Casablanca viel über das Spielsystem der französischen Nationalmannschaft Ende der 90er-Jahre. Aber auch über das Leben der Berber, die die marokkanische Kultur dann doch intensiver geprägt haben als die Franzosen.

Abends der Kulturschock an Bord: Eine Berber-Band trommelt Rhythmen, die so manchen Franzosen kurzfristig aus der Laisser-faire-Grundhaltung holen. Am Ende gewinnt die Toleranz, schließlich waren sie vor gut fünfzig Jahren noch Brüder. Der eine oder andere Deutsche hätte die Musikanten vermutlich gleich angezeigt, wegen Erregung öffentlichen Ärgernisses. Uns hat es gefallen.

Höhepunkt dieser Reise (und schon deshalb muss man die Austral mögen): Sevilla. Nur ganz wenige Kreuzfahrtschiffe können den Guadalquivir hinauffahren. Es ist früh morgens um fünf, als wir vom Salz- ins Süßwasser wechseln und den spanischen Strom erreichen. Im Morgennebel flattert die Trikolore, das Ufer ist kaum zu sehen. Als sich ►

Seeschiff auf dem Fluss: Auf dem Guadalquivir geht es hinauf Richtung Sevilla. Dort erwarten uns Andalusien-Animateurinnen – und eine Stadt voller Schätze aus Kunst und Küche

der Dunst lichtet, kommt die Nachricht von Philippe: Wir können mit dem Zodiac vorausfahren, das Schiff eskortieren – Fotosession. Es ist, als hätten wir den gesamten Strom für uns. Hier und da ein kleines Fischerboot, sonst wirkt der Guadalquivir wie stillgelegt.

Direkt vor der Puente de Los Remedios macht die Austral am Mittag fest. Schon die nächste Brücke zeigt direkt ins Zentrum der vielleicht schönsten spanischen Stadt. Das Gassenlabyrinth hinter der mächtigen Kathedrale ist das Herz der Altstadt, das Viertel Santa Cruz. Hier blüht zwar der Tapas-Tourismus, aber es wird im Flair flaniert. Plötzlich ist Frankreich ganz weit weg. In der traditionsreichen Bodega Santa Cruz trifft sich alles. Zwischen Serrano, Aioli und Cerveza notieren die Kellner den Verzehr mit einem Stück Kreide auf der abgewetzten Bar. Vor allem in der Straße Mateos Gago reiht sich ein Lokal an das nächste. Nicht der Barbier – die Bierbar von Sevilla ist hier gefragt ...

Und jede ist an diesem Abend überfüllt, ganz Sevilla trifft sich zum Fußball vor den Fernsehern. Champions League. Barcelona gegen – es kann nicht wahr sein – Paris St. Germain! Bei Tapas und Tinto feiern die Spanier bis in die Nacht das Weiterkommen. Paris ist ausgeschieden – auch an Bord hat es sich herumgesprochen, als wir zurückkehren. Morgen beim Auslaufen wird Philippe die Flagge wohl auf Halbmast ziehen. ■

DIE BESTEN ROUTEN 2014

Auch 2014 fährt die Ponant-Flotte wieder auf besonderen Strecken. So geht es z. B. mit der **Soléal** durch den griechischen Korinth-Kanal (Juli und Oktober), und die **Austral** durchquert von Alaska aus die Beringstraße entlang der Tschuktschen-Halbinsel am äußersten Zipfel Russlands (September). Eine kombinierte See- und Flussfahrt bietet dieses Mal die **Boréal**: Sie fährt auf der Gironde bis zur französischen Weinmetropole Bordeaux. Dazu kreuzen zwei Ponant-Schiffe im Winter traditionsgemäß von Ushuaia aus in der Antarktis.

NICHTS BRINGT SIE
SO NAH HERAN
WIE IHRE GANZ PERSÖNLICHE EXPEDITION
Echtes Neuland entdecken, mit MS HANSEATIC und MS BREMEN. Atemberaubende Naturschauspiele in der weißen Weite der Arktis und Antarktis hautnah erleben. Eindrucksvolle Eiswelten, höchste Sicherheit, spektakuläre Routen. Den eigenen Horizont an der Seite erfahrener Experten erweitern. Und dabei den erstklassigen Komfort unserer beiden Expeditionsschiffe genießen. Freuen Sie sich auf große Momente.
MS HANSEATIC · MS BREMEN
EXPEDITIONSKREUZFAHRTEN
Antarktisfilm starten:
Hapag-Lloyd
Kreuzfahrten
Große Momente. Ganz exklusiv.
Mehr im Reisebüro · oder 0800 2255556 (gebührenfrei) · www.hlkf.de/antarktis

stx
VISITOR
stx

Mein Schiff i. E.

In Finnland entsteht eine neue „Mein Schiff". 2014 wird sie starten. Schon im Herbst 2013 konnten wir, kein Scherz, auf ihr schlafen

VON JOHANNES BOHMANN (TEXT & FOTOS)

Es ist totenstill auf „Meinem Schiff". Auch nebenan auf der Oasis of the Seas. Ebenso eine Tür weiter, auf der Viking Grace. Ich gehe hinaus, um mir noch einmal die Beine zu vertreten. „Toimissio – Office" steht auf einem Schild an der anderen Seite der Reling: der einzige beleuchtete Fleck in der Dunkelheit der Nacht. Ein Vogel ruft – eine Eule? Und da: Tatsächlich, ein Hase hoppelt vorbei. Bleibt stehen, legt den Kopf schief, schaut mich an, hoppelt weiter. Gute Nacht!

Piikkiö, drei „i", ein „ö", heißt der Hafen, in dem ich vor Anker liege. Mutterseelenallein in den Wäldern Südfinnlands, wohin man muss, wenn man schon jetzt, im Herbst 2013, auf der Mein Schiff 3 schlafen möchte. Genauer gesagt: in der „Mockup-Kabine", die sie mir gegeben haben für diesen denkwürdigen Törn. Eine Attrappe also – aber originalgetreu bis ins letzte Detail. 17 Quadratmeter groß, plus Balkon, komplett eingerichtet bis hin zum „Bitte nicht stören"-Schild am Türknauf, einer „Landgangsinformation" zu Turku und einem Betthupferl auf dem Kopfkissen. Und mit einem Zettel, auf dem die Nummer des Nachtportiers steht, falls etwas passiert. Bis die Nachtschicht in der Fabrik beginnt, auf deren Gelände ich mich befinde, ist er das einzige Wesen hier außer mir. Und dem Hasen, der Eule – und sicher auch dem Fuchs.

Aber es passiert nichts. „Securitas" fährt vor, hält ein Scangerät an meine Tür, wünscht ►

Passen die Rahmen wirklich? Ist die Anordnung richtig? Nina Hruska (links) prüft jedes Detail im „Mockup". Erst wenn alles stimmt, startet die Serienfertigung der Kabinen

auf Finnisch eine gute Nacht – jedenfalls nehme ich das an – und fährt wieder davon. Und dann schlafe ich – na ja, bis die Fräsen und Hobel für die Nachtschicht angeworfen werden – wie in Abrahams Schoß. In der allerersten jener 1.253 Kabinen, die im nächsten Mai schwimmen sollen auf der Mein Schiff 3, die eine halbe Stunde von hier entfernt bei STX Finland im Trockendock heranwächst: Mein Schiff i. E. – Mein Schiff im Entstehen.

Modularen Schiffsbau nennt man das, Lego-Bauweise wäre auch ein guter Name. Vorgefertigte Teile – nicht nur die Blöcke für den Rumpf und Segmente der Decks, sondern eben auch sämtliche Kabinen, bereits voll ausgestattet bis hin zum Föhn in der Schublade und dem Seifenspender im Bad – werden dezentral produziert und dann zu einem gigantischen Bausatz zusammengeschoben.

Welch eine Herkules-Aufgabe es sein muss, darüber ordnend zu wachen, wird mir klar, als ich anderntags auf der Werft durch Schächte steige, über Gerüste klettere, im Qualm von Schweißgeräten über Planken laufe, überall umgeben von einem unfassbaren Gewirr aus Kabeln, Drähten, Rohren, Schläuchen. Doch tatsächlich ist dieses babylonische Bauwerk schon gut als eine neue Mein Schiff auszumachen. Bereits erkennbar: das Theater-Halbrund, der 25-Meter-Pool, die Kabinendecks. Die meisten Rumpfflächen sind sogar schon in TUI-Cruises-Blau gestrichen. Und drinnen in den Eingeweiden des Schiffs, durch die wir helmbewehrt und mit Stahlsohlenschuhen an den Füßen streifen dürfen, stehen schon die Motoren von Wärtsilä, wenn auch noch in blaues Plastik verpackt. Und das da, von Silberfolie umhüllt, sind die Scrubber, turmhoch. Sie sollen aus dem Abgas die Schwefeloxide herauswaschen, weswegen dieses Schiff als Meilenstein für die Umwelttechnik in die Geschichte der Kreuzfahrt eingehen möchte.

Silbern verpackt: die Scrubber. In der Umwelttechnik soll das Schiff neue Standards setzen. Dafür stehen Werftchef Anttila und Projektleiterin Hellgren. Oben: Ralf Claussen bei der Arbeit

Werftchef Jari Anttila ist darauf jedenfalls besonders stolz: „Die Herausforderung besteht darin, neue Standards in den Bereichen Umweltschutz und Energiesparen zu definieren. Das betrifft alle Bereiche im Schiff, angefangen von der Form des Rumpfes und der Stromerzeugung bis hin zu jedem System an Bord.“ Das Gute dabei: Bei der Mein Schiff 4, mit der man bereits jetzt weitermacht, kann man auf den Erfahrungen aufbauen. Was nebenher auch längerfristig Arbeit sichert: Bis zu 1.600 Arbeiter, so Anttila, werden dank dieses Großauftrags zu Peak-Zeiten bei STX beschäftigt sein. Für die Werft ist das ein Segen: Nach dem Bau von Oasis und Allure of the Seas 2008 bis 2010 sowie der Fähre Viking Grace – weshalb die Mockup-Kabinen auch dieser Schiffe in Piikkiö zu sehen sind – waren die Orderbücher eine Zeit lang bedrohlich leer geblieben. Mit dem Projekt „MS 3/4“ aber ist alle Krisenangst vergessen.

Sisko Hellgren, die seit 30 Jahren auf dieser Werft arbeitet, hat all das erlebt – und ist nun stolze Projektleiterin für die beiden TUI-Cruises-Neubauten. Ein harter Job? Zwei Drittel ihrer Zeit, lacht sie, verbringe sie in Meetings – darunter die wöchentlichen Treffen von Hullbuilding Manager, Naval Architect, Purchasing Chief und wie sie alle heißen. Mal persönlich, mal per Videoschalte koordiniert sie zwischen dem „Owner“ TUI Cruises, dem Joint-Venture-Partner Royal Caribbean und der Werft. Und ist dennoch, wann immer es geht, auf der Baustelle unterwegs, um zu sehen, wie aus der Theorie gebaute Wirklichkeit wird. Der „europäische Geschmack“, der das Schiff prägen werde, gefällt ihr. „Das ist anders als bei den Schiffen im amerikanischen Stil.“ Ob sie denn schon einen Lieblingsplatz auf der „3“ habe? „Ja“, strahlt sie, „das Klanghaus! Klassische Musik, einzigartige Akustik: Das wird fantastsich!“ ►

In der Kabinenfabrik: oben links ein fast fertiges Exemplar, daneben eine Stuhlmuster-Ecke, rechts ein Blick in die Fertigungsstraße – und unten fertige Kabinen, verpackt zum Transport

Noch einmal zurück nach Piikkiö, denn vor Enthusiasmus sprühen sie auch hier. Peter Heidacker ist aus Hamburg eingetroffen, der Projektmanager Neubau von TUI Cruises, Nina Hruska ist da, die als Head of Hotel Operations bald für ein paar Monate ganz herziehen wird, um alles vor Ort zu begleiten. Und Ralf Claussen von CM-Design, der die Kabinen-Interieurs entworfen hat. Er baut in einem Vorraum Glasmuster auf: Die Entscheidung für die Abtrennungen in den Himmel & Meer-Suiten steht an. Es regnet draußen. „Bei Sonne hat das aber einen anderen Lichteinfall ..."

Ihnen habe ich also meine Nachtlagerstätte zu verdanken – ihnen soll ich ergo berichten, ob die Matratze denn richtig sei, die Dusche funktional, die Farbwahl angenehm. „Die Nespresso-Maschine funktionierte nicht." „Oh. Alle Steckdosen noch mal checken." Sonst etwas? Nein, alles wunderbar. Nur eines, fällt mir dann doch noch ein, ist eigentlich schade: Dass es auf dem Meer ... keine Hasen gibt. ■

MADE IN FINLAND ...

STX Europe ist eine internationale Schiffbaugruppe, zu der neben **STX Finland** auch **STX France** in Saint-Nazaire gehört (u. a. MSC Divina, Europa 2). In Turku werden neben Kreuzfahrtschiffen auch Spezialschiffe für die Handelsschifffahrt und die Offshore-Ölindustrie gebaut.

Zum Bau der **Mein Schiff 3** werden in Turku über 9 Millionen Arbeitsstunden veranschlagt. Dabei werden u. a. rund 2.000 Kilometer Kabel in dem Neubau verlegt. Die Mein Schiff 3 ist 295 Meter lang und 36 Meter breit und hat insgesamt 15 Decks. Sie hat 1.253 Kabinen, davon 82 Prozent mit Balkon, für 2.506 Passagiere.

Foto oben: Sprechen Sie Finnisch? Keine leichte Sprache – wie dieses Schild auf dem STX-Gelände beweist.

HanseMerkur
Reiseversicherung AG
Allzeit gute Fahrt
MIT UNSEREM PREMIUM-REISESCHUTZ
MEHR LEISTUNG
und Qualität
✔ Urlaubsgarantie
Volle Reisepreiserstattung bei Reiseabbruch in der ersten Urlaubshälfte
✔ Medizinisch sinnvoller Rücktransport
ist mitversichert
✔ Kein Selbstbehalt
in der Reise-Krankenversicherung und Reisegepäck-Versicherung
✔ Notfall-Versicherung
inkl. Schutzengel auf Reisen
Prämie schon ab 14,– EUR pro Person weltweit!
Stiftung Warentest
Finanztest
SEHR GUT
(1,4)
Einzelperson eine Reise
Tarif: RRK und UG
Im Test:
9 Reise-Rücktritts- und Reiseabbruch-Versicherungen
Ausgabe 02/2013
www.hmrv.de • Info-Hotline: (0 40) 41 19 - 15 01

„Das Meer ist ein Zuhause“

Axel Prahl ist ein Kind der Küste. Auf der „Heimathäfen“-Reise der MS Hamburg im Mai 2013 fühlte er sich pudelwohl. Er hat uns erzählt, warum

Nicht Barbados, Bangkok oder Barcelona – sondern Borkum, Helgoland und Sylt. „Heimathäfen“ hieß diese „Kreuzfahrt vor der Haustür“. Ein Törn mit der Hamburg und dem Ankerherz-Verlag, in dessen Mittelpunkt die Protagonisten des Buches „Inselstolz“ standen – Menschen, die auf Nordseeinseln leben. Sie wurden bei Landgängen besucht, und sie waren mit an Bord. Wie Borkums Wattführer Albertus Akkermann, der im Watt sein Akkordeon schultert und Jacques Brel oder eigene Songs singt. Oder Katja Just aus München, die Biergärten gegen die Hallig Hooge getauscht hat. Oder Andreas Peters, der zwischen den Inseln nach versunkenen Schätzen taucht. Ebenfalls an Bord: Axel Prahl, Schauspieler, Liedermacher, „Tatort“-Kommissar. Er las die „Inselstolz“-Geschichten und spielte seine Songs, die oft vom Meer handeln. Es passte bestens. Das Interview zu einer ganz besonderen Kreuzfahrt.

Herr Prahl, Sie kommen aus Neustadt an der Ostsee, wie maritim geprägt sind Sie?
Na, zumindest so maritim, dass man Lust hat, mal eine Kreuzfahrt mitzumachen. Angefangen hat das in Neustadt in Holstein. Mit Butterfahrten, wie sie übrigens damals auch von der Neustädter Reederei Deilmann organisiert wurden. Das kostete einen einzigen Pfennig, und das war natürlich für uns Jugendliche sensationell – 'ne Seefahrt für einen Pfennig! Das haben wir auch bei richtig fettem Seegang gerne gemacht.

Jetzt sind Sie aber nicht an der Ostsee, sondern gerade an der Nordsee ...
Das Meer ist immer das Meer, egal wo man ist auf der Welt. Wasser ist etwas, was sich gerade in Kinder- und Jugendtagen doch sehr in die Seele einbrennt, und das lässt einen nicht mehr los. Dahin kehrt man auch immer wieder gerne zurück. Das ist ein Zuhause. ►

„Könnten Sie selbst auf einer Insel leben?" „Auf Zeit auf jeden Fall. Das wäre sehr genesend."

Die großen Sehnsuchtsziele sind ja eher Karibik oder Mittelmeer, Sie fahren Helgoland und Borkum an …

Das ist ja gerade das Spannende daran. Warum in die Ferne schweifen, wo das Gute liegt so nah. Ich finde „Heimathäfen" eine großartige Idee. Und ich glaube, viele haben den Schritt noch nicht gewagt, eine Kreuzfahrt vor der Haustür zu machen, da gibt es viel zu entdecken. Ich habe ja auch vor Kurzem einen Kinofilm gemacht: „Nordsee, unser Meer". Und dabei habe ich auch viele Dinge erfahren, die ich noch gar nicht wusste.

Könnten Sie selbst auf einer Insel leben?

Auf Zeit auf jeden Fall! Ich glaube, das wäre sehr genesend. Vielleicht mal für ein Jahr auf eine Insel zu ziehen und ein Jahr lang nichts zu tun. Das merkt man schon, vor allem in meinem Job, ich bin viel unterwegs, dass man immer ein bisschen getrieben ist. Ich finde selten die Ruhe, mal wieder in die Tiefe denken zu können. Das ist aber notwendig, um auch mal wieder neue Lieder zu schreiben. Ich war kürzlich auf der Isle of Wight – ganz großartig! In England kennt mich kaum jemand, da hatte ich meine Ruhe und wurde nicht permanent auf den „Tatort" angesprochen.

Es gibt ja Kreuzfahrten, da überrennen die Passagiere so manche Insel. Hier ist das anders. Bei den „Heimathäfen" waren ja sogar Insulaner mit an Bord.

Und das waren grandiose Persönlichkeiten! Die Katja Just von der Hallig Hooge zum Beispiel, der Wracktaucher Andreas Peters. Oder

Tendern vor Borkum: die Hamburg

Prahl mit Gitarre, Akkermann mit Akkordeon. Beide schreiben eigene Songs über das Meer

Albertus Akkermann, der Wattführer von Borkum. Ich habe mich gleich rangesetzt und will einen Song über ihn schreiben. Großartiger Mann mit unglaublichen Kenntnissen über die Insel Borkum, die er so wunderbar charmant erzählt. Er hat auch ein großes dramaturgisches Talent. Musikalisch verstehen wir uns ebenfalls bestens. Er schreibt auch eigene Songs – und auch sein Thema ist das Meer.

Sie sind sonst von Prominenten umgeben, hier von einem Wattführer, einem Wracktaucher. Wie kommen Sie damit klar?

Ich hab 'ne Rote-Teppich-Allergie. Ich treib mich nicht gerne auf Veranstaltungen dieser Art herum. Aber mit dieser Kreuzfahrt komme ich bestens klar. Mir hat das Spaß gemacht. Natürlich gab's auch mal Momente, da wollte ich gerne mal schnell in meine Kabine, mich ein bisschen zurückziehen. Aber das kennt, glaube ich, jeder Kreuzfahrtgast.

Wenn Sie Ihre nächste Kreuzfahrt machen, welches sind die Kriterien?

Also, ich glaube, dass die Kreuzfahrt vor der Problematik steht, dass sie auch mal eine ganz andere Klientel an Bord holen sollte. Ich glaube, dieser Törn hat da einen Schritt in die richtige Richtung gemacht.

Mit 2.000 Deutschen gemeinsam durchs Mittelmeer – wäre das eine Kreuzfahrt für Sie?

Nee, das wäre mir zu groß, zu anonym. Mir liegen eher Schiffe in der Größenordnung von 400 bis 500 Passagieren. Das ist eine überschaubare Zahl, wo mich kein Gedränge am Frühstücksbuffet erwartet.

Gibt es ein Ziel, das Sie gerne mal mit einem Kreuzfahrtschiff bereisen würden?

Ein Traum von mir war immer: mit einem Dreimaster nach Maui. Das ist bei Hawaii da oben die Ecke, da muss man schon ganz schön weit fliegen. Aber zu erleben, wo die Wale rumschwimmen, wie heißt das noch ... „Whalewatching", genau. Das wäre ein Traum. ■

HEIMATHÄFEN 2014

Nach dem großen Erfolg der beiden Törns im Frühjahr 2013 gibt es auch im Mai 2014 mit der Hamburg wieder zwei **„Kreuzfahrten vor der eigenen Haustür"**. Die erste Reise startet am 23.5. in Hamburg und führt über Emden, List auf Sylt und Helgoland durch den Nord-Ostsee-Kanal nach Kiel. Die zweite beginnt am 27.5. in Kiel und führt über Kopenhagen, Sassnitz auf Rügen und Flensburg zurück nach Kiel. Preise für 4 Nächte: je ab 849 Euro p. P.

Mit Costa neue Horizonte erleben.
COSTA FAVOLOSA
• 98% Kundenzufriedenheit
• Über 65 Jahre Erfahrung
• Große und moderne Schiffsflotte
• Deutschsprachiger Service
• Internationales Flair
• Große Routenvielfalt inkl. Weltreisen
• Hochwertige Gastronomie inkl. serviertem Abendessen in den Hauptrestaurants
Costa
KREUZFAHRTEN

Der jeweilige Drehort wird von Kameras und Technik völlig vereinnahmt. Unten: Heide Keller alias Beatrice, Sascha Hehn als Chefsteward Victor und Siegfried Rauch, Kapitän bis 2012

Kamera läuft, Kapitän!

Wo geht's denn hier zur Brücke? Oder: Die Geschichte einer Fernsehsendung, deren Erfolg darin besteht, nichts zu verändern

VON OLIVER SCHMIDT (TEXT & FOTOS)

Das Wasser vom Bugstrahlruder brodelt unter dem Deutschland-Schriftzug. Es ist der magische Moment, in dem der Abstand zwischen Pier und Bordwand zentimeterweise wächst. Im Hintergrund fährt eine Kamera auf ein Liebespaar zu. „Jetzt spielen die gleich wieder ihren Trauermarsch“, vermutet ein älterer Herr an der Reling, der die Schmonzette amüsiert beobachtet hat. Doch er irrt. Jene Melodie, in die James Last von der heranrollenden Woge bis zur Liebesgeschichte den ganzen Weltschmerz des Traumschiffes hineinkomponiert hat, würde die Aufnahme stören, klänge sie jetzt wie bei jedem Ablegemanöver aus den Bordlautsprechern.

Eine ganz normale Kreuzfahrt? Das mag stimmen – vor den Kulissen. Dahinter sieht alles ein wenig anders aus, denn ein Urlaubsort ist der Dampfer für das 35-köpfige Team nicht. „So'n Drehtag dauert von 9 bis 18, manchmal bis 20 Uhr“, erzählt Produzent Wolfgang Rademann. Das, was am Bildschirm ganz einfach aussieht, ist in Wirklichkeit ein aufwendiger Dreh: Ein Pärchen schlendert im Gespräch das Deck entlang. Die Kamera braucht Schienen und einen Kamerawagen, um folgen zu können. Mit dem Aufbau ist der Vormittag rasch dahin, die Szene hingegen in einer Minute im Kasten. Schnitt, Small Talk an der Reling, Blick aufs Meer. „Wie haben die das aufgenommen?“, mag der Zuschauer rätseln. Komplizierte Stellage außenbords? Gar ein Hubschrauber? Ganz einfach: Rademann hat drei Meter Reling im Gepäck. Die stellt er mitten aufs Deck und platziert die Kamera so, dass der Schwindel nicht auffällt.

Rückblende. 1980 sieht Wolfgang Rademann im US-Fernsehen ein TV-Format, das sein Interesse weckt: das „Loveboat“. „Det ►

Die Ahnenreihe deutscher Traumschiffe. Den Start machte 1982/83 die Astor, es folgte die Berlin (1986 bis 1998), und seit 1998 ist es die Deutschland von der Reederei Deilmann

Dreharbeiten auf der Pier, rechts das Team bei der 30-Jahre-Traumschiff-Feier am 20. August 2011. Neu dabei ist seit 2009 Harald Schmidt – als Kreuzfahrtdirektor Oskar Schifferle

mach ick uff Deutsch", beschließt der Berliner und fackelt nicht lange. Er kommt nach Fort Lauderdale und sieht – die Vistafjord. Liebe auf den ersten Blick. Teure Telefonate übers Transatlantik-Kabel (es gab weder Fax noch E-Mail!) folgten. Rademann wollte mitreisen, alle Details auskundschaften – sofort. Dass erst in 14 Tagen wieder Kabinen frei waren, passte nicht in seinen Zeitplan. So erfuhr die Crew an Bord durch eine ungewöhnliche telefonische Anfrage der Hamburger PR-Managerin von ihrem Glück: „Wie viele der norwegischen Offiziere sind mit Stewardessen liiert?" Die pfiffige Pressestelle ließ die Norweger zu ihren Freundinnen umziehen, was die gar nicht so ungern taten. Schon standen die Offizierskabinen auf dem ausgebuchten Schiff für das Filmteam bereit.

Das Schiff hatte überzeugt. Günter König als Kapitän, Sascha Hehn als Chefsteward Victor und Heide Keller als Chefhostess Beatrice konnten an Bord gehen. Für die Filmcrew ungewöhnlich, dass ihr Drehort ein Realschauplatz mit zahlenden Gästen war. Damit nicht genug: Auch nach Drehschluss teilte man sich Restaurant, Bar und Achterdeck, wo Frauenschwarm Sascha nicht immer gentlemanlike auftrat. Sturm- und Drangzeit eines Bonvivants – im Leben wie im Film.

Nach zwei Staffeln wechselte man auf die deutsche Astor. Heinz Weiss heuerte als Kapitän an. Nach dem Verkauf des Schiffes war 1986 schließlich Deilmanns Berlin im Rennen. Ihr langjähriger Kapitän Harry Biehl erinnert sich: „Die Berlin war das kleinste und ungeeignetste Schiff, das zur Wahl stand. Aber das Team hat sich gefragt: Bekommen wir woanders mehr Unterstützung? Nein!" Deilmann erhielt den Zuschlag. „Und ich hab denen den Kahn immer so in die Sonne ►

DIE ECHTEN KAPITÄNE

Sie sind die „echten" deutschen Traumschiff-Kapitäne: **Harry Biehl** steuerte die Berlin, **Andreas Jungblut** die Deutschland und **Raimund Krüger** die Astor (v. l. n. r.)

Trauung auf dem Lidodeck, diesmal beim Traumschiff-Ableger „Kreuzfahrt ins Glück". Links unten: Bücher, Kassetten, Platten – Traumschiff-Fanartikel aus über 30 Jahren

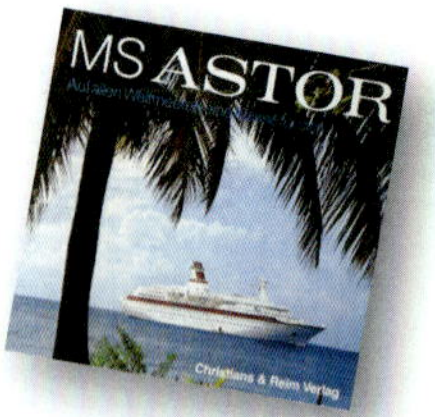

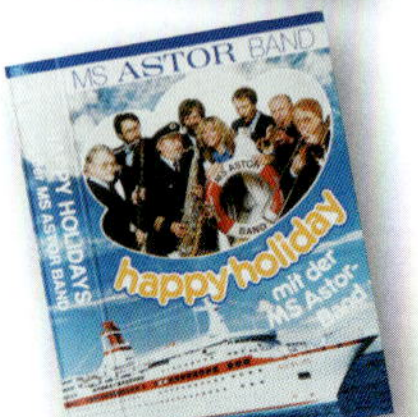

gedreht, wie sie ihn brauchten!" Als 1998 die Deutschland in Dienst gestellt wurde, war der Traumschiff-Umzug selbstverständlich. Mit ihm trat Siegfried Rauch als Kapitän ans Ruder. Sascha Hehn hatte die Crew bereits 1988 verlassen.

„Ich habe alle Schiffe sehr gern gehabt. Die Astor war maritimer, klarer als dieses Schiff, die Berlin war einfach gemütlich, und die Deutschland ist das schönste!", resümiert Heide Keller, die es wissen muss. 33 Jahre tut sie Dienst als Chefhostess. Kurios: Die Position, die es eigentlich in der Bordhierarchie gar nicht gibt, musste auf der Deutschland geschaffen werden, zu viele Passagiere fragten danach. Die schönste Anekdote erlebte Siegfried Rauch vor seinem ersten Dreh. Neu an Bord, aber schon in Uniform, fragte der „Kapitän" einen verblüfften Passagier: „Sagen Sie, wo geht's denn hier zur Brücke?"

Schon im Reisekatalog werden die Gäste heute über die Dreharbeiten informiert. Rademann stellt das Team zu Beginn der Reise stets vor: „Wenn der Direktor mit seiner Sekretärin fremdgeht, kann er vorher die Kurve kratzen, damit er nicht im Bild ist!" Aber auch einfache Reisende kann ein Film über Samoa in Verlegenheit bringen, denn Samoa ist dort, wo das Gangway-Schild „Samoa" steht. Das kann in Sevilla sein oder auch in San Francisco. „Wie Se det Ihren Verwandten zu Hause verklickern, det is nu Ihr Problem", berlinert der Produzent bei der Begrüßung.

Die nächsten Dreharbeiten finden vom 1. Februar bis 25. März 2014 zwischen Shanghai und Dubai statt. Nun auch wieder mit Sascha Hehn: Grauer Dreitagebart und Kapitänsmütze demonstrieren seine Beförderung nach 25 Jahren Auszeit.

Also wird es das Traumschiff weiterhin geben? Wolfgang Rademann, der nach eigenem Bekunden noch nie Urlaub gemacht hat, verrät sein „Geheimrezept": „Ick habe nischt verändert, und das ist das Phänomen vom Traumschiff. Alle Sendungen haben sich dem Zeitgeist angepasst. Das Traumschiff nicht. Und wir haben damit auch noch Erfolg – das ist eine Sensation!" ■

Die Maasdam von Holland America: eines der größten Schiffe, die den Kanal befahren können

Die Welt-Wasserstraße

Einmal durch den Panamakanal: Für viele Schifffahrtfans ist das ein Traum. Warum nicht 2014? Da feiert der Kanal seinen 100. Geburtstag

VON JOHANNES BOHMANN

Für den ersten Versuch brauchte man acht Jahre. 22.000 Arbeiter ließen dabei ihr Leben, dahingerafft von Gelbfieber und Malaria. Und nachdem 287 Millionen US-Dollar verbaut worden waren, waren die Geldgeber pleite. 1889 war das – Ferdinand de Lesseps, Erbauer auch des Suezkanals, der das tollkühne Vorhaben gestartet hatte, starb fünf Jahre später. Erst beim zweiten Anlauf, gut hundert Jahre später, wurde sie deshalb Wirklichkeit: die Wasserstraße von der Karibik zum Pazifik, 81,6 Kilometer lang, an der engsten Landstelle des amerikanischen Kontinents in den Urwaldboden gegraben. 1914 war ihre offizielle Eröffnung, unter Federführung der US-Regierung, die nebenbei auch dem Staat Panama zu seiner Geburt verhalf – und dabei die vollständige Kontrolle über den Kanal einsackte (die sie 1977 an Panama zurückgab). Er ist bis heute – neben dem Suezkanal – die wichtigste künstliche Wasserstraße der Welt. Jährlich 14.000 Schiffe passieren ihn, um sich die Fahrt um Kap Hoorn zu ersparen. Zu Gebühren allerdings, die für die Größten über 300.000 Dollar betragen können.

Wer je mit einem Cruiseliner durch den Panamakanal fuhr, hat all diese Zahlen und Geschichten gehört: Bei der Passage, die acht bis zwölf Stunden dauert, reißen die Durchsagen aus den Bordlautsprechern, dargeboten von Lektor, Cruise Director oder dem Käpt'n, nicht ab. Und 2014, das steht fest, dürfte es besonders betriebsam werden zwischen Colón an der Karibikküste und Panama City am Pazifik: Zum 100. Geburtstag des Kanals will möglichst jeder dabei sein. Rund 150 Mal, meistens als Teil einer Kreuzfahrt von Florida nach Kalifornien oder umgekehrt, steht der ►

FOTOS: H. Retzlaff; Zeichnung: www.axelkock.de

Eine Durchfahrt mit der Astor: Es geht durch sechs Schleusen (o. links: Gatún; rechts: Miraflores). Treidelloks (u. Mitte) unterstützen einen Frachter. Ganz links: Ankunft am Pazifik

DER POST-PANAMAX-KANAL

Ein Quantensprung für die Weltschifffahrt: Für über fünf Mrd. US-Dollar (Skeptiker sagen: acht) sollen der Panamakanal und seine Schleusen so weit vertieft und verbreitert werden, dass auch Schiffe der so genannten „Post-Panamax-Klasse“ durchfahren können: Frachter mit mehr als 4.600 und bis zu 12.000 Containern – und Passagierschiffe, die mehr als 33 Meter breit sind. Bisher passt z. B. die **Queen Elizabeth** mit ihren 32,30 Metern Breite so gerade noch hindurch. 2007 wurde mit den Arbeiten begonnen, schon 2015 soll laut offiziellem Plan die neue Fahrrinne fertig sein.

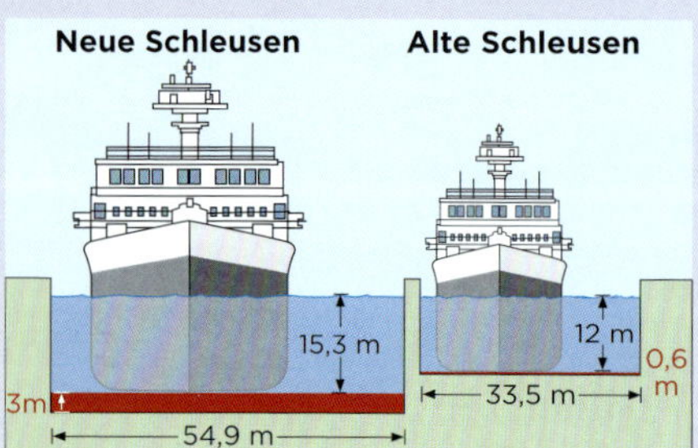

Kanal 2014 in den Routings der Reedereien. Von der **Star Flyer** über die **Deutschland** bis hin zu Cunards **Queen Elizabeth** sind sie alle dabei. Allein bei Princess Cruises, traditionell der Big Player am Kanal, gibt es fast 50 Termine, darunter sogar zweitägige Kanalfahrten mit Zwischenstopps und Landprogramm.

Was ist so spannend daran? Dass man hautnah dabei ist, wenn das Schiff in zentimetergenauen Manövern und im Zeitlupentempo sechs Schleusen passiert, drei in der Gatún-Anlage, eine in Pedro Miguel, zwei in Miraflores. Auf beidseitig angebrachten Zahnradbahnen schleppen dabei bis zu acht Treidelloks das Schiff durch die Schleusen und stabilisieren es gegen die Strömungen in der Schleusenkammer beim Wasserein- und -auslass.

Nur was für Technikfans und große Jungs? Immerhin, es gibt auch Sportler-Anekdoten: Der erste Mensch, der den Panamakanal auf ganzer Länge durchschwamm, war der Amerikaner Richard Halliburton. 1928 war das, im August, und insgesamt brauchte er neun Tage. Ihr Schiff schafft das in neun Stunden! ■

FOTO: Oceania Cruises

Gaumenfreuden, selbst gezaubert: Auf immer mehr Schiffen kann man lernen, wie das geht

Kochen wie die Profis

Speisen auf Sterne-Niveau: Auf Luxusschiffen gilt das natürlich als gesetzt. Aber wie wär's mit Selberkochen? Kochschulen zur See machen es möglich

VON JOHANNES BOHMANN

Rudi Sodamin ist Österreicher, Koch – und Ratsvorsitzender. „Culinary Council" nennt sich das Gremium, dem er vorsteht: Die Sterneköche Charlie Trotter aus Chicago, Jonnie Boer aus dem niederländischen Zwolle sowie Jacques Torres, Elizabeth Falkner und David Burke aus New York gehören dazu. Ihre Aufgabe: das „Durchkomponieren", wie Sodamin es nennt, aller Speisepläne für alle 15 Schiffe der traditionsreichen, 1873 gegründeten **Holland America Line**. Dass sie das mit Erfolg tun, fanden die Leser des US-Kreuzfahrtmagazins „Porthole": Sie kürten Sodamin 2012 zum „Best Cruise Line Master Chef".

Schön daran ist auch: Die Köche geben ihre Kenntnisse gern weiter. Im Culinary Arts Center an Bord der Schiffe kann jeder Gast erlernen, wie er das, was ihm zum Dinner serviert wird, daheim in Ruhe nachkocht. Einerseits durch Zuschauen: Das Center ist eine Show-Küche, mit Videoleinwand hinter den Kochzeilen, an denen zum Beispiel der TV-erfahrene Charlie Trotter hantiert. Seine „Kitchen Sessions" sind in den USA Quotengaranten; 14 Kochbuch-Bestseller hat er ebenfalls verfasst. Aber auch das persönliche Mitkochen gibt es, in jeweils 45-minütigen Kursen. Auf Karibik-Reisen lernt man so, wie man „Jerk Chicken" zubereitet, im Mittelmeer geht es, zum Beispiel, um warme Crostini mit klassisch sizilianischer Caponata und Mozzarella. Und neben speziellen Sessions für Kinder und Jugendliche gibt's auch Kurse zum Serviettenfalten oder Cocktailmixen.

Horte der Haute Cuisine sind auch die Schiffe von **Oceania Cruises** aus den USA (s. **Marina & Riviera**, S. 160). Auch auf ihnen werden die Gäste zum Mitkochen eingela- ►

FOTOS: Oceania Cruises (1), MSC (1), Hapag Lloyd-Kreuzfahrtern (1), J. Bohmann (1)

Kochen lernen bei Oceania (o. links), bei MSC mit Kolja Kleeberg (u. links) und in der Miele-Kochschule (u. Mitte) auf der Europa 2. Bei deren Einweihung stand Sky du Mont am Herd

den – im Bon Appétit Culinary Center –, auch hier folgen die Kursinhalte den Fahrgebieten: „Türkische Tafelfreuden" (Hühnchen-Pilaf im Teigdom, Reispudding mit Rosenwasser ...), „Magisches Marokko" (Mandelmilch-Röllchen, Tajine mit Aprikosen ...) oder „Northern Lights"(Lachs in Aquavit, Fleischbällchen mit Harissa-Soße ...) sind sie überschrieben, wenn vor Istanbul, Tanger oder Kopenhagen gekreuzt wird. Und manchmal nimmt der Chefkoch die Gäste zum Einkaufen mit: Auf lokalen Märkten sucht er mit ihnen Spezialitäten aus, die man anschließend an Bord zubereitet.

Dass Gastauftritte bekannter Köche auf Schiffen nichts Neues mehr sind, weiß jeder, der bei **TUI Cruises**, **MSC** oder **AIDA** dabei war. Eine Kochschule an Bord jedoch zur festen Einrichtung gemacht zu haben, darf als erstes deutschsprachiges Schiff die **Europa 2** für sich beanspruchen. Vom Markenpartner Miele gesponsert, wurde ihr auf Deck 9 ein Edelstahl-Tempel fürs erlesene Kochen eingebaut. Zusammen mit dem Chef des Bordrestaurants Tarragon kann man dort die Küche der angesteuerten Reiseziele zelebrieren. 80 Euro zahlt man dafür zu – aber das ist auch bei Oceania und Holland America nicht anders. Und schließlich darf man ja auch verzehren, was man gezaubert hat ... oder auch nicht? Wer lieber nur zuschaut und -hört, sucht dann eben die „Genusshandwerker" auf. Sie bitten zu Gewürz- und Fleisch-Workshops, zu Olivenöl- oder Weindegustationen in der intimen Atmosphäre des Grand Réserve.

Last, but not least die „Sternchenköche" – will sagen: die Kochkurse für Kinder. Sie scheinen ebenfalls ein Trend zu sein, den die Reedereien nicht verpassen wollen; die an anderer Stelle (S. 38) dokumentierte Pizzabäcker-Exkursion bei Hapag-Lloyd belegt das. Den Titel „Sternchenköche" aber (übrigens einem Buch dieses Titels folgend, das die Teilnehmer dazu erhalten, nebst selbst gebastelter Schürze) hat sich TUI Cruises gesichert. Und nicht nur Pizzabacken, so wird versprochen, lernt man auf der **Mein Schiff**-Flotte, wenn es gen Süden geht –sondern auch, „warum die Italiener so gut im Fluchen sind" ...

Ihr Urlaub ist unser Job
sea chefs
Mit viel Engagement und Herzlichkeit sorgt die Crew von sea chefs dafür, dass Sie jeden Tag Ihrer Reise rundum genießen. Derzeit beschäftigt sea chefs rund 5.000 Mitarbeiter auf den besten Schiffen auf Flüssen und Weltmeeren. Renommierte internationale Reiseveranstalter und Kreuzfahrtanbieter schätzen sea chefs als erfahrenen, kompetenten und engagierten Partner für Schiffe der Top-Klasse.
Besuchen Sie uns auf:
seachefs.com
Welt. Klasse. Team.

Erhielt Bestnoten: die Oasis of the Seas

e-hoi Schiffsbewertungen

Von Kreuzfahrern für Kreuzfahrer

Bereits über 15.000 Ratings seiner Kunden hat e-hoi gesammelt – auf dem bestbewerteten Schiff gibt es nun ein ganz besonderes Reisepaket

Welche Kreuzfahrtschiffe haben den schönsten Wellnessbereich, welche die besten Restaurants? Wie komfortabel sind die Kabinen, wie vielfältig ist das Unterhaltungsprogramm? Wer eine Seereise plant, ist dankbar für Tipps anderer Reisender. Bei e-hoi finden Online-Bucher genau diese Infos und Empfehlungen. In dem detaillierten Bewertungssystem des Kreuzfahrtspezialisten wurden bis jetzt schon **über 15.000 Ratings** abgegeben – und täglich kommen neue dazu.

Auf einer Skala von eins bis fünf beurteilen Kreuzfahrer den Gesamteindruck und einzelne Aspekte des Schiffs, auf dem sie gereist sind. Zu den Kriterien zählen unter anderem Größe, Ausstattung und Sauberkeit der Kabinen, die gastronomische Qualität, die Angebotsvielfalt des Sport- und Wellnessbereichs und die Atmosphäre an Bord. Auch der Service beim Check-in und die Mitarbeiterfreundlichkeit gehören zu den Punkten, die bewertet werden können. Wer mit Kindern reisen möchte, wird sich besonders dafür interessieren, wie andere Gäste die Familienfreundlichkeit an Bord und Einrichtungen wie Kinderclubs beurteilen. Neben der wichtigen Auskunft, ob sie das Schiff weiterempfehlen können, geben die Kreuzfahrer auch zusätzliche Hinweise: zum Beispiel zum Durchschnittsalter oder zu möglichen Zusatzkosten an Bord, zu Landausflügen sowie zur passenden Garderobe. Um die Eindrücke von den Kreuzfahrtschiffen für alle noch transparenter zu machen, haben e-hoi-Kunden seit Neuestem auch die Möglichkeit,

FOTOS: FOTOS: Royal Caribbean International (2), istockphoto (2)

Unter den zu bewertenden Kategorien: Landausflüge, Familienfreundlichkeit, Wellnessangebot

eigene Fotos und Videos direkt im Rahmen ihrer Bewertung hochzuladen.

Damit Kreuzfahrer sicher sein können, dass die Ratings vertrauenswürdig sind, hat e-hoi die Bewertungen der eigenen Kunden entsprechend gekennzeichnet. Wie die Mitarbeiter von e-hoi die Schiffe beurteilen, lässt sich ebenfalls einsehen: diese Bewertungen sind als **e-hoi Expertentipp** hervorgehoben.

Eines der Schiffe, das bei e-hoi-Kreuzfahrern derzeit mit einer Weiterempfehlung von 100 Prozent ganz hoch im Kurs steht, ist das größte Kreuzfahrtschiff der Welt, die Oasis of the Seas. Eine Top-Bewertung erhielt zum Beispiel das abwechslungsreiche Unterhaltungsangebot an Bord. In sieben Lifestyle-Arealen punktet das Schiff mit spektakulären Attraktionen, darunter dem Central Park, dem Aquatheater und der Zipline-Seilbahn. Auch für die Gastronomie, insbesondere die Angebotsvielfalt der 15 Restaurants, sind die Kreuzfahrer voll des Lobes.

Für e-hoi sind die Einschätzungen der eigenen Kunden Grund genug, um für dieses Schiff der Superlative eine ganz besondere **e-hoi hin & weg Reise** aufzulegen: Im Herbst 2014 ist die Oasis zum ersten und auch für längere Zeit zum letzten Mal im Mittelmeer unterwegs. e-hoi-Reisende können sich bei der Fahrt von Barcelona nach Rom und Neapel und zurück über ein Vorprogramm in Barcelona mit zwei Übernachtungen im First-Class-Hotel und Stadtrundfahrt sowie einen Ausflug nach Montserrat freuen. ■

e-hoi Schiffsbewertungen

Über 15.000 detaillierte Bewertungen:

- Weiterempfehlungsrate zu den Schiffen
- Detailbewertung zu einzelnen Schiffskategorien
- Hafen- und Ausflugstipps
- Kundenbilder und Videos
- Verifizierte Bewertungen von e-hoi Kunden
- Expertentipps von e-hoi Mitarbeitern

Termine der Mittelmeer-Kreuzfahrt (Nr. 37425)
11.09. bis 18.09.2014 und 16.09. bis 23.09.2014

Über 23.400 Kreuzfahrten auf mehr als 400 Schiffen und über 15.000 Kreuzfahrtbewertungen.

www.e-hoi.de

Tel. 0800 80 90 500 (kostenlos)

Porträts von A bis Z

Schiffe

Welches Schiff ist das? Die Form des Schornsteins verrät's: Es ist vom Marktführer Carnival

ABC der Reedereien

Von den Big Playern bis zum kleinen Spezialanbieter – auf den folgenden Seiten stellen wir Ihnen die Firmen hinter den Schiffen vor

Kreuzfahrtneulinge kennen meist nur zwei, drei Markennamen. Dabei sind allein auf dem deutschsprachigen Markt mehr als 30 Unternehmen präsent – viele davon unabhängig, die meisten jedoch unter den Fittichen eines größeren Konzerns, dessen Name in den Broschüren der Tochterfirmen allenfalls im Kleingedruckten erscheint: Das individuelle Profil der jeweiligen „Marke" ist Kern des Marketings. Umso interessanter ist es zu wissen: Wer hat eigentlich die Nase vorn? Welche Reederei ist unabhängig? Und welche gehört zu einem großen Verbund? Werfen wir also zunächst einen Blick aufs „große Ganze": Nur zwei Großkonzerne teilen sich den Löwenanteil des Markts.

Die Marktführer

Der unangefochtene Gigant in Sachen Kreuzfahrt ist die **Carnival Corporation** aus Miami. Das britisch-amerikanische Unternehmen vereint deutlich über 100 Schiffe. Als erster Coup gelang Carnival 1989 die Übernahme der Holland America Line. Neben der „Hausmarke", der weltgrößten Reederei **Carnival Cruise Line**, zählen inzwischen zudem der italienische Big Player **Costa**, aber auch die Edelmarken **Cunard** und **Seabourn** zum Portfolio. Eine Machtübernahme durch den größten Konkurrenten, **Royal Caribbean**, konnte 2003 durch den Einkauf der Nummer drei am Markt, **Princess Cruises**, verhindert werden. Im Zuge dessen verleibte sich Carnival auch **P&O Australia** und das bekannteste deutsche Unternehmen ein: **AIDA Cruises**. Insgesamt stehen derzeit 209.000 Betten zur Verfügung. Und der Riese wächst weiter: Bis Ende 2015 wird sich die Kapazität durch mindestens zehn Neubauten noch einmal auf 235.000 Betten erhöhen.

Gigant Nummer zwei startete Anfang der 70er-Jahre als norwegische Gesellschaft: **Royal Caribbean Cruises**. 1988 eröffnete sie mit dem damals größten Schiff der Welt, der **Sovereign of the Seas**, die Ära des Massentourismus zur See. 1977 dann kaufte das inzwischen amerikanisch-norwegische Unternehmen **Celebrity Cruises**, und im Jahrzehnt darauf begann man mit Neugründungen: Mit dem spanischen Ableger **Pullmantur Cruises** (2006) und der französischen Marke **Croisières de France** besetzte Royal Caribbean weitere internationale Märkte. Zudem differenzierte sich der Konzern 2007 über die Deluxe-Marke **Azamara** weiter aus. Und seit 2009 hält Royal Caribbean zudem in einem Joint Venture 50 Prozent der Anteile an **TUI Cruises**. Auf all seinen Schiffen kann Royal Caribbean Cruises (so der offizielle Name des Gesamtkonzerns) zurzeit rund 97.000 Betten anbieten; bis 2016 steigt die Kapazität weiter auf knapp 110.000 Betten.

Kopf an Kopf liegen zurzeit die nächsten beiden Großreedereien: **MSC Crociere** aus Neapel und die **Norwegian Cruise Line** aus Miami. Beide stellten 2013 ein neues Schiff in Dienst (**MSC Preziosa** und **Norwegian Breakaway**), womit beide nun je gut 30.000 Betten auf je zwölf Schiffen anbieten können. 2014 aber ist nur Norwegian mit einem Neubau dabei (**Norwegian Getaway**) und wird dann wieder klar auf Platz drei rangieren. Wie schon zuvor, als die schon in den 60er-Jahren von dem Norweger Knut Kloster gegründete Reederei ein Tochterunternehmen des asiatischen Marktführers **Genting Hong Kong** war, dem auch die **Star Cruises** aus Malaysia gehören. Seit ihrem erfolgreichen Börsengang im Januar 2013 sollte man jedoch die Norwegian Cruise Line separat betrachten – auch wenn Genting weiterhin Hauptaktionärin ist.

Die Großen im Vergleich

Carnival, Royal Caribbean, MSC und Norwegian decken gemeinsam rund 90 Prozent des weltweiten Angebots an Hochseekreuzfahrten ab

MSC wird eines aber auf jeden Fall bleiben: die größte eigenständige Kreuzfahrtreederei der Welt. Sie ist im Besitz der Familie Aponte aus Neapel, deren Hauptgeschäft wiederum die Containerschifffahrt ist: Die Frachterflotte von MSC ist nach APM Maersk aus Dänemark die zweitgrößte der Welt.

Alle Reedereien im Überblick

Auf den folgenden Seiten stellen wir alle wichtigen Reedereien, die 2014 im deutschsprachigen Markt zu buchen sind, in Kurzporträts vor. Über 200 Schiffe werden dabei zumindest genannt. Alle, denen wir ein ausführliches Porträt widmen, sind mit einem ⚓ Anker-Symbol markiert. ►

AIDAs Jüngste, die stella auf der Ems – und die Urahnin der Carnival-Flotte, TSS Mardi Gras

AIDA Cruises

Der deutsche Marktführer aus Rostock zählt zu den innovativsten Unternehmen der Branche. 1996 führte er mit der ersten AIDA (der heutigen **AIDAcara**) sein Clubschiff-Konzept ein. Mahlzeiten in Buffetform lösten strenge Tischordnungen ab, Dresscodes an Bord wurden abgeschafft. So bieten diese (deutschsprachigen) Schiffe viel Entertainment, Sport und Wellness sowie ein gastronomisches Angebot auf der Höhe der Zeit. Bemerkenswert sind etwa das „Theatrium" auf der **AIDAdiva** und ihren Schwestern **bella** und **luna** oder das erste Brauhaus auf hoher See, mit dem **AIDAblu**, **AIDAsol** und **AIDAmar** aufwarten. Mit der **AIDAstella** wurde im Frühjahr 2013 das zehnte AIDA-Schiff getauft; zwei weitere sind geordert. Für sie wird neueste Umwelttechnik angekündigt – auch hier möchte AIDA Cruises eine Vorreiterrolle spielen.

Schiff	Baujahr	Passagiere*
⚓ AIDAcara	1996	1.180/1.340
⚓ AIDAvita	2002	1.266/1.528
⚓ AIDAaura	2003	1.266/1.528
⚓ AIDAdiva	2007	2.050/2.500
⚓ AIDAbella	2008	2.050/2.500
⚓ AIDAluna	2009	2.050/2.500
⚓ AIDAblu	2010	2.194/2.500
⚓ AIDAsol	2011	2.194/2.500
⚓ AIDAmar	2012	2.194/2.500
⚓ AIDAstella	2013	2.260/2.550

Ambiente Kreuzfahrten

Nach einem Jahr Pause ist der auf kleinere Traditionsschiffe spezialisierte Veranstalter aus Berlin wieder aktiv: Von März bis November 2014 fährt die **Azores** mit bis zu 550 Passagieren für den Veranstalter. Das Schiff ist die einstige **Athena**, die auch vorher schon bei Ambiente im Einsatz war. Sie kreuzt im Nordmeer – ein Highlight – zur Polarlicht-Saison, in der Ostsee, im Mittelmeer und im Schwarzen Meer.

Azamara Club Cruises

Mit zwei kleinen, feinen Schiffen bietet die 2007 gegründete Tochterfirma von Royal Caribbean ein Konzept zwischen Premium und Luxus und mit ausgefeilten Routings an. Die Schiffe sind Umbauten der **R6** und der **R7** der Renaissance-Reederei. Die Gäste kommen mehrheitlich aus den USA.

⚓ Azamara Quest	2000	694/710
⚓ Azamara Journey	2000	694/710

Carnival Cruise Line

Als das erste Carnival-Schiff, die **TSS Mardi Gras**, bei seiner Jungfernfahrt 1972 auf eine Sandbank lief, machte Firmenchef Ted Arison aus der Not eine Tugend: Um die Passagiere bei Laune zu halten, wurden sie rund um die Uhr unterhalten. Die „Funship"-Idee war geboren; mit ihr stieg Carnival unter Teds Sohn Mickey Arison zum größten Kreuzfahrtveranstalter der Welt auf. Die Schiffe sind überwiegend ab amerikanischen Häfen im Einsatz. Sie bieten eine bunte Fantasiewelt, die „aus der tristen Realität in ein Abenteuerland voller Aktivitäten entführen" soll. Unter anderem verlockt dazu das (weitgehend kostenfreie) „Total Choice Dining"-Angebot. Die

*Passagierzahlen: Standard-Doppelbelegung/Maximalkapazität

Spezialitäten: Für besondere Landausflüge ist Azamara bekannt, für cooles Design Celebrity

Gäste sind in der Mehrheit US-Amerikaner; alle Menükarten und Programme sind aber auch in deutscher Sprache erhältlich. Von den derzeit 25 Schiffen ist ein Dutzend älter als zwölf Jahre; als erstes erhielt die **Carnival Sunshine** (vorher **Carnival Destiny**) 2013 einen Komplettumbau. Der nächste Neubau, ausgelegt auf 4.000 Passagiere, debütiert 2016. Anders als in den Vorjahren ist 2014 erstmals kein Carnival-Liner in europäischen Gewässern zu Gast. – Die Flotte seit 2001:

Carnival Spirit	2001	2.124/2.680
Carnival Pride	2002	2.124/2.680
Carnival Legend	2002	2.124/2.680
Carnival Conquest	2002	2.974/3.700
Carnival Glory	2003	2.974/3.700
Carnival Miracle	2004	2.124/2.680
Carnival Valor	2004	2.974/3.700
Carnival Liberty	2005	2.974/3.700
Carnival Freedom	2007	2.974/3.700
Carnival Splendor	2008	3.006/3.914
Carnival Dream	2009	3.690/4.630
Carnival Magic	2011	3.690/4.630
Carnival Breeze	2012	3.690/4.630
⚓ Carnival Sunshine	2013	3.006/3.758

Celebrity Cruises

Das „X" am Schornstein erinnert daran: Celebrity ging aus einem griechischen Familienunternehmen hervor, dessen Gründer John Chandris das „X" (wie „Chi" für Chandris) im Firmenlogo führte. Es wurde auch beibehalten, als Celebrity Cruises 1989 entstand – und 1997 von Royal Caribbean übernommen wurde. Die Schiffe der heute weltweit verkehrenden Flotte zeichnen sich durch elegante, internationale Atmosphäre aus. Ein Qualitätssprung gelang mit der **Solstice**-Klasse, deren innovatives Design den Nerv eines kosmopolitischen, trendbewussten Publikums trifft. Klassische Schiffe sind dagegen die älteren Celebrity-Liner (von denen zwei zu **TUI Cruises** wechselten). Vor Galápagos fährt der Boutique-Cruiser **Celebrity Xpedition**.

Celebrity Century	1995	1.750/2.110
Celebrity Millennium	2000	2.052/2.368
Celebrity Summit	2001	2.052/2.368
Celebrity Infinity	2001	2.052/2.368
Celebrity Xpedition	2001	92
Celebrity Constellation	2002	1.950/2.300
⚓ Celebrity Solstice	2008	2.825/3.145
⚓ Celebrity Equinox	2009	2.825/3.145
⚓ Celebrity Eclipse	2010	2.825/3.145
⚓ Celebrity Silhouette	2011	2.825/3.145
⚓ Celebrity Reflection	2012	2.825/3.145

Club Med Cruises

Der Kreuzfahrtableger des französischen Cluburlaub-Spezialisten spricht eine sportliche, genussfreudige Klientel an; bei den Passagieren dominieren Franzosen. Das Schiff, ein 2008 renovierter Fünfmaster, ist baugleich mit der Ex-**Club Med 1**, die heute **Wind Surf** heißt.

Club Med 2	1992/2008	402/409

Color Line

Kurzkreuzfahrten auf Fährschiffen: Damit hat diese norwegische Firma großen Erfolg. Auf der Linie Kiel–Oslo bietet sie an Bord ►

Zwei Welten: Costa (hier die Serena) gibt sich bunt und lebensfroh, Cunard klassisch-britisch

ihrer Autofähren, was man sonst nur von Kreuzfahrtschiffen kennt: Entertainment, Gastronomie sowie Sport und Spaß für die ganze Familie. Perfekt für Kreuzfahrtneulinge!

⚓	Color Fantasy	2004	2.750
⚓	Color Magic	2007	2.750

Costa Kreuzfahrten

Mit ihrer über 60-jährigen Geschichte zählt Costa Crociere aus Genua zu den Traditionsmarken in Europa – auch wenn die Erinnerung an das Unglück der **Costa Concordia** im Januar 2012 noch im Gedächtnis haftet. Das Stammpublikum sind Italiener. Je nach Route kommen Gäste aus aller Herren Länder hinzu; Bordansagen in fünf Sprachen (auch Deutsch) sind dann die Regel. Zu Ferienzeiten reisen viele Kinder mit; auf Paare ausgelegt ist dagegen der Umbau **Costa neoRomantica**. Das Bordambiente wirkt bei Costa umso „europäischer", je älter das jeweilige Schiff ist: Seit der Übernahme durch Carnival (1997, endgültig 2000) überwiegt amerikanisches Design. Im Oktober 2014 startet mit der **Costa Diadema** das größte italienische Kreuzfahrtschiff.

	Costa Classica	1992	1.308/1.726
⚓	Costa neoRomantica	1993/2012	1.578/1.800
	Costa Victoria	1996	1.928/2.394
	Costa Atlantica	2000	2.112/2.680
	Costa Voyager	2000	927
⚓	Costa Mediterranea	2003	2.112/2.680
	Costa Fortuna	2003	2.716/3.470
	Costa Magica	2004	2.716/3.470
	Costa Serena	2007	3.000/3.763
	Costa Pacifica	2009	3.000/3.763
	Costa Luminosa	2009	2.260/2.862
	Costa Deliziosa	2010	2.260/2.862
⚓	Costa Favolosa	2011	3.000/3.780
⚓	Costa Fascinosa	2012	3.016/3.800
	Costa Diadema	2014	3.724/4.947

Crystal Cruises

Luxus aus Fernost: Diese Schiffe gehören zu den besten in der Kreuzfahrtwelt. Das Publikum ist international, die Bordsprache Englisch. Oft sind viele Japaner an Bord: Crystal gehört der japanischen Containerlinie NYK.

⚓	Crystal Symphony	1995	998
⚓	Crystal Serenity	2003	1.100

Cunard Line

1840 als Transatlantik-Liniendienst gegründet, ist Cunard die traditionsreichste Kreuzfahrtmarke der Welt: Samuel Cunard entwickelte sie im Auftrag von Königin Victoria, um den Postweg zwischen England und Amerika zu beschleunigen. Diese traditionellen Transatlantikpassagen fährt der Star der Flotte, die **Queen Mary 2**, noch heute. Sie ist aber auch auf klassischen Kreuzfahrten unterwegs, wie ihre jüngeren Schwestern **Queen Victoria** und **Queen Elizabeth**. Alle drei bieten Kreuzfahrt auf britische Art, mit „High Tea", „Gentleman Host" und ähnlichen Ritualen – auch wenn der Inhaber der Firma seit 1998 Carnival heißt.

⚓	Queen Mary 2	2004	2.620/3.090
⚓	Queen Victoria	2007	1.900/2.430
⚓	Queen Elizabeth	2010	2.068/2.447

Flaggschiffe: die Deutschland bei der Kieler Woche – und die Europa 2 am Tag ihrer Taufe

Deilmann Reederei

Die Reederei aus Neustadt in Holstein betreibt das einzige Hochseeschiff unter deutscher Flagge: die noch bis 2014 als TV-Traumschiff gebuchte **Deutschland**. Am klassischen Konzept – stilvoll-familiärer Luxus, weltweite Routen – hat auch der neue Inhaber Aurelius AG (seit 2010) wenig geändert. Sein Ausflaggungsversuch scheiterte im Sommer 2012 am beherzten Widerstand der Stamm-Crew.

⚓	Deutschland	1998	500/520

Disney Cruise Line

Für Familien mit Kindern gibt es kaum etwas Besseres als die Schiffe mit Micky Maus am Schornstein. In Europa sind die bei Meyer in Papenburg gebauten Schiffe selten zu Gast. 2014 jedoch gibt sich die **Wonder** die Ehre.

⚓	Disney Magic	1998	2.700
⚓	Disney Wonder	1999	2.700
	Disney Dream	2011	4.000
	Disney Fantasy	2012	4.000

FTI Cruises

Der Münchner Touristikkonzern FTI Reisen stieg 2012 in die Kreuzfahrt ein – mit einer alten Bekannten: der ehemaligen **Berlin**, die bis 1998 als TV-Traumschiff bekannt war.

⚓	FTI Berlin	1980	412/456

Hansa Touristik

Die Stuttgarter Firma bietet mit jährlich wechselnden Programmen traditionelle Kreuzfahrten an – für Gäste, die mit den Funships von heute nichts anfangen können. 2013 wurde dafür ein neues Schiff eingeführt:

⚓	Ocean Majesty	1995	548

Hapag-Lloyd Kreuzfahrten

Wer sich auf Albert Ballin, den Erfinder der modernen Kreuzfahrt, als Gründer berufen kann, darf stolz auf die Tradition sein: So gesehen ist Hapag-Lloyd die deutsche Nummer eins. Was die Größe der Schiffe angeht, hält sich die Reederei aber gegenüber jüngeren Unternehmen zurück. Die **Columbus 2**, mit knapp 700 Passagieren das größte Flottenmitglied, verlässt die Reederei im April 2014 wieder – und die neue, 2013 getaufte **Europa 2**, begnügt sich wieder mit 516 Passagieren. Dafür aber stehen bei Hapag-Lloyd das individuelle Schiffserlebnis, der besondere Service und anspruchsvolle Programme, neuerdings verstärkt auch für Familien, im Mittelpunkt – egal ob bei Expeditionen ins Eis oder bei Themenreisen zu Golf, Politik oder klassischer Musik.

⚓	Bremen	1990	164/178
⚓	Hanseatic	1993	184/194
	Columbus 2	1998	698
⚓	Europa	1999	408
⚓	Europa 2	2013	516

Holland America Line

Ende des 19. Jahrhunderts war diese 1873 in Rotterdam gegründete Reederei einer der großen Player im Geschäft mit europäischen Auswanderern in die Neue Welt. Doch ►

Für jeden etwas: Schlauchboot fahren ins Eis bei Hurtigruten, großer Kinderspaß bei MSC

auch die erste echte Kreuzfahrt wurde bereits 1895 angeboten. Seit 1998 ist die HAL Teil der Carnival Corporation, wo sie heute zum Premiumsegment gehört. Ihre mit der **Nieuw Amsterdam** 2010 auf 15 Liner angewachsene Flotte spricht ein internationales, traditionsbewusstes Publikum an. Die Schiffe der „Signature Class" (ab **Eurodam**) bieten große Kabinen, luxuriöse Bettwaren, Showküchen, größere Spa-Bereiche und Ähnliches mehr.

Statendam	1993	1.268/1.625
Maasdam	1993	1.258/1.625
Ryndam	1994	1.270/1.625
⚓ Veendam	1996	1.350/1.830
Rotterdam	1997	1.316/1.826
Prinsendam	1998	793/910
Volendam	1999	1.432/1.837
Zaandam	2000	1.432/1837
Amsterdam	2000	1.380/1.770
Zuiderdam	2002	1.916/2.490
Oosterdam	2003	1.916/2.490
Westerdam	2004	1.916/2.490
Noordam	2006	1.918/2.502
⚓ Eurodam	2008	2.104/2.666
⚓ Nieuw Amsterdam	2010	2.106/2.670

Hurtigruten

Richard With heißt der „Erfinder" dieser Firma. 1893 wagte er es als Erster, im Winter mit seinem Dampfer **Vesterålen** bis in den hohen Norden Norwegens zu fahren. „Schnelle Route" taufte er die Verbindung – „Hurtigruten" auf Norwegisch. Im Geist dieser Zeit sind die Schiffe bis heute unterwegs: Sie sind Frachter, Post- und Passagierschiffe zugleich. Die zum Teil historischen Liner fahren ganzjährig, also auch im Winter, auf festen Routen; im Sommer stehen zusätzlich Geiranger- und Trollfjord im Programm. Seit 2007 gibt es auch Expeditionen in die Polargebiete, auf der eigens hierfür gebauten **Fram**.

Lofoten	1964	340
Vesterålen	1983	510
Kong Harald	1993	623
Richard With	1993	623
Nordlys	1994	622
Nordkapp	1996	622
Polarlys	1996	619
Nordnorge	1997	623
Finnmarken	2002	1.000
Trollfjord	2002	822
Midnatsol	2003	1.000
⚓ Fram	2007	318

MSC Kreuzfahrten

Die Kreuzfahrttochter des neapolitanischen Frachtschiffgiganten **Mediterranean Shipping Company** besitzt nicht nur die jüngste und am schnellsten wachsende Kreuzfahrtflotte der Welt. Sie ist auch die größte, die sich in privater Hand befindet. Gianluigi Aponte und sein Schwiegersohn Pierfrancesco Vago führen das Ruder – und die Aponte-Freundin Sophia Loren tauft traditionell alle neuen Schiffe. Mediterraner Lifestyle mit Zutaten aus allerlei Kulturen prägt das Leben an Bord. Intensiv wirbt man auch um deutsche Gäste, etwa mit der Taufe der **MSC Magnifica** 2010 in Hamburg, die dort im Sommer 2014 auch erstmals ihren Basishafen hat. Wer MSC bucht, erhält

Bordangebote: Wasserrutsche auf der Norwegian Epic, Gourmet-Kochkurse bei Oceania

viel Leistung zu günstigen Preisen auf modernen, mal bunten, mal dezenter gestalteten Linern. In die Luxusklasse wagt sich MSC mit dem von Butlern betreuten „Yacht Club" auf **MSC Fantasia, MSC Splendida** und **MSC Divina** sowie der neuen **MSC Preziosa**.

MSC Armonia	2001/04	1.554/2.083
MSC Sinfonia	2002/05	1.556/2.090
MSC Lirica	2003	1.560/2.055
MSC Opera	2004	1.560/2.055
⚓ MSC Musica	2006	2.550/3.010
⚓ MSC Orchestra	2007	2.550/3.010
⚓ MSC Poesia	2007	2.550/3.010
⚓ MSC Fantasia	2008	3.300/3.959
⚓ MSC Splendida	2009	3.300/3.959
⚓ MSC Magnifica	2010	2.550/3.010
⚓ MSC Divina	2012	3.274/3.959
⚓ MSC Preziosa	2013	3.700/4.345

Norwegian Cruise Line

Eine junge Kreuzfahrtlinie mit modernen Ideen: Schon als der Osloer Knut Kloster sie 1966 gründete, brachte sie mit Ein-Klassen-Kreuzfahrten oder regelmäßigen Karibikreisen ab Miami neue Konzepte auf den Markt. Durch den Zusammenschluss mit **Star Cruises** stieg NCL 2000 sogar zur drittgrößten Cruiseline der Welt auf; diesen Platz verteidigt die seit Anfang 2013 börsennotierte Firma bis heute. Und stets wagt sie Neues: „Freestyle Cruising" heißt die Formel, welche die Flotte prägt. Statt steifer Dresscodes und fester Essenszeiten sollen die Gäste eine lockere Atmosphäre erleben, u. a. indem sie frei unter vielen Restaurants wählen können. Mit der **Norwegian Epic** antwortete man 2010 auf den Trend zum Megaschiff – und bot zugleich als Erster Kabinen nur für Singles an. Die gibt es auch auf den neuesten „Norwegians" **Breakaway** (2013) und **Getaway** (2014). Und im Herbst 2015 soll mit der **Breakaway Plus** Raum für weitere 4.200 Passagiere hinzukommen.

Norwegian Spirit	1999	1.996/2.475
Norwegian Sky	1999	2.002/2.450
Norwegian Star	2001	2.240/2.846
Norwegian Sun	2001	1.936/2.400
Norwegian Dawn	2002	2.224/2.846
⚓ Norwegian Jewel	2005	2.376/2.846
Pride of America	2005	2.138/2.438
⚓ Norwegian Jade	2006	2.402/2.846
⚓ Norwegian Pearl	2006	2.394/2.834
⚓ Norwegian Gem	2007	2.394/2.834
⚓ Norwegian Epic	2010	4.228/5.368
⚓ Norwegian Breakaway	2013	4.028/ca. 5.000
Norwegian Getaway	2014	4.028/ca. 5.000

Oceania Cruises

Drei baugleiche Luxusliner für je 684 Gäste nannte die 2002 gegründete US-Reederei lange ihr Eigen; erst mit der **Marina** (2011) wurde die 1.000er-Grenze überschritten. Im April 2014 kehrt die **Insignia** von Hapag-Lloyd (dort **Columbus 2**) zur Flotte zurück. Die Bordsprache bei Oceania ist Englisch.

Insignia	1998	684
Nautica	1998	684
Regatta	2009	684
⚓ Marina	2011	1.258/1.360
⚓ Riviera	2012	1.258/1.360

►

Alte Bekannte: Phoenix (links die aktuelle Flotte) ist 40, Princess schon bald 50 Jahre alt

Passat Kreuzfahrten

2012 von dem indischen Geschäftsmann Pradeep Agrawal erworben, hat sich ein deutscher Publikumsliebling zurückgemeldet. Das Schiff, ein perfekt gepflegter Oldie, bietet klassische Kreuzfahrten mit sehr persönlicher Betreuung:

⚓ Delphin	1975	470

Phoenix Reisen

Das Publikum, das die türkisfarben markierten Fluss- und Seeschiffe dieses Bonner Veranstalters schätzt, ist deutschsprachig – und besonders treu: Wenige Veranstalter haben ähnlich hohe Repeater-Quoten. Phoenix-Gäste lieben den Kapitänstisch, die Kaffeestunde, den bayerischen Frühschoppen – und den stets freundlichen und familiären Service. 2013 feierte die Firma ihr 40-jähriges Bestehen.

⚓ Albatros	1973	850
⚓ Amadea	1991	600
⚓ Artania	1984/2011	1.200

Plantours Kreuzfahrten

Auch Plantours aus Bremen betreibt Flussschiffe und seit 2012 als Seeschiff die einstige **Columbus** von Hapag-Lloyd aus Hamburg – die nun für die Bremer unter dem Namen **Hamburg** fährt. Neuerdings sogar bis ins Eis.

⚓ Hamburg	1997	420

Ponant Cruises

Ein Segler und drei schmucke Motoryachten bilden die Flotte der französischen Nobelmarke, die seit 2012 dem Investor **Bridgepoint** gehört. Der neue Eigentümer verkaufte zwei ältere Einheiten und konzentriert sich auf die drei jungen Schwesterschiffe. Sie überzeugen mit hippem Yacht-Ambiente und Reisen zu entlegenen Häfen, auch in Antarktis und Arktis.

Le Ponant (Segler)	1991	64
⚓ Le Boreal	2010	264
⚓ L'Austral	2011	264
⚓ Le Soléal	2013	264

Princess Cruises

Was den Deutschen ihr „Traumschiff", ist den Amerikanern das „Love Boat": Die Erfolgsserie (1977 bis 1986) machte Princess Cruises berühmt. 18 (ab 2014 19) Schiffe zählt die Flotte, und auf allen, egal ob für 700 oder 3.000 Passagiere, gilt die Maxime „Big Ship Choice, Small Ship Feel". Dafür wurden große Räume in kleine Cafés und gemütliche Bars unterteilt, aus zwei Restaurants vier gemacht. Nur im Theater, an den Buffets und beim Tendern merkt man, dass man auf einem Ozeanriesen reist. Princess gehört seit 2003 zu Carnival und wetteifert konzernintern mit Holland America um die Marktführung in Alaska, wo man „Cruise Tours" mit eigenen Lodges, Bussen und Zügen anbietet. Auf vielen Reisen sind deutschsprachige Reiseleiter an Bord.

Sun Princess	1995	1.990/2.250
Dawn Princess	1997	1.990/2.250
Sea Princess	1998	1.990/2.250
Pacific Princess	1999	680/802
Ocean Princess	1999	680/802

Das Schiff ist das Ziel: Autoscooter fahren und an der Zipline fliegen bei Royal Caribbean

	Golden Princess	2001	2.590/3.200
	Royal Princess	2001	680/802
	Star Princess	2002	2.590/3.200
	Coral Princess	2002	1.970/2.588
	Island Princess	2003	1.970/2.588
	Caribbean Princess	2004	3.252/3.760
	Diamond Princess	2004	2.670/3.286
	Sapphire Princess	2004	2.670/3.286
	Crown Princess	2006	3.252/3.760
	Emerald Princess	2007	3.252/3.760
	Ruby Princess	2008	3.252/3.760
	Grand Princess	2008	3.252/3.760
⚓	Royal Princess	2013	3.560/4.340
	Regal Princess	2014	3.560/4.340

Regent Seven Seas Cruises

Hier zählt nicht die Schiffsgröße, sondern der Platz pro Passagier: Er liegt auf höchstem Niveau. Die drei Schiffe kreuzen weltweit – und locken mehr junge Passagiere an als die meisten anderen in dieser Preisklasse. Bis 2010 fuhr auch die kleine **Paul Gauguin** unter Regent-Flagge, mit Französisch-Polynesien als ganzjährigem Fahrgebiet. Sie kreuzt heute für eine eigene Firma: **Paul Gauguin Cruises**.

	Seven Seas Navigator	1999	510
	Seven Seas Mariner	2001	700
⚓	Seven Seas Voyager	2003	700

Royal Caribbean International

Royal Caribbean ist das zweitgrößte Kreuzfahrtunternehmen der Welt. Die Erfolgsgeschichte begann 1969 mit der **Song of Norway**, 1988 setzte die **Sovereign of the Seas** neue Größenstandards, und 2009 übertraf man die Konkurrenz abermals mit dem bis dato größten Schiff der Welt: der **Oasis of the Seas** für maximal fast 6.300 Passagiere. Auch wenn die nächsten beiden, **Quantum of the Seas** (2014) und **Anthem of the Seas** (2015), wieder etwas kleiner ausfallen: Sie alle bieten Dimensionen, angesichts derer das Schiff selbst endgültig zur Destination geworden ist. Die RCI-Liner punkten mit großzügigen Sportangeboten, auch im Outdoorbereich. Neben der Kletterwand auf allen Schiffen bieten die jüngeren auch Surfsimulatoren, Eislaufflächen oder gar Autoscooter. Auch Kindern wird nicht langweilig: „Adventure Ocean" heißt das Spaßprogramm für die Kleinsten; für Kinder ab zwölf Monaten gibt es sogar Babysitter. Ende 2014 betreibt Royal Caribbean International 22 Schiffe aus sieben Generationen; aus Platzgründen werden hier nur die jüngsten fünf Generationen aufgeführt.

	Voyager of the Seas	1999	3.114/3.838
	Explorer of the Seas	2000	3.114/3.838
	Radiance of the Seas	2001	2.180/2.504
	Adventure of the Seas	2001	3.114/3.838
	Brilliance of the Seas	2002	2.180/2.504
	Navigator of the Seas	2002	3.114/3.838
	Serenade of the Seas	2003	2.200/2.501
	Mariner of the Seas	2003	3.114/3.839
	Jewel of the Seas	2004	2.200/2.501
⚓	Freedom of the Seas	2006	3.634/4.374
⚓	Liberty of the Seas	2007	3.634/4.374
⚓	Independence of the Seas	2008	3.634/4.374
⚓	Oasis of the Seas	2009	5.408/6.230
⚓	Allure of the Seas	2010	5.408/6.230
	Quantum of the Seas	2014	4.180

►

Die Vorzüge der Kleinen: Segelabenteuer bei Sea Cloud (links), viel Platz bei Silversea

Seabourn Cruise Line

Wer mit Seabourn reist, wird nach Strich und Faden verwöhnt. Butlerservice, Personal Trainer, Kaviar satt – all das ist inklusive, für Preise um die 500 Euro täglich. Drei baugleiche Yachten machten lange die kleine „Flotte" aus. Sie wechseln nun bis Mitte 2015 zu Windstar Cruises, zuerst die **Seabourn Pride**, die ab April 2014 **Star Pride** heißt. Seabourn konzentriert sich ab dann auf die größeren und jüngeren Schiffe: das aufsehenerregende Trio **Seabourn Odyssey**, **Sojourn** und **Quest**.

	Seabourn Spirit	1989	212
	Seabourn Legend	1992	212
⚓	Seabourn Odyssey	2009	450
⚓	Seabourn Sojourn	2010	450
⚓	Seabourn Quest	2011	450

Sea Cloud Cruises

Stolz sind auch die Tagesraten dieses Veranstalters – doch das Erlebnis, das er bietet, ist einzigartig. Namensgeberin ist eine wunderschöne Segelyacht, 1931 in Kiel gebaut, die mit nur 64 Gästen fährt. Eine Alternative ist der moderne Nachbau im selben Geist, die **Sea Cloud II**, die für 94 Gäste Platz hat. Mit der **River Cloud II** betreibt die Hamburger Reederei auch ein gleichermaßen nobles Flussschiff.

⚓	Sea Cloud	1931/2010	64
⚓	Sea Cloud II	2001	94

SeaDream Yacht Club

Auch hier ist nur das Beste die Richtschnur: Auf zwei baugleichen, allerdings nicht mehr ganz taufrischen Nobelyachten für je 112 Gäste wird einem jeder Wunsch von den Lippen abgelesen. Bemerkenswert ist die trotz der versammelten Millionen locker-sportliche Stimmung an Bord. Eigner der Firma ist der norwegische Geschäftsmann Atle Brynestad. Wer dem lässigen Multimillionär einmal begegnet ist, versteht diese Schiffe sofort.

⚓	SeaDream I	1984	95/112
⚓	SeaDream II	1985	95/112

Silversea Cruises

Die 1994 gegründete Reederei hat ihren Sitz in Monaco – und gibt sich so nobel wie jenes. Die Schiffe bieten erlesenen Luxus und sind klein genug, um auch Häfen abseits des Mainstreams anzulaufen. Man tafelt auf Gourmetniveau, reist ausschließlich in Außenkabinen und -suiten, und im All-inclusive-Konzept strömen Champagner und feine Weine (fast) unbegrenzt. Die Klientel ist international – auch auf den Expeditionsschiffen, auf die Silversea seit 2008 mit wachsendem Erfolg setzt: Nach **Silver Explorer** und **Silver Galapagos** soll 2014 noch eine **Silver Discoverer** hinzukommen. Sie ist ein Umbau der **Clipper Odyssey** von der Clipper Cruise Line aus den USA.

⚓	Silver Explorer	1989/2008	149
	Silver Galapagos	1990/2013	100
	Silver Cloud	1994	304
	Silver Wind	1995	304
	Silver Shadow	2000	294
	Silver Whisper	2001	294
⚓	Silver Spirit	2009	540

►

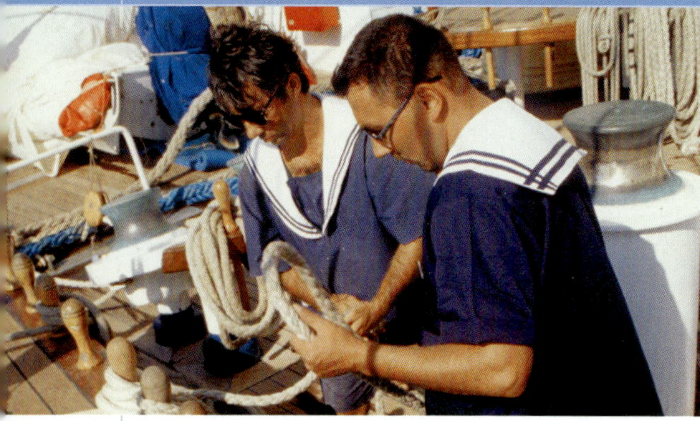

Nichts, was es nicht gibt: Knotenkunde bei Starclipper, „Wacken zur See" bei TUI Cruises

Starclipper Cruises

Auch der Schwede Mikael Krafft hat seinen Firmensitz in Monaco. Seine lebenslange Leidenschaft gilt der Kreuzfahrt unter Segeln: Drei prachtvolle Schiffe, eines davon ein veritabler Fünfmaster, bilden seine Flotte. Sie sind nicht so nobel (und teuer) wie die Sea Clouds, bieten aber exotischere Routen an – und eine erstaunlich gute Gastronomie. Und das Segelerlebnis ist dasselbe.

Star Clipper	1991	170
Star Flyer	1992	170
Royal Clipper	2000	227

Transocean Kreuzfahrten

Mit nur noch einem Seeschiff wurde der Bremer Veranstalter (zuvor **Transocean Tours**) 2010 neu positioniert. In Zusammenarbeit mit dem Investor **Premicon AG** wurde der Publikumsliebling **Astor** in Bremerhaven runderneuert und mit neuen Suiten ausgestattet. Der neue Slogan „Höchst persönlich" drückt aus, was man den Gästen bieten will. Das zweite Standbein der Bremer sind Flussreisen vom Rhein über die Rhône bis nach Russland.

Astor	1987	578

TUI Cruises

Ein gelungener Schiffsumbau in Rekordzeit und ausgefuchste Marketingideen (z. B. die „Full Metal Cruise" 2013; siehe Seite 20) für deutsche Babyboomer: Das junge Joint Venture von TUI und Royal Caribbean positionierte sich mit der **Mein Schiff 1** (zuvor **Celebrity Galaxy**) im Frühjahr 2009 rasch am Markt. Mittlerweile jedenfalls kann man sagen, dass die Hamburger die Lücke zwischen klassischem Luxus-Cruising und legerem Spaßschiff-Feeling treffsicher gefunden haben. „Premium alles inklusive" heißt einer der Bausteine, die Anklang fanden: Bis auf zwei Gourmetrestaurants sind so gut wie alle Bordnebenkosten im Reisepreis eingeschlossen. So war es nur folgerichtig, dass im Mai 2011 ein weiterer Umbau folgte: Die vormalige **Celebrity Mercury** wurde zur **Mein Schiff 2** – und wie ihre Schwester an der Elbe in Hamburg getauft. Und im Frühjahr 2014 geht der lang ersehnte erste eigene Neubau vom Stapel: die **Mein Schiff 3** für mehr als 2.500 Passagiere, gebaut bei STX in Finnland. Ein weiterer Neubau, die **Mein Schiff 4**, folgt 2015.

Mein Schiff 1	1996/2009	1.924/2.405
Mein Schiff 2	1997/2011	1.912/2.390
Mein Schiff 3	2014	2.506/ k.A.

Windstar Cruises

Zwanglose Bordatmosphäre und gute bis sehr gute Gastronomie – dafür steht Windstar aus den USA. Bisher mit einem Fünfmaster und zwei Viermastern (deren Segel allerdings hydraulisch gesetzt werden) – und ab April 2014 erstmals mit einem Schiff ohne Masten: der **Star Pride**, die wie ihre zwei Schwestern von Seabourn (siehe dort) angekauft wurden.

Wind Star	1986	148
Wind Spirit	1988	148
Star Pride	1988	212
Wind Surf	1990/98	312

Inspiriert vom Londoner Riesenrad: „North Star“ auf der Quantum of the Seas

Neue Schiffe, neue Ideen

Glasböden, schwebende Jacuzzis, Kranausleger ... Eines haben alle Neubauten 2013 gemein: Sie bieten spektakuläre Ausblicke aufs Wasser

VON PEGGY GÜNTHER

Die **Norwegian Breakaway** (S. 170), die im April 2013 zu Wasser gelassen wurde, war ein knallbunter Hingucker. Dem soll ihre für April 2014 angekündigte Schwester offenbar nicht nachstehen: Auch die **Norwegian Getaway** wird mit spektakulären „Freefall“-Rutschen im Aquapark und einem Hochseilgarten ausgestattet. Darin integriert ist „The Plank“, der wohl mutigste Blick von einer über die Bordwand hinausreichenden Planke, den es seit Long John Silvers Zeiten gibt. Auch die „Waterfront“ mit Außensitzplätzen von verschiedenen Restaurants ist wieder vorgesehen. Während jedoch die Breakaway in New York beheimatet ist, wird auf der Getaway alles auf Miami ausgerichtet. Und weil der Beiname des künftigen Heimathafens „The Magic City“ lautet, dürften die in einem „Illusionarium“ geplanten Magieshows dazu trefflich passen. Neu ist auch eine Kooperation mit der Recording Academy of America, die alljährlich den Musikpreis „Grammy“ vergibt. Sie beinhaltet nicht nur die Ausstellung von Artefakten aus dem Grammy-Museum, sondern auch ausgewählte Gastauftritte von ehemaligen Gewinnern und künftigen Kandidaten.

Auch der im Juni 2014 debütierenden **Regal Princess** ist 2013 bereits ein schwester-

Die Norwegian Getaway wird bunt wie ihr Schwesterschiff Breakaway – und bietet Magieshows im „Illusionarium" (rechts). Sie hat 146.600 BRZ und Platz für ca. 4.000 Passagiere

liches Vorbild vorangeschwommen, die **Royal Princess** (S. 184). Für Erstere wirbt die Reederei nun mit dem größten Poolbereich ihrer Geschichte. Außerdem ermöglicht der „SeaWalk" den Blick durch einen Glasboden auf das 39 Meter tiefer schäumende Meer, und das Spa-Angebot wächst mit Hamam, Wasserbett und Hydrotherapie-Pool. Ein vergrößertes Atrium bietet zudem Raum für diverse informelle Gastronomiealternativen. Die Schwestern sind 2014 beide in Europa unterwegs, die Royal Princess auch ab Warnemünde.

Mit großer Spannung erwartet wird die **Mein Schiff 3** (s. auch S. 58), der erste echte Neubau von TUI Cruises. Ein Hingucker dürfte dessen Heck werden: Es wird von einer Glasfassade in Diamantform geprägt, die sich über zwei Decks erstreckt. Dahinter verbergen sich die Spezialitätenrestaurants, eine Bar sowie die bei TUI Cruises neue „Café Lounge" – ein Kaffeehaus mitsamt eigener Rösterei. Olfaktorische Genüsse garantiert auch die Backstube. Das Hauptrestaurant wird in drei Stilrichtungen unterteilt: klassisch, mediterran und Eurasia. Die „Arena" am Heck bietet Raum für Ballspiele sowie eine Tribüne mit LED-Leinwand für Sportübertragungen. Ein weiteres Novum ist das „Klanghaus" – der erste Konzertsaal an Bord eines Schiffes. Den Blick aufs Meer unter den Füßen ermögli- ►

Die Regal Princess ist baugleich mit der von Princess Catherine getauften Royal Princess (Foto). 143.000 BRZ, 3.560 Passagiere

Mein Schiff 3, der erste Neubau von TUI Cruises, wird bei STX in Turku/Finnland gebaut. Ein spektakuläres Feature ist die gläserne „Diamant Bar“ im Heck. 99.000 BRZ, 2.506 Passagiere

chen „Blaue Balkone“ mit Glasboden. Der Außenpool misst stattliche 25 Meter und kann geteilt werden. Verschiedene Familienkabinen bieten genügend Raum für bis zu sechs Personen. 82 Prozent der Kabinen sind auf der Mein Schiff 3 mit einem Balkon ausgestattet. Eine neue Suitenkategorie auf Deck 14 wird besonders geräumig: Neben 68 Quadratmetern Wohnfläche verfügt sie über 2,90 Meter hohe Panoramafenster im Wohnbereich und eine Dachterrasse auf Deck 15. Und last, but not least möchte die Hamburger Reederei auch in Umweltdingen neue Maßstäbe setzen: Durch Katalysatoren und eine Entschwefelungsanlage soll die Mein Schiff 3 das erste „Niedrigabgas-Schiff“ der Kreuzfahrtwelt werden. Zudem soll u. a. durch die umfassende Nutzung der Abwärme aus den Hauptmaschinen und eine hocheffiziente Klimaanlage der Energieverbrauch um rund 30 Prozent gegenüber vergleichbaren Schiffen gedrosselt werden.

Auch Costa Crociere ist 2014 wieder mit einem Neubau dabei. Er heißt **Costa Diadema** und verspricht vor allem eine besonders große Vielfalt an gastronomischen Angeboten. Sie reicht vom deutschen Bierhaus (das man von der Schwester im Carnival-Konzern, AIDA Cruises, schon kennt) über die Gelateria mit Schokobrunnen bis hin zu einer Tapas-Bar auf der Promenade. Diese wird wieder wie auf klassischen Schiffen um das gesamte Schiff führen, und zwar auf mehr als 500 Metern Länge. Ein Wasserfall am Heckpool, ein großes Spa über volle drei Decks sowie über dem Meer schwebende Jacuzzis gehören zu den weiteren Highlights dieses Schiffs für knapp 5.000 Gäste.

Ein „Quantum“ mehr Nervenkitzel verspricht die neue Schiffsgeneration von Royal Caribbean: Die **Quantum of the Seas** startet im November 2014 mit einem Simulator für Fallschirmsprünge sowie dem „North Star“. Dabei handelt es sich um eine von dem be-

DIE NEUBAUTEN IM NETZ

Norwegian Getaway
www.getaway.ncl.com

Regal Princess
www.princess.com/learn/ships/rp/video_tours/index.html

Mein Schiff 3
www.tuicruises.com/mein-schiff-3/schiffsbau

Costa Diadema
www.costakreuzfahrten.de/de/costa_diadema.html

Quantum of the Seas
www.royalcaribbean.de/schiffe/quantum-of-the-seas.htm

Mit der Quantum of the Seas präsentiert Royal Caribbean wieder viele neue Ideen, unter anderem die gläserne Aussichtsgondel „North Star" (rechts). 167.800 BRZ, 4.180 Passagiere

rühmten Londoner Riesenrad („The London Eye") inspirierte Glaskabine, die aus luftigen 91 Metern Höhe eine Vogelperspektive auf das Schiff und das weite Meer bietet. Mag die Silhouette des Schiffs dadurch auch einen eigenartigen „Haken" erhalten, so dürfte das Erlebnis doch sicher zu jenen „Wow!"-Rufen führen, mit denen Royal Caribbean für seine neuesten Ideen wirbt.

Doch auch darüber hinaus will man mehr Unterhaltung bieten – zum Beispiel mithilfe mehrfach nutzbarer Räume: So soll das achtern gelegene „Two70°" tagsüber eine Art Wohnzimmer mit Meerblick über drei Decks sein, abends wird es zum Raum für Akrobatikshows mit einer riesigen Videowand. Hier soll auch die erste „Eisbar" der Reederei platziert werden – eine Idee, für die freilich der Norwegian Epic das „First" gebührt. Ein echtes Novum wiederum: Das Sportdeck „SeaPlex" mit Volleyball- und Basketballspielfeld verwandelt sich auf der Quantum in einen Indoor-Komplex über zwei Ebenen. Später am Tag kommen unten (erstmals!) Autoscooter und Rollschuhe zum Einsatz, und in der Nacht wird der Raum zur Diskothek. Und die ebenfalls zweistöckige „Music Hall" bietet nicht nur Raum für die über 30 Livemusikangebote an Bord, sondern auch zum Tanzen. Die Kabinen schließlich fallen größer aus als auf den auch weiterhin größten Schiffen der Welt (Oasis-Klasse, S. 174), zudem offeriert die Reederei erstmals Single-Kabinen, sogar mit Balkon. „Virtuelle Balkone" haben auch die Innenkabinen – in Form von 80-Zoll-Bildschirmen. Stationiert wird der Neubau übrigens in New York, als Konkurrenz zur Norwegian Breakaway. In europäischen Gewässern wird er also vorerst nicht zu sehen sein. ■

Costa Diadema heißt das 15. Schiff der Reederei aus Genua. Neu an Bord: ein deutsches Bierhaus! 132.500 BRZ, 4.947 Passagiere

Welches Schiff passt zu mir?

78 Seeschiffe stellen wir auf den folgenden Seiten im Detail vor. Eine kurze Einleitung zum Aufbau der Porträts und zu unseren Bewertungen

Vielfalt ist das hervorstechendste Merkmal der weltweiten Kreuzfahrtflotte. Es gibt Schiffe für 60 Passagiere – und mittlerweile auch für fast 6.000. Sie geben sich schick oder sportlich, familiär oder elitär, sind teuer oder günstig, deutschsprachig oder international. Auf vielen ist die Gastronomie das Maß aller Dinge – auf anderen sind es Sport, Entertainment und Fun. Ganz unterschiedliche Bedürfnisse und Zielgruppen werden also bedient – und das ist auch gut so: Das Elitäre, das der Kreuzfahrt einst anhaftete, ist passé.

Zu der ganzen Vielfalt dieses Angebots einen Leitfaden zu geben, ist den Autoren dieses Buches Ansporn und Herausforderung. Aus dem weit über 300 Schiffe zählenden Angebot haben wir 87 ausgewählt, um sie im Detail vorzustellen und zu bewerten. Diese Auswahl folgt der Perspektive des deutschsprachigen Markts: Wir beschreiben die Schiffe, die in Deutschland, Österreich und der Schweiz am bekanntesten sind. Weil sie von hiesigen Reedern betrieben werden, weil an Bord (auch) Deutsch gesprochen wird oder weil sie 2014 hauptsächlich in europäischen Häfen anzutreffen sind. Alle bekannten Reedereien sind so mit wenigstens einem ihrer Schiffe vertreten. Ist „Ihr" Traumschiff nicht dabei? Eine Übersicht zu allen weiteren gibt es von Seite 86 bis 98.

Info-/Entertainment

1 Anker einfache Unterhaltung; Musik, Spiele etc.
2 Anker Bordprogramme mit Künstlern und/oder Lektoren
3 Anker gehobene Bordprogramme mit Künstlern und/oder Lektoren
4 Anker professionelle Bordprogramme, Lektorate/Vorträge; zusätzliche Angebote wie z. B. Diskothek, Kino o. Ä.
5 Anker hochklassige Bühnenshows in großen Bordtheatern; Lektorate/Vorträge; professionelles Equipment; viele Zusatzangebote

Sport & Wellness

1 Anker Sport und Gymnastik ohne spezielle Geräte
2 Anker einfache Sportgeräte vorhanden; kein Wellnessangebot
3 Anker Fitnessbereich und Wellnessangebot mit Betreuung; Pool(s) und Sauna vorhanden
4 Anker Fitnessbereich und Wellnessangebot mit professioneller Betreuung; Zusatzangebote wie z. B. Joggingpfad, Spielflächen für Ballsport o. Ä.
5 Anker hochklassig geführter Fitness-, Spa- und Wellnessbereich; großzügiger Pool bzw. Poollandschaft; Zusatzangebote wie Mountainbikes, Kletterwand, Golfsimulator o. Ä.

Gastronomie

1 Anker einfachstes Angebot in schlichtem Ambiente
2 Anker solides Angebot ohne besonderen Anspruch
3 Anker gutes Angebot in gepflegtem Ambiente
4 Anker anspruchsvolles und vielfältiges Angebot in niveauvollem Ambiente
5 Anker herausragendes Angebot auf Sterneniveau in entsprechendem Ambiente

Familienfreundlichkeit

1 Anker für Kinder eher ungeeignet
2 Anker für Kinder bedingt geeignet; keine speziellen Einrichtungen
3 Anker Kinder willkommen; einfache Einrichtungen und/oder Aktivitäten für Kinder
4 Anker Kinder willkommen; gute Einrichtungen und Aktivitäten mit professioneller Betreuung
5 Anker Kinder willkommen; vorbildliche Einrichtungen und Aktivitäten mit professioneller Betreuung; Zusatzangebote wie z. B. Babysitter

Service

1 Anker nur passive Gästebetreuung
2 Anker solider Service auf einfachem Niveau
3 Anker guter Service in Restaurants, Kabinen und allen anderen öffentlichen Bereichen
4 Anker freundlicher und professioneller Service; jederzeit aufmerksames und ansprechbereites Personal
5 Anker perfekter Service – der Gast ist König

Routing

1 Anker eine ganzjährig befahrene feste Route
2 Anker zwei im Wechsel ganzjährig befahrene feste Routen in einem Fahrgebiet
3 Anker im Wechsel ganzjährig befahrene feste Routen in unterschiedlichen saisonalen Fahrgebieten
4 Anker ganzjährig wechselnde Routen in aller Welt, aber ohne neue und/oder besondere Häfen und Fahrgebiete
5 Anker kreative Routen in aller Welt mit wenigen Wiederholungen und ungewöhnlichen Häfen und Revieren in jedem Jahr

Diese 87 Schiffe betrachten wir im Detail. In von Fachjournalisten verfassten Porträts, mit allen wichtigen Daten, Fakten und Kennzahlen (dazu mehr auf der folgenden Seite). Und mit einem „Profil", in dem in je sechs Kategorien bis zu fünf Punkte („Anker") vergeben werden: 1. für Entertainment und Infotainment (Vorträge, Kurse etc.); 2. für das Sport- und Wellnessangebot; 3. für die Gastronomie; 4. für die Familienfreundlichkeit; 5. für den Service; 6. für das Routing des jeweiligen Schiffs. Diese Aufteilung nach Kategorien ermöglicht Ihnen die individuelle Auswahl des Schiffs, das am besten zu Ihnen passt. Und sie ersetzt die – problematische – Bewertung mit einer „Gesamtnote" in „Sternen".

Alle genannten Preise gelten pro Nacht und Person und ohne Kosten für An- und Abreise. Sie basieren auf den Preisen, die an einem Stichtag, dem 20. September 2013, bei **www.e-hoi.de** im Internet buchbar waren (siehe dazu auch die hintere Buchinnenklappe). ►

Schiffe, Daten, Fakten

Hinweise zu den Porträts

Auf den ersten Blick mag manches verwirrend erscheinen – doch die wichtigsten Kennzahlen eines Schiffs geben objektiv Auskunft über seine Stärken und Schwächen

BRZ: Die Brutto-Raumzahl bezeichnet die Größe der Schiffe. Früher sprach man von BRT (Brutto-Registertonnen), doch die Raumzahl ist präziser und wird daher auch im „internationalen Schiffsmessbrief" für jedes Schiff geführt

Passagierdecks: Gezählt werden nur die Decks, die auch für Passagiere zugänglich sind, also keine reinen Crew- und Maschinendecks

Preis pro Nacht: Werte auf Basis einer Stichtags-Datenbankabfrage eines führenden Internetportals für Kreuzfahrten. Siehe dazu auch die hintere Buchinnenklappe

PROFIL: zu den Kriterien siehe Seite 105. **NEU** ist seit 2013 die Kategorie **Routing**

DATEN & FAKTEN

BRZ	113.500	**Passagiere**	3.252/3.760
Länge	288,60 m	**Crew-Mitglieder**	1.200
Breite	36,00 m	**PCR (Pass. pro Crew)**	3,1
Indienststellung	2007	**PSR (Platzangebot)**	30,2
Renovierung	2012	**Passagierdecks**	15
Bordsprache	Englisch	**Restaurants/Bars**	7/12

Kabinen	1.524 (849 außen, 436 innen), 675 mit Balkon, davon 13 Suiten und 178 Minisuiten; Größen: 15 bis 64 m²
Sport & Wellness	4 Pools, 6 Whirlpools, Fitnesscenter, Lotus Spa und „Sanctuary" für Erw., Golfsimulator, Putting Green
Info-/Entertainment	Show-Theater, Casino, Nightclub, „Movies under the Stars", Bibliothek, Internetcafé, Kinder- und Teensclub, Hochzeitskapelle
Dresscode	meist leger, zwei formelle Abende
Preis pro Nacht	€ 63 bis € 1.408; Durchschnitt € 175
Info	**Princess Cruises** München, Tel. (089) 51 70 34 50 www.princesscruises.de

PROFIL

Info-/Entertainment	⚓⚓⚓⚓
Sport & Wellness	⚓⚓⚓⚓
Gastronomie	⚓⚓⚓⚓½
Familienfreundlichkeit	⚓⚓⚓
Service	⚓⚓⚓⚓
Routing	⚓⚓⚓½

Passagiere: Soweit verfügbar, stehen hier zwei Werte. Der erste nennt die Gästezahl bei Standardbelegung aller Kabinen und Suiten, der zweite die Maximalbelegung, d.h. inklusive aller Zustell- und Oberbetten

PCR (Passenger Crew Ratio): Diese Kennzahl misst das Verhältnis zwischen Passagieren und Crew-Mitgliedern. Hier: Auf 1 Crew-Mitglied kommen 3,1 Passagiere. Spitzenwerte liegen bei 1,2 bis 1,6 – niedrige Werte bei 3,5 und höher

PSR (Passenger Space Ratio): Diese Kennzahl gibt Auskunft über den Platz, der einem einzelnen Passagier rein rechnerisch an Bord zur Verfügung steht. Dafür wird die Tonnage durch die maximale Gästezahl geteilt. Bei Werten unter 10 ist das Platzangebot sehr beengt, bei Werten über 40 sehr großzügig

Die Gewinner der Awards 2012; rechts Moderator Uwe Bahn

Best of the Best

Alljährlich im November gibt es die „Kreuzfahrt Guide Awards“ für die besten Schiffe des Jahres

2008 wurden sie zum ersten Mal vergeben – und von der Presse sogleich als „die deutschen Kreuzfahrt-Oscars“ bezeichnet: die **Kreuzfahrt Guide Awards** für die besten Schiffe des Jahres, gekürt von einer Experten-Jury des Kreuzfahrt Guides. Dafür benennt die Jury, bestehend aus zehn bis zwölf Fachjournalisten und Kreuzfahrtprofis, in den vom Kreuzfahrt Guide bewerteten Kategorien sechs „Beste Seeschiffe des Jahres“ und ein „Flussschiff des Jahres“. In jeder Kategorie gibt es vier Nominierungen, basierend auf den Bewertungen im jeweils aktuellen Guide. Die Gewinner werden in geheimer Wahl ermittelt – und in einer feierlichen Gala geehrt. 2012 waren die Sieger:

- **Norwegian Epic**: bestes Entertainment
- **AIDAmar**: bestes Sport- & Wellness-Angebot
- **Europa**: bester Service
- **Silver Spirit**: beste Gastronomie
- **Hamburg**: bestes Routing
- **Disney Fantasy**: bestes Schiff für Familien
- **A-ROSA Silva**: Flussschiff des Jahres

Ebenfalls auf Initiative der Kreuzfahrt-Guide-Autoren findet seit 2011 eine hochkarätige Fachtagung der Branche statt: der **Kreuzfahrt Kongress** in Hamburg. In Vorträgen und Diskussionsrunden äußern sich dort Experten der Branche zu aktuellen Trends und Themen des globalen Kreuzfahrtmarkts. Am Kongress im November 2013 nehmen ca. 120 Branchen-Insider aus Deutschland, Großbritannien und den USA teil. Die Veranstaltung richtet sich an Reedereien und Reisebüros.

Info: www.kreuzfahrtkongress.de

FOTOS: U. Geisler (2)

AIDAaura vor der Skyline von Miami

AIDAcara, AIDAaura & AIDAvita

Die drei „kleinen" AIDAs sind die Pioniere der Kussmund-Flotte. Sie öffneten die Kreuzfahrt einer neuen Klientel, waren die ersten Clubschiffe auf See

Die erste AIDA hat die deutsche Kreuzfahrt 1996 revolutioniert. Damals schlicht **AIDA** genannt (den Zusatz „**cara**" bekam sie erst mit den folgenden Schwesterschiffen), warf dieses „Clubschiff" reihenweise Traditionen über Bord: Es gab keinen Dresscode mehr, kein Captain's Dinner, keine festen Tischzeiten. Passagiere und Crew duzten sich. Auch durch ein anderes Entertainment – eigene Shows mit Profi-Ensembles statt betagter Schlagerstars – sollte eine jüngere Zielgruppe an Bord geholt werden. Ebenfalls deshalb setzte man bei Seetours (wie AIDA Cruises früher hieß) großflächig auf Wellness und Fitness. Erstaunlich gut erhalten, kreuzt diese Ur-AIDA auch nach 18 Jahren noch. Und darf als Pionierin der Flotte immer als Erste die neuen Routen und Destinationen testen. Ihre beiden nahezu baugleichen Schwestern **AIDAaura** (2002) und **AIDAvita** (2003) arbeiteten das Konzept weiter aus. Epizentren des Entertainments wurden die AIDA-Bar mit dem sternförmigen Tresen, das geschlossene Showtheater und die Disco Anytime Bar. Wer Ruhe sucht, findet sie in der Hemingway Lounge oder der Nightfly Bar. Das (kostenpflichtige) Rossini ist die einzige gastronomische Alternative zu den beiden oft überfüllten Buffetrestaurants (Markt und Calypso). Bester Ort für den Sundowner ist die Ocean Bar im Heck. Genau darunter liegt der Kidsclub mit kleinem Theater und Kinderpool, der bei der AIDAcara fehlt.

Hemingway Lounge

Juniorsuite auf AIDAcara

Fahrgebiete & Reisen 2014

Von Südamerika kommend, trifft die **AIDAcara** im April in Kiel ein, ihrem Basishafen für den Sommer. Ab November stehen die Kanaren auf dem Programm. Dort startet die **AIDAvita** ihre Saison, ab Mai ist sie dann im Mittelmeer ab/bis Mallorca unterwegs. Im November geht es über den Atlantik Richtung Karibik. Die **AIDAaura** kreuzt von April bis Oktober in Adria und Schwarzem Meer. Das Jahr beginnt und endet in Asien.

Mittelmeer mit AIDAvita

Cádiz, Tanger, Málaga und Cartagena ab/bis Mallorca. **6 Nächte, ab € 1.095 ab/bis Hafen**

Nordeuropa mit AIDAcara

Von Kiel durch den Nord-Ostsee-Kanal nach London und Paris, dann rund um Großbritannien und über Göteborg zurück nach Kiel. **13 Nächte, ab € 2.395 ab/bis Kiel**

Calypso Restaurant

DATEN & FAKTEN

BRZ	38.557 | 42.289	**Pass.**	1.180/1.340 | 1.266/1.528
Länge	193 | 203 m	**Crew-Mitglieder**	370 | 418
Breite	27,60 |28,10 m	**PCR (Pass. pro Crew)**	3,6
Indienstst.	1996 | 2002/3	**PSR (Platzangebot)**	28,5
Renovierungen	laufend	**Passagierdecks**	11 | 12
Bordsprache	Deutsch	**Restaurants/Bars**	3/5

Kabinen	633 (422 außen, 211 innen), davon 60 mit Balkon, 2 Suiten
Sport & Wellness	Pool, Golf, Basketball, Volleyball, Jogging, Tauchen, Biking, Fitness-center/-kurse, Tischtennis, Mountainbikes für Landausflüge
Info-/Entertainment	täglich wechselnde Vorstellungen des AIDA-Show-Ensembles, Poolpartys, Livebands, DJ, Disco
Dresscode	leger bis sportlich-elegant
Preis pro Nacht	€ 80 bis € 802; Durchschnitt € 135
Info	**AIDA Cruises** Rostock, Tel. (0381) 20 27 07 22 www.aida.de

PROFIL

Info-/Entertainment	⚓⚓⚓⚓
Sport & Wellness	⚓⚓⚓⚓
Gastronomie	⚓⚓⚓½
Familienfreundlichkeit	⚓⚓⚓⚓½
Service	⚓⚓⚓
Routing	⚓⚓⚓½

AIDAluna beim Einlaufen in Warnemünde

AIDAdiva, AIDAbella & AIDAluna

Aufbruch in eine neue Kreuzfahrtepoche: Die AIDAs der „Sphinx-Klasse“ waren die ersten deutschen Schiffe für mehr als 2.000 Passagiere

Mit der furiosen Taufe der **AIDAdiva** im Hamburger Hafen wurde 2007 eine neue AIDA-Ära eingeläutet. Ein Jahr später gesellte sich die **AIDAbella** und 2009 die **AIDAluna** hinzu, das dritte Clubschiff dieser neuen Baureihe aus der Papenburger Meyer Werft. Herzstück der Schiffe ist das Theatrium, eine Mischung aus Marktplatz und Theater. Vorteil für die Passagiere (und die Reederei): Es kann während der Shows fleißig konsumiert werden. Das eigene AIDA-Ensemble präsentiert im Theatrium (und auf der Zweitbühne auf dem Sonnendeck) sein Programm, meist auf hohem Niveau. Schwankend ist die Qualität der „Live“-Bands an Bord, die oft emotionslos nach Retorte klingen. Schwächen zeigt auch die „Land und Leute“-Abteilung, der es nur um „Ausflugsverkaufe“ zu gehen scheint und die individuelle Landgänge bewusst verschweigt. Eine Bereicherung wären gute Lektoren, zumal die Präsentationsmöglichkeiten durch die LED-Wand im Theatrium ideal sind. Konsequent ausgebaut wurde die Passagier-Privatsphäre: Fast die Hälfte der 1.025 Kabinen hat einen eigenen Balkon (auf Anfrage mit Hängematte): ein schöner Rückzugsort an Seetagen. Und wem der Andrang in den Buffetrestaurants zu groß wird, der findet (gegen Aufpreis) weitere Alternativen: das sterneverdächtige Gourmetrestaurant Rossini, die Sushi-Bar und das Buffalo Steak House. Dort wird den Suitengästen auch individuell das Frühstück serviert.

Premium-Suite auf der AIDAdiva

Die AIDA Lounge vorn im Bug

Show auf der AIDAbella

Fahrgebiete & Reisen 2014

Die **AIDAdiva** kreuzt von April bis November im östlichen Mittelmeer ab Antalya, den Winter verbringt sie im Orient. **AIDAbella** und **AIDAluna** sind von April bis August in Nord- und Westeuropa unterwegs, Erstere ab/bis Warnemünde, Letztere ab/bis Hamburg. Über Neuengland und New York fahren beide zum Winter in die Karibik.

Nordeuropa mit AIDAluna

Norwegische Fjorde pur: Bergen, Geirangerfjord, Trondheim, Alesund, Eidfjord und der Lysefjord gehören zu den Highlights.
9 Nächte, ab € 1.675 ab/bis Hamburg

„Transamerika" mit AIDAbella

Von Warnemünde über Oslo, Bergen und Färoer-Inseln gen Norden bis Reykjavik. Prinz-Christian-Sund, Qaqortoq und St. John's liegen auf dem Weg nach Halifax und New York.
17 Nächte, ab € 2.655 ab/bis Hafen

DATEN & FAKTEN

BRZ	68.200	Passagiere	2.050/2.500
Länge	252,00 m	Crew-Mitglieder	646
Breite	32,20 m	PCR (Pass. pro Crew)	3,9
Indienststellung	2007/8/9	PSR (Platzangebot)	27,3
letzte Renovierung	–	Passagierdecks	13
Bordsprache	Deutsch	Restaurants/Bars	7/11

Kabinen	1.025 (666 außen, 359 innen), davon 439 mit Balkon, 18 Suiten Größen: 13,5–44 m²
Sport & Wellness	3 Pools, 4 Jacuzzis, Wellnessbereich, Behandlungskabinen/Spa-Suite, Golfabschlag, Volleyball, Jogging, Fitnessgeräte, Tauchen, Biken
Info-/Entertainment	Theatrium mit täglich wechselnden Shows rund um die Uhr, Poolpartys, Livebands, DJ, Disco, Casino, Vorträge, Bord-TV/-Radio, 4-D-Kino
Dresscode	leger bis sportlich-elegant
Preis pro Nacht	€ 86 bis € 613; Durchschnitt € 123
Info	**AIDA Cruises**, Rostock, Tel. (0381) 20 27 07 22, www.aida.de

PROFIL

Info-/Entertainment	⚓⚓⚓⚓½
Sport & Wellness	⚓⚓⚓⚓⚓
Gastronomie	⚓⚓⚓⚓
Familienfreundlichkeit	⚓⚓⚓⚓⚓
Service	⚓⚓⚓
Routing	⚓⚓⚓

Ausdocken der AIDAstella auf der Werft in Papenburg

AIDAstella, AIDAmar, AIDAsol, AIDAblu

Brauhaus an Bord, Restaurant-Vielfalt, frisches Design und ein Spa-Bereich der Extraklasse: das bewährte Erfolgsrezept der jüngsten AIDAs

Mit der **AIDAstella** wurde 2013 das letzte Schiff dieser Baureihe auf die Weltmeere entlassen. Wie **AIDAblu**, **sol** und **mar** hat es eine besondere Institution an Bord, die konsequent auf die deutsche Volksseele zielt: ein eigenes Brauhaus. An langen Tischen genießen die Passagiere das an Bord gebraute „AIDA Zwickel", u. a. auch beim Public Viewing zur Fußball-WM (das auch auf der LED-Wand an Deck übertragen wird). Neu bei dem Quartett ist das East, das mit Abstand beste Buffetrestaurant der AIDA-Flotte. Nur die (kostenpflichtige) Sushi-Bar wirkt etwas deplatziert. Um ein halbes Deck erweitert wurde der 2.600 Quadratmeter große „Body & Soul"-Bereich. Mit seinem geschmackvollen Interieur sucht er auf See seinesgleichen. Wichtig: Die kostenpflichtigen Plätze in der Wellness-Oase sind begrenzt. Sport und Wellness sind der größte Trumpf bei AIDA. Unbedingt empfehlenswert: die Radtouren mit den schiffseigenen Bikes. Neu im Angebot ist das AIDAPedelec, ein Rad mit Hilfsmotor! Wer ganz individuell gesunden will, kann eine der 34 Spa-Kabinen mit direktem Zugang zum Wellnessbereich buchen. – 2014 wird die Reederei kein neues Schiff taufen. Die nächste AIDA-Generation wird in Japan gebaut: Die Schiffe mit einer Tonnage von 125.000 BRZ haben Platz für je 3.250 Passagiere. Die Überführungsfahrt vom 22. März bis 16. Juni 2015 von Japan nach Deutschland kann schon gebucht werden.

Gourmetrestaurant Rossini

Buffets im Marktrestaurant

Spa mit Panoramablick

DATEN & FAKTEN

BRZ	71.100	Passagiere	2.194/2.500
Länge	252,00 m	Crew-Mitglieder	607
Breite	32,20 m	PCR (Pass. pro Crew)	4,1
Indienststellung	2010 (blu) bis 2013 (stella)	PSR (Platzangebot)	28,4
		Passagierdecks	12
Bordsprache	Deutsch	Restaurants/Bars	7/12

Kabinen	1.097 (700 außen, 397 innen), dav. 508 mit Balkon, 23 Suiten und Juniorsuiten; Größen: 14–87 m²
Sport & Wellness	Spa mit Wellness-Oase, Sauna u. v. m., Pool, Fitnesscenter, Golf, Basketball, Volleyball, Street Soccer, Jogging, Tauchen
Info-/Entertainment	Showprogramme, Tageskünstler, Tanz, Musik, Theatrium mit tägl. wechselnden Shows, Livebands, Disco, 4-D-Kino
Dresscode	leger, sportlich-elegant
Preis pro Nacht	€ 74 bis € 662; Durchschnitt € 165
Info	**AIDA Cruises** Rostock, Tel. (0381) 20 27 07 22 www.aida.de

PROFIL

Info-/Entertainment	⚓⚓⚓⚓½
Sport & Wellness	⚓⚓⚓⚓⚓
Gastronomie	⚓⚓⚓⚓
Familienfreundlichkeit	⚓⚓⚓⚓⚓
Service	⚓⚓⚓
Routing	⚓⚓⚓

Fahrgebiete & Reisen 2014

Die **AIDAmar** startet im Roten Meer und kreuzt von Mai bis September ab Warnemünde in der Ostsee. Den Winter verbringt sie im Mittelmeer ab Palma. Die **AIDAsol** macht es genau umgekehrt: erst Mittelmeer, dann Nordeuropa, ab Dezember 2014 Rotes Meer. Die **AIDAblu** fährt von Mai bis Oktober im Mittelmeer und im Winter zu den Kanaren. Dort überwintert auch die **AIDAstella**, von Mai bis September kreuzt sie ab Hamburg.

Nordeuropa mit AIDAstella

Viermal geht es ab/bis Hamburg nach Norwegen und Großbritannien. Le Havre und Amsterdam komplettieren die Nordeuropareise. **13 Nächte; ab € 2.175 ab/bis Hamburg**

Mittelmeer mit AIDAmar

Im Winter 2014/15: einwöchige Turnusrouten ab Mallorca nach Palermo, Neapel und Barcelona. **6 Nächte; ab € 675 ab/bis Palma**

Vor Moorea (Französisch-Polynesien) in der Südsee

Albatros

40 Jahre und kein bisschen leise: perfekt in Schuss, weltweit unterwegs

Im Herbst 2013 hatte die Albatros einen runden Geburtstag. Phoenix Reisen möchte den Oldie noch „mindestens zehn Jahre" weiter fahren lassen und gibt viel Geld dafür aus. Zu neuen Hauptmaschinen und Navigationstechnik auf der Brücke kommen frisches Mobiliar in den Restaurants, die völlig neu gestaltete Pazifik-Lounge und einige zusätzlich mit Balkonen versehene Kabinen, die das Stammpublikum ebenso zu schätzen weiß wie den Luxus, den der ehemalige Fünf-Sterne-Liner sonst mitbringt: Da gibt es breite Gänge, große, holzbelegte Außenpromenaden, einen Pool, in dem richtig Platz zum Schwimmen ist, ein Bordkino und an Deck einen „Dorfplatz" mit Golfabschlag und anderen Sportmöglichkeiten. In den

Eine Suite; Pool auf dem Achterdeck

Restaurants haben alle Passagiere gleichzeitig Platz; auch eine Stunde nach Beginn der Mahlzeit ist man noch willkommen. Als letztes Phoenix-Schiff hat die Albatros fest reservierte Tischplätze. Auf dem Achterdeck gibt es wetterabhängig dreimal täglich eine Buffet-Alternative. Beim Galabuffet wird mit Hummer & Co. nicht gegeizt. In der Show Lounge werden selbst produzierte, hochwertige Production-Shows in deutscher Sprache gespielt. Rund 100 Millionen Euro hat Phoenix seit der Übernahme vor zehn Jahren in die Albatros investiert. Was der Passagier für sein Geld bekommt, wird von kaum einem anderen Schiff dieser Preisklasse erreicht.

Fahrgebiete & Reisen 2014

Das Jahr startet für die Albatros mit Reisen rund um Südamerika: Amazonas, Kap Hoorn, Peru und Karibik stehen bis März auf dem Fahrplan. Nach der Atlantiküberquerung folgen einige Mittelmeerreisen, bevor im Mai die Saison in nordischen Gewässern beginnt. Auf dem Weg zum traditionellen sommerlichen Basishafen Bremerhaven besucht die Albatros den Hamburger Hafengeburtstag. Anfang Oktober wechselt der Klassiker wieder ins Mittelmeer. Am 19. Dezember beginnt dann in Genua die alljährliche Weltreise, die zu Beginn durch den Panamakanal und durch die Südsee nach Australien führt.

Große Grönlandreise

Am 28.7. geht es von Bremerhaven aus über Island nach Grönland. Die Fahrt führt rund um die Südspitze nach Kangerlussuaq und in die Disko-Bucht. Weiter geht es durch die Baffin Bay bis hinauf nach Thule. **25 Nächte, ab € 2.799 ab/bis Bremerhaven**

„Schwarzmeerzauber"

Eine beachtliche Zahl an Seemeilen legt die Albatros bei dieser Reise von Nizza nach Venedig zurück: Sie führt bis ins Schwarze Meer! Mit Stopps in Jalta, Odessa und Konstanza sowie Istanbul (overnight). **14 Nächte, ab € 1.999 ab/bis Hafen**

Ganz nah dran in St. Petersburg

DATEN & FAKTEN

BRZ	28.000	**Passagiere**	850
Länge	205,00 m	**Crew-Mitglieder**	ca. 340
Breite	25,00 m	**PCR (Pass. pro Crew)**	2,5
Indienststellung	1973	**PSR (Platzangebot)**	32,9
Umbau/Renov.	2004/10	**Passagierdecks**	8
Bordsprache	Deutsch	**Restaurants/Bars**	2/5

Kabinen	420 (359 außen, 61 innen), davon 9 mit Balkon, 56 Suiten; Größen: 11–64 m²
Sport & Wellness	Pool, 3 Whirlpools, Sauna, türkische Dampfbäder, Fitnessstudio, Solarium/Massage gegen Gebühr
Info-/Entertainment	Showprogramme, Tageskünstler, Tanz, Musik
Dresscode	leger bis elegant; Abendgarderobe ist nicht vorgeschrieben
Preis pro Nacht	€ 77 bis € 799; Durchschnitt € 210
Info	**Phoenix Reisen** Bonn, Tel. (0228) 92 60-200 www.PhoenixReisen.com

PROFIL

Info-/Entertainment	⚓⚓½
Sport & Wellness	⚓⚓⚓
Gastronomie	⚓⚓⚓
Familienfreundlichkeit	⚓⚓⚓
Service	⚓⚓⚓⚓
Routing	⚓⚓⚓⚓½

Auch 2014 wieder im Programm: der Panamakanal

Amadea

Die luxuriöse Japanerin ist das Flaggschiff von Phoenix Reisen

Die Amadea hat alle Eigenschaften eines modernen Cruise Liners: Da gibt es jede Menge Balkonkabinen, freie Tischzeiten bei freier Platzwahl, eine Production-Show im zwei Decks hohen Theater, dazu ein neu gestaltetes Wellnesscenter und an Deck eine große Golf-Landschaft plus Abschlagmöglichkeit direkt ins Meer (natürlich mit ökologisch unbedenklichen Bällen). Dennoch liebt die Fangemeinde das Schiff eher als Klassiker. Das liegt gewiss an der sehr persönlichen Betreuung durch die deutschen Kreuzfahrtdirektoren und Kapitäne, an der mit maximal 600 Passagieren überschaubaren Schiffsgröße und nicht zuletzt an der rührenden Freundlichkeit des überwiegend philippinischen Service-Personals. Dazu inves-

Das Achterdeck und der Golfpark ganz oben

tiert die Reiseleitung ungeheuren Aufwand in das Entertainment: Am Abend wird das Achterdeck mal flugs zum Beduinendorf oder zur Après-Ski-Landschaft. Außerdem erinnert ein Neun-Gänge-Menü am Galaabend bewusst an die Zeit der großen Oceanliner. Aus der japanischen Vergangenheit als Luxusschiff **Asuka** sind nicht alle Details verschwunden: Komfort-Toiletten mit einem Dutzend Elektronikfunktionen findet man noch ganz putzig – die winzigen Bäder mit ihren niedrigen Decken hingegen sind es nicht. Phoenix wäre jedoch nicht Phoenix, würde man nicht in Pflege und Verbesserung des Schiffs hohe Summen investieren. Japaner, die „ihr" ehemaliges Schiff wiedersehen, sind begeistert, desgleichen jene Passagiere, die von deutschen Mitbewerbern auf die Amadea wechseln.

Fahrgebiete & Reisen 2014

Die 134-tägige Weltreise der Amadea beginnt Ende 2013 in Nizza und führt durch die Südsee nach Australien und Arabien. Nach einem Abstecher ins Schwarze Meer geht es nach Hamburg, wo fünf Reisen zu Zielen in Nord- und Ostsee starten. Eine USA- und Kanada-Kreuzfahrt ab/bis Bremerhaven (siehe unten) gehört zu den Höhepunkten des Jahres. Ab Oktober stehen Mittelmeerreisen auf dem Programm, bevor im Dezember die nächste Weltreise startet – dieses Mal ostwärts vom Abendland ins Morgenland.

Über Grönland in die Neue Welt

Ab/bis Bremerhaven fährt die Amadea ab dem 23.8. mit Abstechern auf Island und Grönland nach Nordamerika. Dort stehen Boston, New York, Halifax und Neufundland im Programm. **28 Nächte, ab € 3.999 ab/bis Bremerhaven**

Gourmetreise Mittelmeer

Am 29.11. startet eine Gourmetreise zu den Balearen, nach Sardinien, Sizilien und Korsika sowie Tunis und Rom, die spanische, italienische und korsische Spezialitäten präsentiert. Korrespondierende Flaschenweine sind im Preis enthalten. **7 Nächte, ab € 999 ab/bis Nizza**

Blick in eine Kabine

DATEN & FAKTEN

BRZ	29.000	**Passagiere**	600
Länge	193,00 m	**Crew-Mitglieder**	280
Breite	25,00 m	**PCR (Pass. pro Crew)**	2,1
Indienststellung	1991	**PSR (Platzangebot)**	48,3
letzte Renovierung	2011	**Passagierdecks**	8
Bordsprache	Deutsch	**Restaurants/Bars**	2/5

Kabinen	314 Außenkabinen, davon 116 mit Balkon, 46 Suiten; Größen: 15–71 m²
Sport & Wellness	Golfabschlag/Putting Greens, Pool, Whirlpools, Spa-Bereich mit Sauna, Massagen, Dampfbad etc., Fitness, Joggingpfad, Morgengymnastik
Info-/Entertainment	Showprogramme, Tageskünstler, Tanz, Musik, Bibliothek, Internetcafé
Dresscode	leger bis festlich-elegant
Preis pro Nacht	€ 134 bis € 687; Durchschnitt € 257
Info	**Phoenix Reisen** Bonn, Tel. (0228) 92 60-200 www.PhoenixReisen.com

PROFIL

Info-/Entertainment	3½ von 5 Ankern
Sport & Wellness	4 von 5 Ankern
Gastronomie	4 von 5 Ankern
Familienfreundlichkeit	3 von 5 Ankern
Service	4½ von 5 Ankern
Routing	4 von 5 Ankern

Sommerkreuzfahrt nach Grönland

Artania

Eine klassische Lady, die schon immer mit der Zeit gegangen ist

Das größte Schiff der familiären Phoenix-Flotte deckt mit Raum für 1.200 Passagiere eine seltene Größe auf dem deutschen Markt ab und bietet Intimität zum erschwinglichen Preis. Fortschrittlich für seine Zeit entstand der Kreuzfahrer 1984 bereits ohne Innenkabinen. Vor der Übernahme durch Phoenix Reisen im Mai 2011 und bei der zweiten Werftzeit 2012 wurden zudem zusätzliche Balkone installiert, so dass der Anteil der Balkonkabinen nun bei knapp der Hälfte liegt. Das Heck ist klassisch stufenförmig gestaltet und bietet auf fünf Decks miteinander verbundene Außenbereiche, inklusive Outdoor-Fitnessgeräte. Eine Rundumpromenade sowie zwei Sonnendecks mit Swimmingpools runden das üppige Raumangebot

Lido Buffet-Restaurant; Stufenheck achtern

mit Frischluftzufuhr ab. Von den zwei Restaurants mit Bedienung am Tisch dürfte eines zum Publikumsliebling werden: Das Artania auf Deck 3 leuchtet nach seiner Renovierung in warmen Farben. Gespeist wird in einer langen Tischzeit, was problemlos funktioniert – vielleicht auch, weil alle Tagesangebote zusätzlich am Lido-Buffet erhältlich sind, das hochwertig und gemütlich daherkommt. Vielfältige Bars, ein Theater/Kino sowie die Show Lounge sorgen für Abwechslung. Ein Raum für viele Gelegenheiten ist die Pazifik-Lounge achtern im Schiff: Der Blick ins Kielwasser durch schräg gestellte Scheiben ist umwerfend. Hier ist die Herkunft des Schiffs als britischer Oceanliner zu spüren, und das nicht nur beim Nachmittagskaffee. Von Oktober bis Dezember 2014 wird die Artania grundüberholt und an neue Umweltauflagen angepasst; unter anderem erhält sie neue Maschinen.

Fahrgebiete & Reisen 2014

Eine 111-tägige Weltreise führt zu Jahresbeginn nach Arabien, Asien, Australien und in die Südsee. Die Passage des Panamakanals stellt einen Höhepunkt vor der Karibik dar. Zu Ostern ist das Schiff bereits in Europa unterwegs und kreuzt im Schwarzen Meer. Anschließend geht es, wie für die anderen Mitglieder der Phoenix-Flotte, in die Nord- und Ostsee, nach Spitzbergen, Großbritannien und Grönland. Im Herbst steht eine längere Werftzeit an.

Schnuppertörn zur Kieler Woche

Am 25.6. lädt das Schiff während der Kieler Woche zum Kennenlernen ein. Der Kurztörn führt an die Nordspitze Dänemarks sowie in den Oslofjord und entlang der Schärenküste nach Kristiansand. Ende der Reise ist in Bremerhaven. **3 Nächte, ab € 399 ab/bis Hafen**

Große Weihnachts- und Silvesterreise

Über die Feiertage geht es mit der Artania von Hamburg über Portugal, Marokko und die Kanaren nach Marseille. Ein Höhepunkt ist die Silvesternacht: Dann liegt das Schiff vor Madeira. **15 Nächte, ab € 1.799 ab/bis Hafen**

Suite mit Veranda

DATEN & FAKTEN

BRZ	44.500	**Passagiere**	1.200
Länge	231,00 m	**Crew-Mitglieder**	420
Breite	29,00 m	**PCR (Pass. pro Crew)**	2,9
Indienststellung	1984	**PSR (Platzangebot)**	37,1
Renovierung	2011	**Passagierdecks**	9
Bordsprache	Deutsch	**Restaurants/Bars**	3/7

Kabinen	600 Außenkabinen, davon 252 mit Balkon, 14 Suiten, 57 Juniorsuiten; Größen: 16 bis 50 m²
Sport & Wellness	2 Pools, mehrere Whirlpools, Wellnessbereich mit Beautysalon, Fitnesscenter, Massage, Sauna
Info-/Entertainment	Showprogramme, Tageskünstler, Tanz, Musik, Bibliothek, Kino, Theater, Internetcafé, Spielzimmer
Dresscode	leger bis festlich-elegant
Preis pro Nacht	€ 100 bis € 1.099; Durchschnitt € 225
Info	**Phoenix Reisen** Bonn, Tel. (0228) 92 60-200 www.PhoenixReisen.com

PROFIL

Info-/Entertainment	⚓⚓⚓½
Sport & Wellness	⚓⚓⚓⚓
Gastronomie	⚓⚓⚓⚓
Familienfreundlichkeit	⚓⚓⚓
Service	⚓⚓⚓⚓
Routing	⚓⚓⚓⚓

Sommer im Nordmeer

Astor

Gediegenes Seereise-Erlebnis mit individuellem Service

Sie ist kein austauschbares Schiff für jeden Geschmack: Es gelingt Transocean sehr gut, sich auf eine Zielgruppe zu konzentrieren. Es sind dies vor allem ältere Passagiere, die relativ preisgünstig Urlaub auf einem klassischen, ruhigen, kleinen Schiff machen wollen. Inklusive Vibrationen und Motorengeräuschen – auch das gehört dazu. Besondere Destinationen und das Seereise-Erlebnis stehen klar im Vordergrund. Zugleich bietet die Astor aber auch Stil und Eleganz eines gut gepflegten, klassischen Kreuzfahrtschiffs inklusive Galadinner mit Kapitän, Wunderkerzen und Eisbombe, ohne dabei übermäßig formell zu sein. Eine große Stärke ist der herzliche und individuelle Service. Sowohl in den Restaurants und Bars

Waldorf Restaurant; im Wellnessbereich

als auch an der Rezeption und im Kabinenservice spricht die Crew zudem bestes Deutsch, viele sind Muttersprachler. Nicht zu empfindlich sollten Nichtraucher sein: An Steuerbord ist in der zentral gelegenen Galerie-Lounge das Rauchen erlaubt; durch die offene Raumgestaltung zieht der Geruch gelegentlich auch in angrenzende Nichtraucherbereiche. Eine schöne Lösung für geräumige Kabinen bei knappem Budget sind die Innensuiten. Eine Seltenheit ist auch der innenliegende Pool, zu dem ein sehr ansprechender Spa-Bereich, eine Sauna sowie ein Dampfbad gehören. Zum Wohlfühlen tragen auch die klassisch halbrund um den Pool angeordneten Sonnenterrassen auf den Achterdecks gleich hinter dem Buffetrestaurant bei, ebenso wie die urige Hanse-Bar sowie die Holz- und Messing-Interieurs des ganzen Schiffs.

Fahrgebiete & Reisen 2014

Erstmals fährt die Astor im Winter 2013/14 für den britischen Veranstalter **CMV** Routen in Südostasien und Australien mit Bordsprache Englisch. Die Reisen sind trotzdem auch über Transocean buchbar. Von Mitte Mai bis Ende September 2014 kehrt das Schiff auf die nördliche Erdhalbkugel zurück und fährt in Nord- und Ostsee, rund um Großbritannien, bis zum Nordkap sowie nach Grönland und Kanada.

Großbritannien intensiv

Neun Häfen in England, Irland und Schottland inklusive Hebriden machen die Frühsommerreise ab 26.5. rund um Großbritannien zu einem Destinations-Highlight. **14 Nächte, ab € 1.720 ab/bis Bremerhaven**

Bis nach Kanada und zurück

Grönland und Kanada können Astor-Passagiere auf der 38-tägigen Reise ab 26.6. entdecken, ohne zu fliegen: Von Bremerhaven geht es via Färöer und Grönland nach Kanada den St.-Lorenz-Strom hinauf bis nach Montreal (insgesamt zwölf kanadische Häfen) und wieder zurück nach Hamburg. **46 Nächte, ab € 5.030 ab/bis Hafen**

Der Innenpool

DATEN & FAKTEN

BRZ	21.000	**Passagiere**	578
Länge	176,50 m	**Crew-Mitglieder**	278
Breite	23,00	**PCR (Pass. pro Crew)**	2,1
Indienststellung	1987	**PSR (Platzangebot)**	36,3
letzte Renovierung	2010	**Passagierdecks**	7
Bordsprache	Deutsch	**Restaurants/Bars**	4/3

Kabinen	289 (198 außen, 91 außen), davon 39 Suiten; Größen: 13–59 m²
Sport & Wellness	Fitnesscenter, Innen- u. Außenpool, Wellness-Oase (Sauna, Dampfbad, Massage, Kosmetik), Volleyball, Tischtennis, Joggingpfad, Yoga, Rücken- und Wassergymnastik
Info-/Entertainment	Showprogramme, Tanz, Klassik, Vorträge/Lesungen, Kursangebote
Dresscode	sportlich-leger bis festlich
Preis pro Nacht	€ 94bis € 707; Durchschnitt € 247
Info	**Transocean Kreuzfahrten** München, Tel. (089) 12 28 15 99 www.transocean.de

PROFIL

Info-/Entertainment	⚓⚓⚓
Sport & Wellness	⚓⚓⚓½
Gastronomie	⚓⚓⚓½
Familienfreundlichkeit	⚓⚓⚓
Service	⚓⚓⚓⚓
Routing	⚓⚓⚓⚓

Seit 2013 haben die beiden Schiffe einen blauen Rumpf

FOTO: T. P. Iles / marinepress fotomarine

Azamara Journey & Azamara Quest

Cruisen im schicken Boutiquehotel-Style: Die beiden US-Premiumschiffe bieten familiäres Flair, persönlichen Service und tolle Landerlebnisse

Massenaufläufe und hektische Betriebsamkeit im Stil großer Megaliner sind diesem Schiffsduo fremd. Stattdessen wird in gediegener und gleichwohl entspannter Atmosphäre individuelle Gastfreundschaft zelebriert. Die moderate Schiffsgröße erlaubt auch das Anlaufen von Häfen abseits der „Rennstrecken" – oft, und als besonderes Merkmal der Reederei, mit Aufenthalten bis zum späten Abend oder gar über Nacht! Neuerdings wird sogar pro Kreuzfahrt eine im Reisepreis eingeschlossene exklusive Abendveranstaltung an Land offeriert, die es so nirgends sonst zu buchen gibt („AzAmazing Evenings"). Die Bordinfrastruktur ist überraschend vielfältig und komplett, allerdings zum Preis kompakter Standardkabinen und von relativ wenig Außendecksfläche. Die elegante Inneneinrichtung, während der jüngsten Werftaufenthalte sanft modernisiert, verströmt ein klassisches Flair zwischen privatem Country Club und nostalgischem Oceanliner-Charme. Zahlreiche inkludierte Leistungen wie liebevoll und kompetent ausgewählte Weine und neu auch eine Auswahl an Spirituosen und Bieren (weitere Marken/Sorten gegen Aufpreis) erhöhen den Wohlfühlfaktor ungemein. Gespeist wird im Hauptrestaurant mit freier Tischwahl, zwei Spezialitätenrestaurants oder dem Buffet. Unbedingt probieren: das himmlische Filet mignon im Steakhouse Prime C. Das machen auch die Küchenchefs der etablierten Luxuslinien nicht besser!

Das Pooldeck

Restaurant Discoveries

Eine Club World Owner's Suite

Fahrgebiete & Reisen 2014

Die **Azamara Journey** startet das Jahr in Asien, die **Azamara Quest** mit Panamakanal, Costa Rica und Kalifornien. Im April beginnt für beide die Mittelmeersaison, die Journey fährt im Sommer auch in Nord- und Ostsee, die Quest bis ins Schwarze Meer, bevor sie zum Jahresende nach Asien fährt. Die Journey beendet das Jahr mit Südamerika-Kreuzfahrten.

Nordkap ab Hamburg (Az. Journey)

Am 14.6. ab Hamburg mit 5 Seetagen über Bergen, Geiranger, Stavanger, Flåm, Olden und Honningsvåg am Nordkap nach Kopenhagen. **14 Nächte, ab € 4.234 ab/bis Hafen**

Schwarzes Meer (Azamara Quest)

Am 26.8. ab/bis Istanbul u. a. nach Batumi/Georgien, Sotschi, Noworossijisk, Jalta, Sewastopol, Odessa, Konstanza und Nessebar. **12 Nächte, ab € 3.296 ab/bis Istanbul**

DATEN & FAKTEN

BRZ	30.277	**Passagiere**	694/710
Länge	180,75 m	**Crew-Mitglieder**	407
Breite	28,95 m	**PCR (Pass. pro Crew)**	1,7
Indienststellung	2000	**PSR (Platzangebot)**	43,6
letzte Renovierung	2012/13	**Passagierdecks**	9
Bordsprache	Englisch	**Restaurants/Bars**	4/8

Kabinen	347 (321 außen, 26 innen), davon 197 mit Veranda und 42 Suiten mit Butlerservice; Größen: 14–76 m²
Sport & Wellness	Spa und Wellnesscenter (Thalasso, Akupunktur), Fitnessclub, Pool mit Jacuzzi, „Aesthetics"-Schönheitssalon, Tischtennis, Joggingpfad
Info-/Entertainment	Showprogramme, Vorträge zu den Landausflügen, Pianobar
Dresscode	kein fester Dresscode; sportlich-leger bis elegant
Preis pro Nacht	€ 137 bis € 1.299; Durchschnitt € 292
Info	**Azamara Club Cruises** Frankfurt, Tel. (069) 92 00 71-55 www.azamaraclubcruises.de

PROFIL

Info-/Entertainment	⚓⚓⚓½
Sport & Wellness	⚓⚓⚓½
Gastronomie	⚓⚓⚓⚓½
Familienfreundlichkeit	⚓½
Service	⚓⚓⚓⚓½
Routing	⚓⚓⚓⚓⚓

Whalewatching in der Antarktis

Bremen

Entlegene Regionen und Altbekanntes mit neuem Blick entdecken

Das Einsteigerschiff von Hapag-Lloyd Kreuzfahrten vereint das Beste aus mehreren Welten: Fundierte Wissensvermittlung im Rahmen von Expeditionen im kleinen Kreis gehen mit Gaumenfreuden und einem Service auf hohem Niveau einher. Während auf der etwas größeren **Hanseatic** auch schon mal schicke Roben zum Zuge kommen, schätzt das Publikum der Bremen die Bodenständigkeit „seines" Schiffs. Der Dresscode ist elegant-sportlich: Wer weiß, ob es nach dem Abendessen nicht noch einmal in die zwölf Schlauchboote geht, weil Wale gesichtet wurden. Die Panoramalounge am höchsten Punkt des Schiffs gewährt beste Aussichten, in der 2012 neu gestalteten Club Lounge finden anspruchs-

Auf der Brücke; Anlandung mit Zodiacs

volle Vorträge von Fachlektoren statt. Komfortable Kabinen, eine offene Brücke und großzügige Außendecks bieten beste Voraussetzungen für das Programm der Bremen: abgelegene wie außergewöhnliche Destinationen zu erfahren, aber auch Nahegelegenes bei Studienreisen neu wahrzunehmen. Dank höchster Eisklasse befährt das Schiff Arktis und Antarktis ebenso wie das Mittelmeer. Und das Team der deutschen Traditionsreederei findet immer noch neue Routen und Ziele: So kreuzte die Bremen 2013 als erstes nicht russisches Schiff entlang der unerforschten Küste Sibiriens.

Fahrgebiete & Reisen 2014

Nach der Antarktis-Saison von Januar bis März reist die Bremen durch den Panamakanal in die Karibik und kreuzt auf Orinoco und Amazonas. Nach der Atlantiküberquerung im Mai trifft sie im Juni in Deutschland ein, zu Sommerreisen u. a. nach Norwegen, Spitzbergen und Grönland, gefolgt von der kanadischen Arktis („kleine Nordwestpassage") im August und September. Im Herbst stehen Westeuropa und Schwarzes Meer im Programm, bevor es über die Kanaren im November wieder über den Atlantik geht, zu neuen Antarkis-Expeditionen bis Februar 2015.

Schnupperreise Nord- und Ostsee

Eine „Reise für junge Entdecker" (kostenlos für mitreisende Kinder bis 11 Jahre) startet am 16.6. in Hamburg. Sie führt über List auf Sylt (Zodiac-Anlandung) durch den Nord-Ostsee-Kanal nach Kopenhagen zum Ziel Travemünde. **4 Nächte, ab € 1.360 ab/bis Hafen**

„Expedition Wissen" nach Nordafrika

„Magie des Maghreb und der Mauren" ist das Motto dieser Kreuzfahrt von Tunis nach Teneriffa vom 25.10. bis 3.11. Sie führt über Annaba und Algier in Algerien, dann Málaga, und Cádiz im maurisch geprägten Südspanien, weiter Casablanca und Agadir in Marokko zu den Kanarischen Inseln Lanzarote und Teneriffa. **8 Nächte, ab € 3.990 inkl. Flügen ab/bis Deutschland**

Eine der beiden Suiten

DATEN & FAKTEN

BRZ	6.752	**Passagiere**	164/178
Länge	111,00 m	**Crew-Mitglieder**	100
Breite	17,00 m	**PCR (Pass. pro Crew)**	1,6
Indienststellung	1990	**PSR (Platzangebot)**	41,2
letzte Renovierung	2012	**Passagierdecks**	6
Bordsprache	Deutsch	**Restaurants/Bars**	1/1

Kabinen	80 Außenkabinen (18 m²), davon 16 mit Balkon, und 2 Suiten (24 m²) mit Balkon
Sport & Wellness	Pool, Fitnessraum, Schnorchelausrüstung, Nordic Walking, Fahrräder und Kajaks (Gratisausleihe)
Info-/Entertainment	Wissensvermittlung durch Experten verschiedener Fachrichtungen auch für Teens von 10 bis 17 Jahren
Dresscode	sportlich-leger bis sportlich-elegant
Preis pro Nacht	€ 290 bis € 1.157; Durchschnitt € 605
Info	**Hapag-Lloyd Kreuzfahrten** Hamburg, Tel. (040) 30 70 30 70 www.hlkf.de

PROFIL

Info-/Entertainment	⚓⚓⚓½
Sport & Wellness	⚓⚓½
Gastronomie	⚓⚓⚓⚓½
Familienfreundlichkeit	⚓½
Service	⚓⚓⚓⚓½
Routing	⚓⚓⚓⚓⚓

Kurz nach dem Neustart – an der Pier in Civitavecchia FOTO: J. Bohmann

Carnival Sunshine

Mit dem Projekt „Fun Ship 2.0" rüstet Carnival seine Flotte auf. Dieses Schiff macht den Anfang. Wer es erleben will, muss allerdings in die Karibik reisen

49 Tage dauerte der Umbau im Trockendock bei Fincantieri in Italien, 155 Millionen Dollar kostete der Spaß: Die Verwandlung der vormaligen **Carnival Destiny** in die neue Carnival Sunshine ist der aufwändigste in der Geschichte von Carnival Cruise Lines, dem Marktriesen aus den USA. Gründlich umgekrempelt wurde das Schiff dabei in der Tat: Es erhielt ein zusätzliches Teildeck, zwei bestehende Decks wurden erweitert, 183 neue Kabinen kamen hinzu, außerdem diverse neue Bars, Restaurants und Spaß- und Sportbereiche – am augenfälligsten die weithin erkennbaren WaterWorks über dem Heck: „Speadway Splash" nennt sich die zweispurige Wasserrutsche, die da in Gelb und Blau in den Himmel ragt. Und die verspricht, was man von der „Funship Company" kennt: 24 Stunden, so der Anspruch, soll der Gast unterhalten werden. Mit, um nur ein paar Features zu nennen, einer Joggingbahn mit Blick auf den Ozean, einem Pool, in den ein Wasserfall stürzt, einem nagelneuen Spa (Cloud 9) samt 95 dazugehörigen Kabinen. Mit zehn Restaurants, vom Steakhouse (Fahrenheit 555) über den Italiener (Cucina del Capitano), den Mexikaner (Blue Iguana) und den Asiaten bis zum „Burger Joint" am Pool. Mit Kasino, Karoake, zollfreiem Einkauf ... Und mit dem Kinderprogramm Camp Carnival (für die 2- bis 14-jährigen) sowie dem Club 02 für Teens, um die sich, wie bei Carnival üblich, ein eigener „Teen Director" kümmert. „Fun Ship 2.0" heißt das große Modernisie-

An Deck

Im Hauptrestaurant

rungsprojekt der Amerikaner, das mit diesem Schiff startete (das übrigens schon 1996, als es erstmals in Fahrt ging, der größte Kreuzfahrer der Welt war). Im Mai 2013 ging es auf Reisen, zunächst noch im Mittelmeer. 2014 jedoch kreuzt es ausschließlich in amerikanischen Gewässern – wie die meisten anderen der aktuell 24 Carnival-Liner. Erstmals ist damit kein einziger der bunten Riesen in Europa zu Gast.

Fahrgebiete & Reisen 2014

Nach ihrem Europa-Debüt 2013 kreuzt die Carnival Sunshine seit November 2013 ab/bis New Orleans in der Karibik. Ab April 2014 ist Port Canaveral in Florida der Basishafen für Reisen bis nach Mexiko und zu den Bahamas.

Mexiko, Honduras, Belize

Ab/bis Port Canaveral mit 2 Seetagen nach Mexiko (Cozumel und Costa Maya), Honduras (Roatán) und Belize: **7 Nächte, ab € 578**.

„WaterWorks"

DATEN & FAKTEN

BRZ	102.835	**Passagiere**	3.006/3.758
Länge	272,00 m	**Crew-Mitglieder**	1.040
Breite	38,00 m	**PCR (Pass. pro Crew)**	3,6
Indienststellung	1996	**PSR (Platzangebot)**	27,4
Umbau	2013	**Passagierdecks**	14
Bordsprache	Englisch	**Restaurants/Bars**	10/12

Kabinen	1.503, davon 586 innen, 917 außen, 563 mit Balkon, 15 behindertengerechte Kabinen; Größen: 16–26 m²
Sport & Wellness	4 Pools, Wasserpark „WaterWorks", Sportdeck, Minigolf, Fitnesscenter, Joggingbahn, Basketball, Cloud 9 Spa (u. a. Thalasso)
Info-/Entertainment	Shows im Las-Vegas-Stil, Livemusik, Karaoke, Disco, Casino, Ruhebereich für Erwachsene, Kinder-/Jugendclub
Dresscode	sportlich-leger bis elegant
Preis pro Nacht	€ 56 bis € 778; Durchschnitt € 134
Info	**Carnival Cruise Lines** München, Tel. (089) 517 03-130 www.carnivalcruiselines.de

PROFIL

Info-/Entertainment
Sport & Wellness
Gastronomie
Familienfreundlichkeit
Service
Routing

aktuell noch nicht bewertet

Beim Ausdocken aus der Werft in Papenburg

Celebrity Reflection (Solstice-Klasse)

Das Konzept der Solstice-Schiffe ist so erfolgreich, dass ältere Einheiten der Reederei mit Elementen der jüngsten Klasse aufgewertet werden

Der Lawn Club, ein rund 2.000 Quadratmeter großer Echtrasen auf Deck 15, ist das einzigartige Merkmal der fünf Schiffe der Solstice-Klasse von Celebrity. Von der Glasbläsershow bis hin zum Freiluftgrill und den privaten Rückzugsmöglichkeiten an Bord der **Celebrity Silhouette** von 2011 wurde das Prinzip weiterentwickelt. Bei dem jüngsten Schiff der Reihe, der Ende 2012 getauften **Celebrity Reflection**, wurde das einzigartige Deck erweitert und in direkte Verbindung zum Pooldeck gebracht, das sich bisher auf Deck 14 befand. Der so gewonnene Raum dient für 72 zusätzliche Kabinen, darunter auch neue, exklusive Suiten: So bietet etwa die 147 Quadratmeter große Reflection Suite ein hoch oben über dem Wasser schwebendes Bad. Gemeinsam mit der Signature Suite liegt sie in einem abgetrennten Suitenbereich, der auch für bis zu 26 Gäste als Ganzes gebucht werden kann. 34 zusätzliche Aqua-Class-Kabinen gewähren einen direkten Zugang zum erweiterten Spa sowie eine Reservierung im Restaurant Blu, das mit exzellenter leichter Küche punktet. Ansonsten bleibt es bei dem edlen modernen Design, natürlich auch in allen 24 Restaurants und Bars. Abendlicher Hotspot ist die Martini Bar, Bier- und Whiskyliebhaber kommen im Michael's Club auf ihre Kosten. Qualitativ hochwertige Speisen, ein aufmerksamer Service, aber auch manchmal ausgelassene Mottopartys bilden eine gute

Signature Suite

Von oben sichtbar: der Lawn Club

Außendusche einer Suite

Mischung an Bord dieser Premiumschiffe mit ihrem ausgesprochen kosmopolitischen Flair.

Fahrgebiete & Reisen 2014

Die **Solstice** fährt im Winter rund um Neuseeland und Australien, das Sommerrevier ist Alaska. Alle anderen Schiffe der Klasse sind winters in der Karibik und sommers im Mittelmeer. Die **Eclipse** befährt ab Southampton zudem Nord- und Ostsee. Die **Silhouette** bietet wieder das Heilige Land an, und die **Reflection** konzentriert sich auf die Adria.

Kanaren und Azoren (C. Eclipse)

Ponta Delgada, Madeira, vier kanarische Inseln und Lissabon, plus 5 Seetage. **14 Nächte, ab € 1.462 ab/bis Southampton**

Transatlantik Ost (C. Silhouette)

Von Fort Lauderdale mit 7 Seetagen nach Madeira und via Sardinien, Sizilien und Neapel nach Rom. **15 Nächte, ab € 854 ab/bis Hafen**

DATEN & FAKTEN

BRZ	121.870	**Passagiere**	2.852/3.145
Länge	317,20 m	**Crew-Mitglieder**	1.250
Breite	36,80 m	**PCR (Pass. pro Crew)**	2,5
Indienststellung	2012 (Solstice-Klasse: ab 2008)	**PSR (Platzangebot)**	38,8
		Passagierdecks	14
Bordsprache	Englisch	**Restaurants/Bars**	9/15

Kabinen	1.426, davon 140 innen, 1.286 außen, 85 % mit Balkon, 64 Suiten; Größen: 16 bis 120 m²
Sport & Wellness	Pool, AquaSpa mit Solarium, „Persian Garden", Pool, Aqua-Class-Kabinen, Spa-Café
Info-/Entertainment	Shows im Broadway-Stil, Akrobaten, Lawn Club mit diversen Aktivitäten (u. a. einer Glasbläserwerkstatt) u. v. m.
Dresscode	sportlich-elegant
Preis pro Nacht	€ 47 bis € 1.964; Durchschnitt € 155
Info	**Celebrity Cruises** Frankfurt, Tel. (069) 92 00 71-85 www.celebritycruises.de

PROFIL

Info-/Entertainment	⚓⚓⚓⚓½
Sport & Wellness	⚓⚓⚓⚓½
Gastronomie	⚓⚓⚓⚓½
Familienfreundlichkeit	⚓⚓⚓⚓
Service	⚓⚓⚓⚓
Routing	⚓⚓⚓½

Auch im Winter in Fahrt: am Anleger in Oslo

Color Fantasy & Color Magic

Die „Mini-Kreuzfahrt" zum Reinschnuppern ist auf der Strecke Kiel–Oslo ein Renner. Jetzt gibt es sie auch als Themenkreuzfahrt mit klassischer Musik

Diese Kreuzfahrt kann man für jeden Tag des Jahres buchen: den Törn von Kiel nach Oslo und retour – eine Linienschiffsreise von gerade mal zwei Nächten. Die beiden fast baugleichen Color-Line-Fähren bieten die pfiffige und enorm erfolgreiche Idee an: Seit dem ersten Jahr der Fantasy 2005 haben sich die Gästezahlen fast verzwanzigfacht. Auch weil naheliegt, dass man auch ein paar Nächte bleiben könnte, wenn man schon mal da ist in Oslo: Mit seinen zubuchbaren Hotel- und Ferienhauspaketen (besonders beliebt: Skiurlaub in Südnorwegen im Winter!) hat sich die Color Line zu Deutschlands größtem Norwegenveranstalter gemausert. Dabei kann auch das eigene Auto mitfahren: Nebenbei sind die Liner auch Fähren. Das – und überhaupt die Tatsache, dass man auf einem Schiff ist – vergisst man aber schnell, wenn man die 160 Meter lange und drei Decks hohe Flaniermeile im Bauch des Schiffs betritt: Shopping-Mall und Center Park, Showtheater und Spielcasino, Cocktailbar und Pizzeria, Fashion Store und Dutyfree geben sich die Hand. Und zu diversen Terminen gibt's neuerdings Themen-Entertainment – zu Weihnachten, zu Silvester oder auf Klassikreisen mit Musik von Haydn über Mozart bis Grieg. Diniert wird vom skandinavischen Buffet oder mehrgängig im Heckrestaurant mit Blick ins Achterwasser. In den Pubs geht es feuchtfröhlich zu – für die Kinder auch im Aqualand, dem mit-

Kinderspaß in der Disco

Im Oceanic Restaurant

FOTOS: J. Bohmann

fahrenden Spaßbad. Vieles, was auf anderen Schiffen inkludiert ist, ist dabei extra zu zahlen – zu Preisen, die nicht ganz norwegisches Niveau haben, aber auch nicht gerade günstig sind. Die Kabinen sind bequem und solide, und die 2.700 Passagiere verteilen sich gut auf dem Riesenschiff. Nur bei den Revierfahrten auf der Kieler Förde und im Oslofjord wollen alle am schönsten Platz des Schiffs sein: der Observation Lounge, 15 Decks überm Meer.

Fahrgebiete & Reisen 2014

Die Schiffe fahren im täglichen Wechsel; Abfahrt ist jeweils um 14, Ankunft um 10 Uhr. Fährt man mit demselben Schiff zurück (**ab € 79 ab/bis Kiel**; mit Frühstück und Buffet **ab € 149**), hat man knapp vier Stunden Zeit für den Oslo-Besuch. Man kann aber auch beliebig viele Abfahrten überspringen und z. B. mit dem eigenen Auto nach Bergen fahren (520 km; ein bis zwei Tage Fahrzeit).

Das Observation Lounge

DATEN & FAKTEN COLOR MAGIC

BRZ	75.100	**Passagiere**	2.700
Länge	224,00 m	**Crew-Mitglieder**	250
Breite	35,00 m	**PCR (Pass. pro Crew)**	11
Indienststellung	2005/07	**PSR (Platzangebot)**	27,1
Bordsprache	Deutsch, Norwegisch, Englisch	**Passagierdecks**	10
		Restaurants/Bars	8/10

Kabinen	1.016 (343 innen, 673 außen), davon 34 Suiten; Größen: 10,5–35 m²
Sport & Wellness	Color Spa & Fitnesscenter, Aqualand, Golfsimulator
Info-/Entertainment	Show Lounge, Pianobar, Pub, Observation Lounge, Casino, große Shopping-Promenade
Dresscode	sportlich bis elegant
Besonderheit	Das Schiff verfügt über Autodecks für 550 Fahrzeuge
Preis pro Nacht	€ 75 bis € 254; Durchschnitt € 113
Info	**Color Line** Kiel, Tel. (0431) 73 00-100 www.colorline.com

PROFIL

Info-/Entertainment	⚓⚓⚓⚓
Sport & Wellness	⚓⚓⚓⚓
Gastronomie	⚓⚓⚓½
Familienfreundlichkeit	⚓⚓⚓½
Service	⚓⚓⚓
Routing	⚓

An der Pier in Piräus

FOTO: T. P. Illes marineprees-fotomarine

Costa Fascinosa (mit Costa Favolosa)

Farbenprächtig illuminierte Traumwelten innen, solide maritime Werte außen: Die beiden Costa-Flaggschiffe bieten ein buntes Kontrastprogramm

Obwohl die Genueser Traditionsreederei seit 1997 dem Carnival-Konzern angehört und das „Buongiorno!" von einer mehrheitlich asiatisch-südamerikanischen Servicecrew kommt: Auch auf den beiden neuesten Flottenmitgliedern wird dem energetisch-fröhlichen (nach dem Geschmack mancher deutschsprachigen Gäste zuweilen entsprechend lauten) „Italian Lifestyle" gefrönt. Unverkennbar Las-Vegas-inspiriert ist das Innendekor: bunt, mutig, verspielt. Zu schriller Kitsch wird dabei dank geschmackssicher konzipierter Designelemente und von Witz und Humor geprägter Kunstgegenstände sowie durch clevere Kombination hochwertiger Materialien vermieden. Die Standardkabinen sind hell und freundlich, die Außenbereiche erstaunlich „schiffig": So viel Decksfläche mit teils echtem Teakbelag sowie tollen Aussichtspunkten von Bug bis Heck findet man auf manch anderen Mainstream-Schiffen von heute nicht mehr. Abends speist man, inklusive Kapitänsgala, traditionell in zwei Sitzungen mit fester Tischzuteilung oder im Selbstbedienungsbuffet – wobei Letzteres leider etwas restriktive Öffnungszeiten hat. Alternativ bieten sich das aufpreispflichtige À-la-carte-Clubrestaurant und das Wellness-Restaurant der Samsara-Klasse in entspanntem Ambiente an. Und während die kleinen (aber auch etliche große) Gäste bei Ritterburg und Piratenschiff fast aus dem Häuschen geraten, finden Ruhesuchende ihr Dorado in

Im 4-D-Kino

Poolbereich Lido Via col Vento

den großzügigen Spa-Bereichen. Statt „animazione" verführt dort dezente fernöstliche Atmosphäre zur inneren Einkehr.

Fahrgebiete & Reisen 2014

Beide Schiffe starten in Südamerika und wechseln im März für einwöchige Reisen ins Mittelmeer. Bis November stehen die griechischen Inseln auf dem Fahrplan der Fascinosa, die Favolosa fährt im westlichen Mittelmeer.

Griechische Inseln (Fascinosa)

Ab/bis Venedig zu diversen Terminen nach Bari, Korfu, Mykonos, Santorin und, nach einem Seetag, als letztem Höhepunkt Dubrovnik. **7 Nächte, ab € 669 ab/bis Venedig**

Westliches Mittelmeer (Favolosa)

Flexible Zustiegsmöglichkeit im Sommer: ab/bis Savona, Civitavecchia, Barcelona oder Palma de Mallorca. Weitere Ziele sind dabei Ibiza und Palermo. **7 Nächte, ab € 799 ab/bis Hafen**

Showtime im Theater

DATEN & FAKTEN

BRZ	114.500	**Passagiere**	3.016/3.800
Länge	290,20 m	**Crew**	1.100
Breite	35,50 m	**PCR (Pass. pro Crew)**	3,5
Indienststellung	2012	**PSR (Platzangebot)**	30,1
Bordsprachen	Italienisch, Englisch, Deutsch, Franz.	**Passagierdecks**	14
		Restaurants/Bars	5/13

Kabinen	1.508 (dav. 103 mit Spa-Zugang, 594 mit Balkon, 56 Suiten mit Balkon, 12 Suiten mit Spa-Zugang, 321 Außenkabinen); Größen: 18–43 m²
Sport & Wellness	4 Pools, 5 Whirlpools, Samsara Spa über 2 Decks, Fitness, Sauna, Solarium, Thalasso-Therapie, Sportplatz, Jogging-Parcours, Golf
Info-/Entertainment	Theater, Casino, 4-D-Kino, Disco, Grand-Prix-Simulator, Internet
Dresscode	sportlich-leger; Gala-Abende
Preis pro Nacht	€ 47 bis € 560; Durchschnitt € 139
Info	**Costa Kreuzfahrten** Hamburg, Tel. (040) 570 12 13 14 www.costakreuzfahrten.de

PROFIL

Info-/Entertainment	⚓⚓⚓⚓
Sport & Wellness	⚓⚓⚓⚓½
Gastronomie	⚓⚓⚓½
Familienfreundlichkeit	⚓⚓⚓⚓½
Service	⚓⚓⚓½
Routing	⚓⚓½

2013 ab Hamburg unterwegs

Costa Mediterranea

Mediterrane Lebensart, wie Amerikaner sie sich vorstellen

Raus aus dem Alltag, hinauf auf ein Schiff, das mit mediterraner Lebensart beglückt – oder mit dem jedenfalls, was sich seine amerikanischen Designer darunter gedacht haben ... Dabei orientierten sie sich an italienischen Adelspalästen des 17. und 18. Jahrhunderts, jedoch wirken die öffentlichen Räume teilweise überzeichnet und leider recht dunkel. Positiv ist das gute Verhältnis zwischen Passagieren und Raum sowie Crew. Neben dem Hauptrestaurant, in dem ein rascher Service in zwei Sitzungen pro Abend bedient, gibt es ein Buffetangebot mit täglich neuen Pizzasorten. Alternativ steht gegen Zuzahlung der Club Medusa mit À-la-carte-Menüs zur Auswahl. Der Kinderclub tief im Bug konzentriert sich auf elektronische Unterhaltung, an Deck gibt es jedoch einen Kinderpool und eine Wasserrutsche. Wetterunabhängiger Badespaß ist durch den „Magrodome" garantiert. In den Kabinen gibt es hingegen Punktabzug für deutliche Gebrauchsspuren.

Fahrgebiete & Reisen 2014

Winter in der Karibik, dann Mittelmeerreisen und von Mai bis August Nordeuropatörns ab Hamburg: Sechsmal geht es bis ans Nordkap.
12 Nächte, ab € 1.649 ab/bis Hamburg

DATEN & FAKTEN

BRZ	85.700	**Passagiere**	2.680
Länge	292,50 m	**Crew-Mitglieder**	920
Breite	32,20 m	**PCR (Pass. pro Crew)**	2,3
Indienststellung	2003	**PSR (Platzangebot)**	40,5
letzte Renovierung	2011	**Passagierdecks**	12
Bordspr.	Dt., It., Engl., Frz.	**Restaurants/Bars**	4/12

Kabinen	1.057 (800 außen, 213 innen), davon 58 Suiten; Größen: 15 bis 51 m²
Sport & Wellness	4 Pools, 4 Whirlpools, Ischia Spa über zwei Decks mit Fitnessraum, Sauna und türkischem Dampfbad
Info-/Entertainment	Theater, Casino, Disco, Bibliothek, Spiel- und Quizveranstaltungen, Internet, Kinderclub, Tanzunterricht
Dresscode	sportlich-leger; Gala-Abende
Preis pro Nacht	€ 37 bis € 533; Durchschnitt € 82
Info	**Costa Kreuzfahrten** Hamburg, Tel. (040) 570 12 13 14 www.costakreuzfahrten.de

PROFIL

Info-/Entertainment	⚓⚓⚓
Sport & Wellness	⚓⚓½
Gastronomie	⚓⚓⚓
Familienfreundlichkeit	⚓⚓⚓½
Service	⚓⚓⚓
Routing	⚓⚓⚓

Altes Schiff, neues Konzept – ein gelungener Umbau

Costa neoRomantica

Für 90 Millionen umgebaut – und dadurch ein Schiff mit eigener Note

Das Schrillbunte, für das Costa sonst steht, gibt es auf diesem Schiff nicht: Mit dem Zusatz „neo" ist aus der fast 20 Jahre alten **Costa Romantica** 2011/12 ein völlig anderes Schiff geworden. Es war ein Liner ohne Balkone – jetzt hat er derer 160. 111 Kabinen entstanden völlig neu, auf drei Decks, die dem Vorderschiff einfach aufgesetzt wurden, samt zwei geräumigen Pooldecks mit tollen Aussichtsplätzen. Auch alle anderen Kabinen wurden runderneuert und mit Flachbild-TV, komfortablen Betten und modernen Bädern ausgestattet. Einige Restaurants, voran die Enoteca Verona und das Samsara, sind Hingucker geworden. Und im wahrhaft riesigen Spa-Bereich ist die gewaltige Thalasso-Wanne schon eine Sehenswürdigkeit für sich. Mit diesem Schiff will Costa dezidiert Paare als Zielgruppe ansprechen – und erstmals nicht Familien mit Kindern. Den Kinderclub gibt es zwar, doch reist der Nachwuchs hier nicht, wie sonst bei Costa, gratis mit. Eine interessante neue Strategie, der man gern Erfolg wünscht.

Fahrgebiete & Reisen 2014

Das Jahr beginnt und endet im Mittelmeer, im Sommer geht es von Amsterdam gen Norden.

DATEN & FAKTEN

BRZ	56.000	**Passagiere**	1.578/1.800
Länge	220,60 m	**Crew**	615
Breite	30,80 m	**PCR (Pass. pro Crew)**	2,9
Indienststellung	1993	**PSR (Platzangebot)**	31,1
Umbau	2011/12	**Passagierdecks**	10
Bordspr.	Dt., It., Engl., Frz.	**Restaurants/Bars**	4/5

Kabinen	789, davon 86 mit Balkon, 28 Suiten (davon 24 mit Balkon), 56 Samsara-Kabinen (davon 6 Suiten und 50 mit Balkon); Größen: ca. 14 bis 35 m^2
Sport & Wellness	2 Pools, 2 Whirlpools, Samsara Spa über 2 Decks (Sauna, Thalasso, Massagen), Fitness, Joggingtrack
Info-/Entertainment	Casino, Disco, Show Lounge, Virtual World, Internet, Kinderclub
Dresscode	sportlich-leger; Gala-Abende
Preis pro Nacht	€ 45 bis € 848; Durchschnitt € 79
Info	**Costa Kreuzfahrten** Hamburg, Tel. (040) 570 12 13 14 www.costakreuzfahrten.de

PROFIL

Info-/Entertainment	⚓⚓⚓
Sport & Wellness	⚓⚓⚓⚓½
Gastronomie	⚓⚓⚓⚓
Familienfreundlichkeit	⚓⚓½
Service	⚓⚓⚓½
Routing	⚓⚓⚓½

In der Antarktis

Crystal Symphony (mit Crystal Serenity)

Das Luxusschiff aus Japan bietet internationale Atmosphäre, ist extrem großzügig und erreicht ein Spitzenniveau bei Service und Gastronomie

Schon beim Check-in punktet Crystal Cruises: Der findet auf dem Schiff statt – und nicht in den meist trostlosen Terminals. Überhaupt ist es schon erstaunlich, auf welchem Niveau die Crystal Symphony ihre immerhin fast 1.000 Passagiere verwöhnt. Gastronomie und Service spielen in der Champions League der Kreuzfahrt. Die Küchencrew kann aus 30.000 (!) Rezepten wählen, alle Zutaten und Arbeitsschritte sind digital mit Fotos im Computer erfasst. Das sorgt für Abwechslung und gleichbleibend höchste Qualität. Ob im Hauptrestaurant, dem Crystal Dining Room, dem italienischen Spezialitätenrestaurant Prego oder dem Asia-Dinner Silk Road. Nicht nur das Essen, auch die Getränke überzeugen – und sind seit 2012 „all-inclusive". Der Service ist nahezu perfekt, die Crew ist bestens eingespielt. Dass die meisten Mitarbeiter schon jahrelang dabei sind, verwundert nicht: „Happy crew – happy guests" lautet die Philosophie der Reederei, die ihre Besatzung überdurchschnittlich bezahlt, hegt und pflegt. Diese positive Crystal-Crew-Chemie fällt auf. Der Gästemix ist international: Japaner, Amerikaner, Briten, Kanadier, Skandinavier. Deutsche sind in der Minderheit, was einen Vorteil hat: Auf der Crystal Symphony werden keine Liegen besetzt ... Das ist auch nicht nötig: Das Passagier-Raum-Verhältnis ist extrem großzügig. Andere Reedereien bringen auf der Deckfläche das Doppelte an Gästen unter. Das Bordleben ist bei Crystal

Eine Penthouse-Suite

Das Pooldeck

Cruises eher dezent, das Entertainment ist niveauvoll, eher traditionell als originell.

Fahrgebiete & Reisen 2014

Die **Serenity** startet mit einer Weltreise ins Jahr, die im Mittelmeer endet; im September kreuzt sie vor Neuengland und Kanada. Für die **Symphony** ist Nordeuropa das Sommerfahrgebiet, die kalte Jahreszeit verbringt sie „down under" und in Asien.

Westeuropa mit Crystal Symphony

Am 27.9. von Hamburg über Amsterdam, Jersey, La Coruña, Porto nach Lissabon. Kombination mit der anschließenden Transatlantikreise möglich. **8 Nächte, ab € 2.453 ab/bis Hafen**

Afrika mit Crystal Serenity

Von Kapstadt am 28.3. entlang der Westküste Afrikas über Walfischbay, Luanda, Dakar und Agadir nach Lissabon und schließlich Southampton. **21 Nächte, ab € 8.823 ab/bis Hafen**

Die Bibliothek

DATEN & FAKTEN

BRZ	51.044	Passagiere	960/1.010
Länge	237,10 m	Crew-Mitglieder	545
Breite	30,20 m	PCR (Pass. pro Crew)	1,8
Indienststellung	1995	PSR (Platzangebot)	53,2
letzte Renovierung	2011	Passagierdecks	8
Bordsprache	Englisch	Restaurants/Bars	3/7

Kabinen	480 Außenkabinen, davon 276 mit Balkon und 64 Penthouses; Größen: 19 bis 92 m²
Sport & Wellness	2 Pools, 2 Jacuzzis, Fitnesscenter, Spa mit Sauna, Dampfbad und Beautysalon, Tennis, Golfabschlag
Info-/Entertainment	Shows, Konzerte, Comedy, Kino, Kurse, Casino, Gentlemen Hosts
Dresscode	leger, elegant oder informell
Preis pro Nacht	€ 185 bis € 3.050; Durchschnitt € 575
Info	**Aviation & Tourism International** Tel. (06023) 91 71 50, www.atiworld.de **Vista Travel**, Tel. (040) 30 97 98 40, www.vistatravel.de

PROFIL

Info-/Entertainment	⚓⚓⚓⚓
Sport & Wellness	⚓⚓⚓⚓
Gastronomie	⚓⚓⚓⚓⚓
Familienfreundlichkeit	⚓⚓⚓½
Service	⚓⚓⚓⚓⚓
Routing	⚓⚓⚓⚓

Traumziel Karibik

Delphin

Seit 20 Jahren solides First-Class-Schiff mit Explorer-Note

Exakt 20 Jahre ist es her, dass die Bremerhavener Lloyd Werft für stolze 100 Millionen D-Mark aus einer verunfallten russischen Fähre ein modernes westeuropäisches Kreuzfahrtschiff machte, das sogar einen vierten Stern für Service, Küche und Unterhaltung erlangte. Unverändert genießen die zahlreichen Stammpassagiere die weiten teakholzbelegten Außendecks und sitzen auf dem Achterdeck im Schatten des riesigen blauen Sonnensegels. Drei erstklassige Küchenchefs zaubern lukullische Genüsse auf den Tisch, serviert in einer Sitzung, wozu es morgens und mittags noch ein Buffet in Poolnähe gibt. Highlights sind das Strudelbuffet oder die Küchenparty, wo bei Wodka und frischen

Die Poolbar achtern; die Chefköche

Krapfen die Kombüse besichtigt werden kann. Auch im Musiksalon haben alle Passagiere gleichzeitig Platz; wechselnde Künstler und gute Lektoren füllen die Bühne mit Leben. Alternativ sitzt man in der Delphin-Bar, in der achteren Lido-Bar oder ganz oben im Sky Club beim Discjockey. Gleich dahinter liegt ein kleiner Sportplatz für Volleyball etc. Im Fuß des Schornsteins versteckt sich ein kleines Fitnesscenter; tief im Bauch der Delphin gibt's Wellness mit Sauna, Dampfbad und Solarium. Die überwiegend ukrainische Crew spricht gut Deutsch. In der Ägäis hat die Delphin schon immer mit außergewöhnlichen Routen gepunktet; seit sie Zodiac-Schlauchboote mitführt, stehen die Antarktis und Grönland, neuerdings auch Kanada und Neufundland auf ihrem Fahrplan.

Fahrgebiete & Reisen 2014

Das Jahr beginnt in der Antarktis. Über Südamerika und den Panamakanal geht es dann in die Karibik: Der Karneval auf Trinidad, weitere Antillen-Inseln und Mittelamerika stehen auf dem Routenplan. Über die Kapverden kehrt die Delphin nach Nordeuropa zurück, das sie zur traditionellen „Partynacht" in Hamburg Anfang Mai erreicht. Der Sommer führt das Schiff auf klassischen Routen ins Nordmeer und in die Ostsee sowie nach Grönland und Island. Den Herbst verbringt die Delphin im Mittelmeer.

Frühling in Sankt Petersburg

Drei Tage Aufenthalt in Sankt Petersburg bietet die Ostseereise ab/bis Kiel ab dem 10. Mai. Außerdem stehen Tallinn und Stockholm im Programm. **9 Nächte, ab € 1.550 ab/bis Kiel**

Italien, Kroatien, Griechenland

Die Reise beginnt am 30.9. mit einer Nacht in Civitavecchia, dem Hafen Roms. Rund um den Stiefel bietet die Spätsommerreise dann Gelegenheit, die Amalfiküste kennenzulernen und danach die Adriahäfen Griechenlands und Kroatiens. Reiseende ist in Venedig. **9 Nächte, ab € 1.100 ab/bis Hafen**

Drehort für einen Fernsehkrimi

DATEN & FAKTEN

BRZ	16.214	**Passagiere**	max. 470
Länge	157,00 m	**Crew-Mitglieder**	230
Breite	21,80 m	**PCR (Pass. pro Crew)**	2,0
Indienststellung	1975	**PSR (Platzangebot)**	34,5
Umbau/Renov.	1993/2011	**Passagierdecks**	7
Bordsprache	Deutsch	**Restaurants/Bars**	1/5

Kabinen	237, davon 129 außen, 107 innen; 21 Komfort/Luxus, 1 Juniorsuite, 2 Suiten; Größen: 14 bis 45,7 m²
Sport & Wellness	Pool, Fitnessstudio, Sauna, Massage, Gymnastik, Joggingpfad, Tischtennis, Volley-/Basketball, Shuffleboard
Info-/Entertainment	Show, Livemusik, Vorträge, TV, Expeditions- und Themenreisen
Dresscode	sportlich-leger bis festlich
Preis pro Nacht	€ 99 bis € 428; Durchschnitt € 195
Info	**Passat Kreuzfahrten** Hamburg & Offenbach Tel. (069) 809 07 88-0 www.passatkreuzfahrten.de

PROFIL

Info-/Entertainment	⚓⚓⚓
Sport & Wellness	⚓⚓⚓
Gastronomie	⚓⚓⚓⚓
Familienfreundlichkeit	⚓⚓½
Service	⚓⚓⚓⚓
Routing	⚓⚓⚓⚓½

In den Fjorden Norwegens

Deutschland

Das „Traumschiff": ein ganz normaler Cruise Liner - aber ein guter

Ihren Einrichtungsstil zwischen kaiserlicher Grandezza und der plüschigen Nonchalance der „Golden Twenties" sollte man mögen – das ist aber die einzige Voraussetzung, die ein Passagier der Deutschland mitbringen muss, denn das Schiff ist weder so verstaubt noch so steif, wie die TV-Seifenoper (S. 68) glauben macht. Mit anderen „Klischees" hat sie gar nicht so unrecht: Wenn nach einem langen Ausflugstag noch um 22 Uhr ein riesiges „Heimkehrer-Buffet" an Bord auf späte Gäste wartet, dann ist das der liebevolle Umgang mit den Reisenden, und wenn sämtliche Crew-Mitglieder sich in blauen Hosen zum Seemannschor formieren, ist das die maritime Note, die ein traditionelles Schiff auf Luxus-

Eine der 12 Suiten; das Hauptrestaurant

niveau braucht. Gespeist wird auf der Deutschland an fest reservierten Plätzen im Restaurant Berlin, nach vorheriger Anmeldung, aber ohne Aufpreis im Vier Jahreszeiten oder leger im Buffetrestaurant Lido Gourmet, das über eine Außenterrasse verfügt. Auch zum Nachmittagstee ist man hier willkommen; wer's stilvoller liebt, setzt sich zu Harfenmusik in die Lido Terrasse mit ihren weißen Schleiflackmöbeln. Dass statistisch gesehen jeder Gast dazu täglich noch zwei Würstchen und eine Frikadelle in der Bierkneipe Zum Alten Fritz schafft, mag man kaum glauben, aber jeder Hoteldirektor an Bord bestätigt es. Wen die (allzu oft gespielte) Traumschiff-Melodie nicht zu Tränen rührt – die Küchenparty am letzten Abend, wo in der Kombüse ein fulminantes Galabuffet mit frisch flambierten Garnelen konkurriert, schafft das bestimmt.

Fahrgebiete & Reisen 2014

Das Jahr startet für die Deutschland in Asien. Nach Abstechern in der arabischen Welt durchquert sie einmal das Mittelmeer und erreicht zum Hafengeburtstag im Mai Hamburg. Es folgen zwölf Reisen ab/bis deutschen Häfen in Nord- und Ostsee, bevor im September wieder das Mittelmeer auf dem Fahrplan steht. Im Dezember startet in Lissabon die Weltreise mit einer Atlantiküberquerung. Dann folgen Ziele in der Südsee und in Australien, bevor die große Kreuzfahrt gen Westen in Venedig endet.

Kreuzfahrt ins Weiße Meer

Ab/bis Hamburg am 6.8. entlang der norwegischen Küste bis hinauf zum Nordkap und noch darüber hinaus: Im Weißen Meer beinhaltet das Routing die russischen Solowetzki-Inseln, Archangelsk und Umba. **17 Nächte, ab € 4.380 ab/bis Hamburg**

Große Schwarzmeerreise

Am 30.9. geht es ab/bis Istanbul nach Varna, Konstanza, Odessa, Jalta und Sotschi. Im georgischen Batumi findet ein Erstanlauf statt. **11 Nächte, ab € 3.230 inkl. Flügen**

Abends an Deck

DATEN & FAKTEN

BRZ	22.400	Passagiere	500/520
Länge	175,00 m	Crew-Mitglieder	280
Breite	23,00 m	PCR (Pass. pro Crew)	1,9
Indienststellung	1998	PSR (Platzangebot)	43,1
letzte Renovierung	2011	Passagierdecks	8
Bordsprache	Deutsch, Engl.	Restaurants/Bars	3/5

Kabinen	294 (224 außen, 70 innen), davon 12 Suiten und 6 Grand Suiten; Größen: 12 bis 36 m²
Sport & Wellness	2 Pools, Wellness-Spa, Sauna, Fitnessbereich mit Personal Trainer, Kurse, Golfabschlag, Shuffleboard
Info-/Entertainment	Show- und Musikprogramme, Klassik, Tanz, Lektorenvorträge, Kreativkurse, Kinderprogramm; Concierge-Service für Landausflüge
Dresscode	sportlich-leger bis festlich-elegant
Preis pro Nacht	€ 151 bis € 1.725; Durchschn. € 477
Info	**Reederei Peter Deilmann** Neustadt i. H., Tel. (04561) 396-100 www.msdeutschland.de

PROFIL

Info-/Entertainment	⚓⚓⚓⚓
Sport & Wellness	⚓⚓⚓⚓
Gastronomie	⚓⚓⚓⚓⚓
Familienfreundlichkeit	⚓⚓⚓
Service	⚓⚓⚓⚓⚓
Routing	⚓⚓⚓⚓½

Vor der Küste Südenglands, beim letzten Europabesuch 2010

Disney Magic (mit Disney Wonder)

Oceanliner-Nostalgie und Familienparadies: mit Mickey Mouse, Nemo und Toy Story ganz amerikanisch im Mittelmeer kreuzen

In seinen Themenparks erschafft Disney perfekt inszenierte Traumwelten, auf den Schiffen der Disney Cruise Line gelingt das sogar noch besser. Mit ihren eleganten Linien, dem nachtblauen Rumpf und zwei mächtigen roten Schornsteinen ist die Disney Magic die moderne Variante klassischer Oceanliner wie Mauretania oder Titanic. Sie ist die elegante Kulisse für eine romantische Seereise, verzichtet aber zugleich auf alles Angestaubte: Captain's Dinner mit Smoking und Abendkleid sucht man ebenso vergeblich wie etwa einen Rauchersalon oder Herrenclub. Für Kinder sind die Disney-Schiffe ein kleines Paradies, aber auch Erwachsene kommen auf ihre Kosten. Mit originalen Disney-Shows im 1.000 Gäste fassenden Theater, 3-D-Kino, drei mit faszinierenden technischen Spielereien ausgestatteten Kinderclubs und bestens geschulten Betreuern, Babysitting schon für drei Monate alte Kinder und geräumigen Kabinen, die alle über eine separate Toilette verfügen. Mit Restaurants, Bars und ruhigem Pool für die Erwachsenen, die, quasi als Verlängerung der Kinderwelt für die Großen, im Art déco schwelgen, nostalgische Bullaugen auf den Hauptdecks inklusive. Von deutschen Passagieren oft als Nachteil betrachtet: Die Bordsprache ist Englisch, das Ambiente recht amerikanisch. Dafür ist der Service an Bord exzellent. Nach einer Komplettrenovierung im Herbst 2013 erstrahlt die Disney Magic in ganz neuem Glanz. Neben

Frühstück auf dem Balkon

Showtime mit Captain Hook

einem großen Facelifting in fast allen Bereichen erhält sie auch eine spektakuläre Wasserrutsche namens AquaDunk, einen neuen Wasserpark am Pooldeck und die schon von der jüngeren **Disney Fantasy** bekannten, von Passagieren animierten Cartoon-Vidoclips im Restaurant Animator's Palate.

Fahrgebiete & Reisen 2014

Wonder und Magic verbringen den Winter in der Karibik. Danach wird die **Disney Wonder** an die US-Westküste verlegt (überwiegend Alaska ab Vancouver) und die **Disney Magic** ins Mittelmeer. Dort kreuzt sie von Ende Mai bis Mitte September ab/bis Barcelona auf 5- bis 13-tägigen Routen im westlichen Mittelmeer und ab/bis Venedig auf 10- bis 13-tägigen Routen nach Griechenland. Beispiel: Am 26.6. und 5.7. ab/bis Venedig nach Katakolon, Piräus, Kusadası, Rhodos, Mykonos. Zwei Seetage, overnight in Venedig. **9 Nächte, ab € 1.515**

In der Lobby

DATEN & FAKTEN

BRZ	83.000	**Passagiere**	1.750/2.700
Länge	293,80 m	**Crew-Mitglieder**	950
Breite	32,00 m	**PCR (Pass. pro Crew)**	3,5
Indienststellung	1998/99	**PSR (Platzangebot)**	30,7
Renovierung	2013	**Passagierdecks**	11
Bordsprache	Englisch	**Restaurants/Bars**	4/7

Kabinen	877 (256 innen, 877 außen), davon 22 Suiten, 362 mit Balkon; Größen: 16,8 bis 90 m²
Sport & Wellness	3 Pools, 6 Whirlpools, Vista Spa & Salon, Sportdeck mit Basketball, Sauna, Massage
Info-/Entertainment	Disney-Musicals, Kinderanimation (Alter ab 3 Monate), AquaDuck-Wasserrutsche, Feuerwerk auf See u. v. m.
Dresscode	ungezwungen
Preis pro Nacht	€ 72 bis € 1.377; Durchschnitt € 240
Info	**Disney Cruise Line**, Florida www.disneycruise.disney.go.com **Dertour**, Tel. (069) 95 88 59 28

PROFIL

Info-/Entertainment	⚓⚓⚓⚓⚓
Sport & Wellness	⚓⚓⚓⚓½
Gastronomie	⚓⚓⚓⚓
Familienfreundlichkeit	⚓⚓⚓⚓⚓
Service	⚓⚓⚓⚓
Routing	⚓⚓⚓

Im Hafen von Hamburg

Europa

Seit nun schon 15 Jahren in Fahrt: Luxusyacht auf höchstem Niveau

Mit der **Europa 2** hat die Europa moderne Konkurrenz im eigenen Haus bekommen. Keine leichte Aufgabe für Hapag-Lloyd Kreuzfahrten, beide Luxusliner auszulasten und nebeneinander im Markt zu positionieren. Denn die herausragenden Qualitäten der „alten" Europa stehen auch weiterhin für sich: Grandios ist die Gastronomie, perfekt der Service, ob beim Galadinner im Europa-Restaurant oder bei der Erlebnisküche im lockeren Lido Café. Und was Dieter Müller in seinem Spezialitätenrestaurant zubereiten lässt (auch wenn er nicht immer persönlich am Herd steht), ist nicht Sterne-, sondern Weltallküche: Hier kommt Kochen von Kunst. Der schönste Ort für den Sundowner ist die Sansibar im Heck

Viel Platz auf dem Pooldeck; die Sansibar

(die deutlich mehr Flair hat als ihr Pendant auf der Europa 2). Luxuriös sind nicht nur die öffentlichen Räume, sondern auch die Kabinen. Man wohnt ausschließlich in Suiten, in den Penthouse-Suiten auf Deck 10 gibt es persönlichen Butlerservice. Zusätzlich zum Wellnessbereich Ocean Spa stehen vier Spa-Suiten mit beleuchteter Whirlwanne bereit (Anwendungen und Ernährungsberatung inklusive). – Seit 1999 ist die Europa, oft als bestes Kreuzfahrtschiff der Welt bezeichnet, in Fahrt. Sie pflegt Traditionen wie Gala-Abend und Captain's Table, die es auf der neuen Schwester nicht mehr gibt. Und klar den Bug vorn behält sie im Routing: Sie geht auch 2014 wieder auf Weltreise, während die „2" meist feste Turnusrouten in saisonal wechselnden Revieren fährt.

Fahrgebiete & Reisen 2014

Die Europa startet das Jahr in der Südsee. Über Neuseeland und Australien fährt sie im März in den Indischen Ozean und weiter längs der Arabischen Halbinsel und via Suez ins Mittelmeer. Rund um Westeuopa geht es im Juni nordwärts, zu Reisen in Nord- und Ostsee bis September. Kurs Kanada heißt es zum „Indian Summer" im Oktober. Längs der US-Ostküste kreuzt das Schiff dann in die Karibik und zu ihren Winterreisen vor Südamerika und im Südpazifik.

Hamburger Gourmetnacht

„Schlemmen vor dem Tor zur Welt": Unter diesem Motto lädt die Europa am 13./14.9. zu einer Nacht an Bord im Rahmen eines Gourmet-Events mit den Starköchen Karlheinz Hauser, Thomas Martin und Heinz Wehmann. Kombination mit vorheriger oder nachfolgender Reise möglich. **1 Nacht, ab € 390**

Ostküste Nordamerikas

Am 4.10. von Montreal über Tadoussac, Gaspé, Charlottetown, Halifax/Nova Scotia und Bar Harbor nach Boston; weiter über Oak Bluffs (Martha's Vineyard) nach New York (2 volle Tage) und Baltimore (Ausflug Washington) sowie über Charleston und Port Canaveral nach Miami. **18 Nächte, ab € 9.990 inkl. Flügen**

Gourmet-Event „Europas Beste"

DATEN & FAKTEN

BRZ	28.890	**Passagiere**	max. 408
Länge	198,60 m	**Crew-Mitglieder**	280
Breite	24,00 m	**PCR (Pass. pro Crew)**	1,5
Indienststellung	1999	**PSR (Platzangebot)**	70,8
letzte Renovierung	2011	**Passagierdecks**	7
Bordsprache	Deutsch	**Restaurants/Bars**	4/6

Kabinen	192 Außensuiten (27 m²), davon 168 mit Balkon und 4 Spa-Suiten; 12 Penthouse-Suiten mit 45 oder 85 m²
Sport & Wellness	Pool, Fitnessraum, Ocean Spa, Sauna, Kurse, Personal Trainer, Golf Pro, Fahrräder, Tanzkurse, Nordic Walking, Schnorchelausrüstung
Info-/Entertainment	Stars der klassischen und Unterhaltungsmusik, Comedians, Maler, Lektoren, Galerie, Schauspieler, Tänzer, Orchester, Schriftsteller, Themenreisen, Familienangebote
Dresscode	sportlich-elegant bis elegant
Preis pro Nacht	€ 324 bis € 1.896; Durchschn. € 713
Info	**Hapag-Lloyd Kreuzfahrten** Tel. (040) 30 70 30 70, www.hlkf.de

PROFIL

Info-/Entertainment	⚓⚓⚓⚓
Sport & Wellness	⚓⚓⚓⚓
Gastronomie	⚓⚓⚓⚓⚓
Familienfreundlichkeit	⚓⚓⚓½
Service	⚓⚓⚓⚓⚓
Routing	⚓⚓⚓⚓½

Luxusschiff im Yacht-Design

Europa 2

Luxus, neu definiert: Das schönste Schiff der Welt ist ein Raumwunder

Selten gab es ein Schiff, das mit so viel Spannung erwartet wurde wie die „neue" Europa von Hapag-Lloyd. Dabei unterscheidet sich die Europa 2 von der **Europa** zwar nicht in dem Anspruch, von allem das Beste zu bieten – und doch sind die Unterschiede riesig. „21 Knoten und keine Krawatte" lautet etwa ein Slogan für die „Neue". Will sagen: Sie steht für formvollendeten, aber lässigen Luxus – ohne Kleiderzwang und ohne jedwede Rituale. Die Robe zur Gala? Braucht niemand, denn eine Gala gibt es nicht – was freilich nicht ausschließt, dass man sich auch fein machen darf. Captain's Table und Crew-Show? Ebenfalls abgeschafft – woran sich Hapag-Lloyd-Stammkunden noch gewöhnen müssen. Fester Platz

Die riesige Lobby; das Restaurant Tarragon

im Restaurant? Nicht nötig, denn es gibt derer sieben an Bord (plus eine Kochschule), in denen die Küchen Frankreichs (Tarragon), Italiens (Serenissima) oder Asiens (Elements) aufs Feinste zelebriert werden – in wunderschönen Räumen, vom eher lieblos geratenen Yachtclub-Buffet, der Sushi-Bar und auch der etwas kühlen Sansibar einmal abgesehen. Neben (Wahl-)Freiheit heißt Luxus hier aber vor allem auch: Platz! Kein Schiff verschwendet davon so viel wie dieses. In den traumschönen Suiten, allesamt mit Veranda, in der Lobby, auf die jedes Grandhotel stolz wäre, auf den opulenten Außendecks, im Spa-Bereich. Und da auch das Entertainment erfrischend modern ist (überzeugend: die Show-Reihe „Elements"), da auch Kinder hier bestens integriert sind (dazu ab S. 34), gibt es nichts mehr zu meckern, wenn auch die Gästeschar irgendwann so international ist, wie man es für die „2" möchte. Vielleicht würde ein echtes All-inclusive den Weg weisen? Dass Tischweine, Softdrinks und Heißgetränke im Preis inbegriffen sind, ist bei den fraglichen Mitbewerbern jedenfalls Usus. Und sollte es bei Tagesraten ab 600 Euro auch sein.

Fahrgebiete & Reisen 2014

Bis April kreuzt die „2" in Südostasien zwischen Hongkong und Singapur. Via Dubai und östliches Mittelmeer kommt sie im Mai nach West- und Nordeuropa. Ab Juli ist sie wieder im Mittelmeer unterwegs, bevor sie im November zu ihrer ersten Atlantikfahrt startet, mit Zielen in Nordamerika und der Karibik. Im Winter kreuzt sie rund um Südamerika, bis April 2015.

Kurzreise nach Skandinavien

Am 19.6. führt ein Schnuppertörn von Kiel über Kopenhagen nach Göteborg und durch den Nord-Ostsee-Kanal nach Hamburg. **3 Nächte, ab € 1.990 ab/bis Hafen**

Golfreise von Lissabon nach Madeira

Am 16.11. von Lissabon über Casablanca und Agadir nach Lanzarote, Teneriffa, La Gomera, La Palma, Gran Canaria und Madeira. **9 Nächte, ab € 4.890 inkl. Flügen; Golfpaket: € 890**

Eine Grand Suite

DATEN & FAKTEN

BRZ	40.000	**Crew-Mitglieder**	370
Länge	225,38 m	**PCR (Pass. pro Crew)**	1,4
Breite	26,70 m	**PSR (Platzangebot)**	77,5
Indienststellung	2013	**Passagierdecks**	7
Bordsprache	Deutsch	**Restaurants**	8
Passagiere	max. 516	**Bars**	6

Kabinen	251 Außensuiten mit Veranda (Größen: 27 bis 114 m²), davon u. a. 16 Spa-Suiten (52 m²) und 7 Familien-Apartments (2 x 27 m²)
Sport & Wellness	Pool mit ausfahrbarem Dach, Ocean Spa (620 m²), Fitnessbereich, Kurse, Personal Trainer, Golf Pro, Fahrräder, Nordic Walking
Info-/Entertainment	Show-Theater, internationale Gast-Stars, Livemusik im Jazzclub, Kino, Literatursalon, Disco, Miele-Kochschule, Themenreisen, Kinderclub
Dresscode	lässige Eleganz – ohne Vorschriften
Preis pro Nacht	€ 419 bis € 1.793; Durchschn. € 1.019
Info	**Hapag-Lloyd Kreuzfahrten** Tel. (040) 30 70 30 70, www.hlkf.de

PROFIL

Info-/Entertainment	⚓ ⚓ ⚓ ⚓ ½
Sport & Wellness	⚓ ⚓ ⚓ ⚓
Gastronomie	⚓ ⚓ ⚓ ⚓ ⚓
Familienfreundlichkeit	⚓ ⚓ ⚓ ⚓ ½
Service	⚓ ⚓ ⚓ ⚓ ⚓
Routing	⚓ ⚓ ⚓ ½

Ein Schiff für Entdecker

Fram

Abenteuer mit Komfort: das kleine Expeditionsschiff von Hurtigruten

Aus der Sauna auf verschneite Berge blicken, vom Jacuzzi aus die Gletscher bestaunen – solche Genüsse bietet die Fram. Das jüngste Hurtigruten-Schiff mit höchster Eisklasse wird von Kennern geschätzt, die Expeditionsreisen in die Polargebiete mit Komfort, aber ohne Pomp möchten. Das Ziel steht im Vordergrund, man reist in legerer Atmosphäre und dazu im überschaubaren Kreis: Arktis und Antarktis werden mit reduzierter Kapazität von selten mehr als 200 Passagieren angelaufen. Das Ambiente an Bord ist geschmackvoll-modern; besonders beliebt ist die gläserne Observation Lounge über der Brücke. Die Crew besteht aus einer fröhlich-effizienten Mischung aus Norwegern und Asiaten. Die Küche, als Buffet oder am Platz serviert, ist nordeuropäisch. Vier Kabinenkategorien reichen von luxuriös mit eigenem Balkon am Heck bis zur zweckmäßigen Innenkabine. Offiziell gehört die Fram zur Flotte der Postschiffe (S. 18), die Hurtigruten längs der norwegischen Küsten seit 120 Jahren betreibt.

Fahrgebiete & Reisen 2014

Nach Winterreisen in der Antarktis startet im Mai die Nordlandsaison, u. a. mit Island/Grönland/Spitzbergen, Baltikum und Britischen Inseln. Via Kanaren (ab Hamburg am 4.10.) geht es im November in die Antarktis zurück.

DATEN & FAKTEN

BRZ	11.674	**Passagiere**	318
Länge	114,00 m	**Crew-Mitglieder**	ca. 70
Breite	20,20 m	**PCR (Pass. pro Crew)**	4,5
Indienststellung	2007	**PSR (Platzangebot)**	36,7
Bordsprache	Norwegisch, Deutsch, Englisch	**Passagierdecks**	5
		Restaurants/Bars	1/1

Kabinen	128 (112 außen, 24 innen), davon 8 Suiten und 31 Minisuiten; Größen: 10 bis 40 m²
Sport & Wellness	Fitnessraum, Jacuzzi, Sauna
Info-/Entertainment	Lektorenvorträge von Experten, Ausflugsprogramm, Aufführungen von örtlichen Folkloregruppen, Chören o. Ä. in einzelnen Häfen
Dresscode	sportlich-leger
Preis pro Nacht	€ 83 bis € 1.357; Durchschnitt € 729
Info	**Hurtigruten** Hamburg, Tel. (040) 37 69 30 www.hurtigruten.de

PROFIL

Info-/Entertainment	⚓⚓⚓½
Sport & Wellness	⚓⚓½
Gastronomie	⚓⚓⚓
Familienfreundlichkeit	⚓⚓
Service	⚓⚓⚓½
Routing	⚓⚓⚓⚓½

Schwimmendes Resort in der Karibik

Freedom of the Seas

Das Schiff ist das Ziel: eine Kleinstadt zur See für über 4.000 Gäste

Als sie 2006, frisch aus der Werft, nach Hamburg kam, war sie eine Weltsensation: Mit über 154.000 Tonnen und Platz für bis zu 4.374 Passagiere war sie damals der größte Cruiser der Erde. Die Schwestern **Liberty** und **Independence** folgten 2007 und 2008; erst die **Oasis**-Schiffe übertrafen sie noch einmal. Was bleibt, sind die staunenswerten Innovationen, die dieser Gigaliner bot – und bietet: die ersten „Flowrider“ für das Surfen auf echten Wellen, die erste Eislaufbahn, die erste Kletterwand, den ersten Boxring auf See. Neu war auch die Royal Promenade im Schiffsbauch, mit Shops, Cafés und Kabinen „zur Straße“. Die weiteren Zugaben: ein Theater für fast 1.400 Gäste, ein Day Spa, über die Bordwand ragende Whirlpools, Betreuung für Kinder schon ab sechs Monaten und vieles mehr. Ganzjährig kreuzt die Freedom nun in der Karibik – das eigentliche Ziel ist hier aber das Schiff selbst. Und seitdem 2011 auch Features der Oasis-Klasse nachgerüstet wurden (u. a. ein 3-D-Kino, die DreamWorks-Figuren, die Touchscreens zur Orientierung), wirkt der Riese fast wieder wie frisch aus der Werft.

Fahrgebiete & Reisen 2014

Ganzjährig ab/bis Port Canaveral in die westliche oder östliche Karibik. **7 Nächte, ab € 613**

DATEN & FAKTEN

BRZ	154.407	**Passagiere**	3.634/4.374
Länge	338,94 m	**Crew-Mitglieder**	1.365
Breite	56,08 m	**PCR (Pass. pro Crew)**	3,2
Indienststellung	2006	**PSR (Platzangebot)**	35,8
letzte Renovierung	2011	**Passagierdecks**	15
Bordsprache	Englisch	**Restaurants/Bars**	6/19

Kabinen	1.817 (1.084 außen, 733 innen), davon 842 mit Balkon, 120 Suiten; Größen: 14 bis 112 m²
Sport & Wellness	Flowrider, freitragende Whirlpools, Eislaufbahn, Boxring, Kletterwand, Poollandschaft/Wasserpark, Minigolf, Fitnesscenter, Day Spa etc.
Info-/Entertainment	Musical-Theater, 3-D-Kino, Casino, Karaoke, Bücherei, Kinderclub, Babybetreuung, Musicals u. v. m.
Dresscode	leger, abends mitunter schicker
Preis pro Nacht	€ 75 bis € 1.097; Durchschnitt € 144
Info	**RCL Cruises**, Frankfurt Tel. (069) 92 00 71-85 www.royalcaribbean.de

PROFIL

Info-/Entertainment	⚓⚓⚓⚓⚓
Sport & Wellness	⚓⚓⚓⚓⚓
Gastronomie	⚓⚓⚓½
Familienfreundlichkeit	⚓⚓⚓⚓⚓
Service	⚓⚓⚓½
Routing	⚓⚓

Auslaufen aus Piräus, dem Basishafen im Sommer

FTI Berlin

Yacht-Feeling abseits der großen Kreuzfahrtrouten

Viele große Schiffe propagieren nicht immer zu Recht den „Yacht-Charakter" – die FTI Berlin hat ihn. Deutscher Plüsch der 80er-Jahre ist einem klaren Designkonzept mit Holztönen, hellen Böden und etwas Blau gewichen. Unter einem Segel sitzt man schattig auf dem Achterdeck, und Segeltuch trennt auch die Sitznischen im Verandah Club und schafft eine lauschige Atmosphäre. Obgleich in erster Linie mit englischsprachigen Bildbänden, Scrabble- und Monopoly-Spielen ausgestattet, ist die große Bibliothek aus der britischen Zeit des Schiffs auch bei deutschen Passagieren ein beliebter Treffpunkt. Etwas Stretching, etwas Yoga, eine nette, aber keineswegs pompöse Show am Abend bilden das

FOTOS: F. Neumeier (2), FTI Cruises (2)

Auf dem Achterdeck; im Yacht Club

Tagesprogramm – der FTI-Berlin-Passagier ist sich selbst genug. Schade, dass das ursprüngliche Versprechen, mit guten Lektoren ein Edutainment-Programm einzusetzen, nicht eingelöst wurde. Auf der FTI Berlin hat jeder Passagier einen fest reservierten Tischplatz im Restaurant. Hier bekommt er bei auffallend gutem Service sein Menü serviert, das ebenfalls ohne Fehl und Tadel ist. Alternativ isst man dreimal täglich am nicht minder guten Buffet im Verandah Club, der zudem eine Vielzahl von Sonnen- und Schattenplätzen auf dem Achterdeck bereit hält. Die Kabinen sind klein, gemütlich und zweckmäßig; einige davon mit Doppelbett ausgestattet. Bäder und Duschen sind extrem eng. In einer langen Werftzeit im Winter 2013/14 wird das Schiff weiter an die Bedürfnisse von FTI angepasst. Zum Beispiel, indem das alte Wellnesscenter tief unten im D-Deck durch eine zentrale „Erholungszone" mit Sauna, Massage, Maniküre etc. ersetzt wird.

Fahrgebiete & Reisen 2014

Wenn das Schiff am 29. März aus der Winterpause kommt, stehen neun Reisen zur Auswahl. Sie führen ins Mittelmeer, ins Schwarze Meer, ins Nordland (ab Bremerhaven) – und zum Abschluss der Saison zu den Kanaren.

Osterkreuzfahrt nach Rom

Am 18.4. beginnt die einwöchige Kreuzfahrt in Nizza, es folgt sogleich ein Seetag. Nach einem Abstecher ins tunesische Bizerte werden Cagliari auf Sardinien und Civitavecchia, der Hafen Roms, angesteuert. Es folgen zwei Ziele auf Korsika, bevor es zurück nach Nizza geht. **6 Nächte, ab € 629 ab/bis Nizza**

Istanbul-Nizza via Schwarzes Meer

Von Istanbul aus geht es nach Varna, Odessa und Jalta. Nach einem Seetag folgen Lesbos, Epidaurus und Mykene (ab Nauplia), eine Fahrt durch den Korinth-Kanal sowie Delphi. Messina, Sorrent und Civitavecchia sind die Stationen auf dem Weg nach Nizza. **12 Nächte, ab € 1.199 ab/bis Hafen**

Eine Doppelkabine

DATEN & FAKTEN

BRZ	9.570	**Passagiere**	412/456
Länge	139,00 m	**Crew-Mitglieder**	180
Breite	17,50 m	**PCR (Pass. pro Crew)**	2,5
Indienststellung	1980	**PSR (Platzangebot)**	21,0
letzte Renovierung	2006	**Passagierdecks**	6
Bordsprache	Deutsch	**Restaurants/Bars**	2/5

Kabinen	206 insgesamt, davon 158 außen, 48 innen; Größen: 14 bis 37 m²
Sport & Wellness	Sauna, Fitnesscenter, Innen- und Außen-Swimmingpool
Info-/Entertainment	Shows mit Einzelkünstlern, Lektoren (Vorträge und individuelle Sprechstunden), Bibliothek
Dresscode	„Freestyle elegant"
Preis pro Nacht	€ 83 bis € 412; Durchschnitt € 198
Info	**FTI Cruises** München, Tel. (0361) 518 03 43 00 www.fti-cruises.com

PROFIL

Info-/Entertainment	2 von 5 Ankern
Sport & Wellness	2 von 5 Ankern
Gastronomie	3,5 von 5 Ankern
Familienfreundlichkeit	2,5 von 5 Ankern
Service	3,5 von 5 Ankern
Routing	4 von 5 Ankern

Vor der norwegischen Küste bei Bergen

Hamburg

Bewährtes Schiff auf der Suche nach neuen Zielen – und neuen Zielgruppen

Seit Sommer 2012 fährt die einstige **Columbus** von Hapag Lloyd als „Hamburg" – ausgerechnet für einen Bremer Veranstalter. Bei Plantours ist sie das einzige Hochseeschiff. Viele Mannschaftsmitglieder kommen vom Vorgänger, der **Vistamar**. So bekannt die Crew ist, so bekannt ist das Klientel: Vor allem ältere Passagiere reisen mit. Die Hamburg muss noch ihre Nische finden und sich neuen Zielgruppen öffnen. Dafür werden zunehmend interessante Themenreisen ins Programm genommen, wie die erfolgreichen Heimathäfen-Touren mit Axel Prahl und dem Ankerherz-Verlag (S. 64). Diese Kreuzfahrten vor der Haustür (u. a. Borkum, Sylt, Helgoland) stehen auch 2014 auf dem Programm. Überhaupt

Das Hauptrestaurant; eine Außenkabine

ist das größte Plus der Hamburg das Routing: Mehr als je zuvor ist das Schiff auf Entdeckerrouten unterwegs und macht auch vor der Antarktis nicht Halt. Dazu wurde es eigens mit eistauglichen Motorschlauchbooten ausgestattet, die überall einen Landgang ermöglichen. Wichtig auf solchen Reisen: Im Restaurant finden alle Gäste zeitgleich Platz, so dass man flexibel bleibt, die Mahlzeiten an Fahrplan und Landgänge anzupassen. Die Buffet-Alternative steht zwischen Pool und dem Palmgarten – mit einem manchmal patzigen Personal. Die Hamburg hat eine klassische Show Lounge mit Tanzfläche. Abends kann man hier leise plaudernd ins Kielwasser schauen und aus dem Augenwinkel die Show verfolgen – wenn Zigarettenqualm den Blick nicht vernebelt, denn dort darf (leider) geraucht werden.

Fahrgebiete & Reisen 2014

Mit einer Reise rund um Afrika und über Mauritius, Seychellen und Malediven nach Indien beginnt für die Hamburg das Jahr. Via Dubai, Rotes Meer und Mittelmeer trifft sie dann im Mai in Hamburg ein, pünktlich zum Hafengeburtstag. Im Sommer geht es in die Nordsee (u. a. „Heimathäfen", s. unten) ins Baltikum, zu den Britischen Inseln sowie über Grönland bis nach Kanada. Höhepunkt dort: der Sankt-Lorenz-Strom und die Großen Seen im Oktober. Zu Weihnachten geht es über Kuba nach Brasilien zu Amazonas-Fahrten Anfang 2015.

„Heimathäfen" an Nord- und Ostsee

Von Hamburg nach Kiel am 23.5. – oder ab/bis Kiel am 27.5.: Der erfolgreiche Kurztörn führt 2014 nach Emden, Sylt und Helgoland – oder nach Kopenhagen, Rügen (Sassnitz) und Flensburg. **4 Nächte, ab € 599 ab/bis Hafen**

Nordamerikas Große Seen

An zwei Terminen im Oktober erkundet die Hamburg von Montreal aus die Großen Seen: Ontariosee, Eriesee, Huronsee und Michigansee. Highlights dabei: Chicago, Detroit, Toronto und Milwaukee. **18 Nächte, ab € 4.399 inkl. Flügen ab/bis Deutschland**

Versammlung der Crew

DATEN & FAKTEN

BRZ	14.903	**Passagiere**	400/420
Länge	144,00 m	**Crew-Mitglieder**	170
Breite	21,50 m	**PCR (Pass. pro Crew)**	2,4
Indienststellung	1997	**PSR (Platzangebot)**	37,3
letzte Renovierung	2012	**Passagierdecks**	6
Bordsprache	Deutsch	**Restaurants/Bars**	1/3

Kabinen	197 (63 innen, 13 m²; 134 außen, 15 m²), 8 Suiten (31,5 m², davon 2 mit, 6 ohne Balkon)
Sport & Wellness	Pool, Fitnessraum, Sauna, Fahrräder (Gratisausleihe), Morgengymnastik, Nordic-Walking-Stöcke
Info-/Entertainment	Band, Künstler, Unterhaltungsmusik, Lektorenvorträge, Tanz, Show, Alleinunterhalter, Kinderbetreuung auf ausgew. Reisen
Dresscode	sportlich-leger bis sportlich-elegant
Preis pro Nacht	€ 160 bis € 699; Durchschnitt € 333
Info	**Plantours Kreuzfahrten** Bremen, Tel. (0421) 173 69-0 www.plantours-partner.de

PROFIL

Info-/Entertainment	⚓⚓⚓½
Sport & Wellness	⚓⚓⚓
Gastronomie	⚓⚓⚓½
Familienfreundlichkeit	⚓⚓⚓
Service	⚓⚓⚓½
Routing	⚓⚓⚓⚓⚓

Begegnung mit Wasserbüffeln auf dem Amazonas

Hanseatic

Abenteuer trifft Komfort: das deutsche Expeditionsschiff für Luxusliebhaber

Für das mit fünf Sternen bewertete Expeditionsschiff gehören außergewöhnliche Ziele zum Alltag: Als erstes nicht russisches Schiff absolviert die Hanseatic im August 2014 die Nordostpassage, auch das Ochotskische Meer in Russlands „Fernem Osten“ und eine Semi-Circumnavigation der Antarktis stehen wieder auf dem Fahrplan. Zodiacs und kompetente Lektoren lassen die Reisen zu besonderen Erlebnissen werden. Bei speziellen Familienexpeditionen kommen sogar 10- bis 17-jährige „Entdecker“ mit eigenen Ausflügen, Vorträgen und Experimenten auf ihre Kosten. Beim letzten Werftaufenthalt im Juni 2013 wurden die Kabinen auf Deck Drei und Vier modernisiert und die vier Suiten an Bord in ihrem Design

Eine frisch renovierte Suite; Bistro Lemaire

einander angeglichen. Auch die übrigen Kabinen wurden erst 2011 wieder renoviert. Die Observation Lounge der mittlerweile 19 Jahre alten Lady wartet nun ebenfalls mit einem neuen Farbkonzept und frischen Möbeln auf. Bereits 2010 erhielt das Bistro Lemaire eine neue Atmosphäre: Moderne und helle Farben wirken einladend, leichte Stoffe geben dem Raum eine private Aura, und ein optischer Clou sind die Spiegel an der Decke. Alles in allem eine angenehme Umgebung, in der es beim Dinner auch mal spielerischer zugehen darf als im Hauptrestaurant Marco Polo.

Fahrgebiete & Reisen 2014

Nach einer Semi-Circumnavigation (Halbumrundung) der Antarktis im Januar/Februar nimmt die Hanseatic im Frühjahr Kurs auf Neuseeland, Mikronesien und Südostasien, bevor sie ab Mai vor Kamtschatka und im Ochotskischen Meer kreuzt. Von Alaska aus folgt im Sommer erstmals die legendäre Nordostpassage (Juni bis August). Nach Besuchen in Deutschland und Großbritannien geht es im September längs der Westküste Afrikas erneut in die Antarktis. Dort kreuzt die Hanseatic von November 2014 bis Februar 2015.

Alaska „für junge Entdecker"

Am 13.7. ist Start in Vancouver zur Fahrt durch die Inside Passage vor den Küsten von British Columbia und Alaska. Weiter kreuzt das Schiff vor Point Adolphus, vor Hubbard- und Chenega-Gletscher sowie vor der Unga-Insel, besucht Kodiak, Kukak, Amalik-Bucht, Dutch Harbor/Aleuten, St. Paul/Pribilof-Inseln und schließlich Nome in Alaska. **17 Nächte, ab € 10.490 inkl. Flügen ab/bis Deutschland**

„Expedition Wissen" Westeuropa

Am 27.9. von Hamburg über Texel, Antwerpen und Honfleur nach Portsmouth und zu den Kanalinseln Jersey und Guernsey, weiter über Bilbao und Gijón in Nordspanien nach Lissabon, Portimao (Algarve) zum Zielhafen Funchal auf der Blumeninsel Madeira. **13 Nächte, ab € 5.990 inkl. Rückflug**

Abenteuer Eismeer

DATEN & FAKTEN

BRZ	8.378	**Passagiere**	184/194
Länge	122,80 m	**Crew-Mitglieder**	125
Breite	18,00 m	**PCR (Pass. pro Crew)**	1,5
Indienststellung	1993	**PSR (Platzangebot)**	45,5
letzte Renovierung	2013	**Passagierdecks**	6
Bordsprache	Deutsch	**Restaurants/Bars**	2/3

Kabinen	88 Außenkabinen (22 m²), 4 Suiten (44 m²)
Sport & Wellness	Pool, Fitnessraum, Schnorchelausrüstung, Fahrräder (Gratisausleihe), Nordic Walking, Kajaks
Info-/Entertainment	Wissensvermittlung durch Experten verschiedener Fachrichtungen, auch für Teens von 10 bis 17 Jahren
Dresscode	sportlich-leger, sportlich-elegant
Preis pro Nacht	€ 334 bis € 1.721; Durchschnitt € 692
Info	**Hapag-Lloyd Kreuzfahrten** Hamburg, Tel. (040) 30 70 30 70 www.hlkf.de

PROFIL

Info-/Entertainment	⚓⚓⚓½
Sport & Wellness	⚓⚓½
Gastronomie	⚓⚓⚓⚓½
Familienfreundlichkeit	⚓⚓½
Service	⚓⚓⚓⚓⚓
Routing	⚓⚓⚓⚓⚓

Französischer Chic: die erste der drei Schwestern

Le Boréal, L'Austral & Le Soléal

Edle Luxusyachten und robuste Expeditionsschiffe in einem: französisches Savoir-vivre von der Antarktis über Spanien bis in die Beringstraße

Die stylisch anmutenden Kreuzfahrtyachten sind speziell für Arktis und Antarktis gebaut, geben aber auch in wärmeren Gewässern eine gute Figur ab, etwa auf der Kroatien-Traumroute ab Venedig oder auf dem Guadalquivir nach Sevilla (S. 52). Die Marina am Heck dient je nach Fahrgebiet als komfortabler Anleger für die Zodiacs oder als elegante Badeplattform. Mit maximal 264 Gästen (Antarktis: 200) können Le Boréal, L'Austral und (seit Juni 2013) die neue Le Soléal auch ausgefallenere Ziele anfahren. Statt in Touristenmassen zu schwimmen, genießen die Passagiere kleine Hafenstädte und Inseln individuell, oft bis in den späten Abend oder als reizvollen Overnight Stop. Mit legerem französischem Flair und zugleich professioneller Zuverlässigkeit bieten die Yachten eine entspannte Atmosphäre. Das klare Design ist von Grau- und Rottönen (Boréal) bzw. Braunschattierungen (Austral) geprägt und erinnert an Boutiquehotels. Ein Highlight der Kabinen ist das Bad mit verschließbarem Panoramafenster – wer's mag. Bordsprachen sind Französisch und Englisch, eine überschaubare Minderheit der Crew und Passagiere spricht Deutsch. Auf gutem Niveau bewegt sich die französisch-mediterrane Küche: mittags (wetterabhängig) frisch vom Pool-Grill, abends wahlweise im Hauptrestaurant oder mit Reservierung am Sonnendeck. Beim Service ist das französische Laissez-faire für den deutschen Geschmack gelegentlich etwas

An Deck

Im Hafen von Monaco

zu ausgeprägt. Im Jahr 2015 wird ein weiteres Schiff die Ponant-Flotte aufstocken.

Fahrgebiete & Reisen 2014

L'Austral und Le Boréal verbringen den Winter in der Antarktis. L'Austral fährt dann über Brasilien ins Mittelmeer und ins Nordmeer, im August folgt die Nordwestpassage. Le Boréal fährt via Panama, Karibik und Neuengland nach Grönland. Le Soléal ist ganzjährig zwischen Dubai und Japan in Asien unterwegs.

Weißes Meer mit L'Austral

In den äußersten Norden Europas: Am 4.6. ab Tromsø rund ums Nordkap u. a. nach Murmansk, Solowezki, Archangelsk und Kirkenes.
11 Nächte, ab € 4.862 ab/bis Venedig

Panamakanal mit Le Soléal

Am 27.3. von Guayaquil/Ecuador über Nicaragua, Costa Rica und Panama nach Cartagena.
14 Nächte, ab € 3.863 ab/bis Hafen

Abenteuer Antarktis

DATEN & FAKTEN

BRZ	10.944	**Crew-Mitglieder**	136
Länge	142,10 m	**PCR (Pass. pro Crew)**	1,9
Breite	18,00 m	**PSR (Platzangebot)**	41,5
Indienststellung	2010/11	**Passagierdecks**	6
Bordsprache	Engl., Franz.	**Restaurants**	2
Passagiere	264	**Bars**	3

Kabinen	132 Außenkabinen und -suiten, davon 124 mit Balkon; Größen: 18,5 bis 45 m²
Sport & Wellness	Außenpool, Spa-Bereich/Hamam, Massage, Friseur, Beauty Corner, kleiner Fitnessbereich (u. a. Kinesis), Kurse
Info-/Entertainment	Theater, Wii-Bereich, Diskothek, kleine Bibliothek, interaktives TV-System, WLAN
Preis pro Nacht	€ 295 bis € 1.895; Durchschn. € 705
Dresscode	leger bis elegant
Info	**Ponant Yacht Kreuzfahrten** Hamburg, Tel. 0800 180 00 59 www.ponant.com

PROFIL

Info-/Entertainment	⚓⚓⚓○○
Sport & Wellness	⚓⚓◐○○
Gastronomie	⚓⚓⚓⚓○
Familienfreundlichkeit	⚓⚓○○○
Service	⚓⚓⚓◐○
Routing	⚓⚓⚓⚓⚓

Im Sommer 2014 ist Hamburg ihr Basishafen

Legend of the Seas

Nach einer 50-Millionen-Dollar-Renovierung fit für Hamburg: Mit 1.832 Passagieren nicht zu groß, aber dennoch abwechslungsreich und vielfältig

Zum ersten Mal hat ein Cruiseliner von Royal Caribbean seinen Basishafen in Hamburg. Im Sommer 2014 sticht das 1.832-Passagiere-Schiff der „Vision Class" von der Hansestadt aus in See. Zwar ist die Legend of the Seas mit Baujahr 1995 schon etwas betagt. Doch das sieht man ihr nicht an, denn eine 50-Millionen-Dollar-Verjüngungskur im Februar 2013 hat sie zu einem der attraktivsten Schiffe der Flotte gemacht. Das neu gestaltete Atrium mit fünf Decks hohen Videoflächen entlang der Aufzüge, der neuen R-Bar im 60er-Retro-Look und Akrobatik-Shows direkt unter dem Glaskuppeldach lädt zum Verweilen ein. Am überdachten Solarium-Pool findet sich nun das bei der „Oasis Class" so beliebte Park Café, das zusammen mit zwei neuen Spezialitätenrestaurants für kulinarische Abwechslung sorgt. In spektakulärer Lage ganz oben bieten das Steakhaus Chops Grille und der Asiate Izumi einen Traumblick. Und obwohl die beiden Restaurants einen Teil der bisherigen Viking Crown Lounge einnehmen, hat RCI bei der Renovierung Augenmaß bewiesen und die Lounge nicht komplett aufgegeben: Es bleibt genug Platz zum Entspannen, Aussicht genießen oder Lesen in aller Ruhe. Faszinierend sind die elf neuen Außenkabinen mit Panoramafenstern, die von der Decke bis zum Boden reichen. Neu ist auch die Kleinkindbetreuung für Kinder unter drei Jahren. Und am Pooldeck sorgt das riesige Video-Display für Unterhaltung.

Asia-Restaurant Izumi

Chef's Table

Das neu gestaltete Atrium

DATEN & FAKTEN

BRZ	69.472	Passagiere	1.832/2.074
Länge	264,26 m	Crew-Mitglieder	726
Breite	32,00 m	PCR (Pass. pro Crew)	2,9
Indienststellung	1995	PSR (Platzangebot)	33,5
letzte Renovierung	2013	Passagierdecks	11
Bordsprache	Englisch	Restaurants/Bars	6/8

Kabinen	915, davon 587 Außenkabinen u. -suiten (356 mit Balkon), 328 Innenkabinen; Größen: 12,5 bis 93 m²
Sport & Wellness	2 Pools, 4 Whirlpools, Spa-Bereich, Fitnesscenter, Kurse (u. a. Aerobic, Kickboxen, Yoga), Kletterwand, Joggingpfad, Minigolf
Info-/Entertainment	Theater, Video Game Arcade, Casino, Shopping, Britto-Galerie, Kinderclub (mit Babybetreuung)
Preis pro Nacht	€ 60 bis €159; Durchschnitt € 129
Dresscode	leger, abends teils semi-formell
Info	RCL Cruises Frankfurt, Tel. (069) 92 00 71-85 www.royalcaribbean.de

PROFIL

Info-/Entertainment	⚓⚓⚓⚓
Sport & Wellness	⚓⚓⚓⚓
Gastronomie	⚓⚓⚓⚓
Familienfreundlichkeit	⚓⚓⚓⚓½
Service	⚓⚓⚓½
Routing	⚓⚓⚓½

Fahrgebiete & Reisen 2014

Die Legend of the Seas ist zu Jahresbeginn in der Karibik unterwegs. Kurz vor und nach ihrer Nordeuropasaison von Mai bis September bietet sie Reisen durch den Panamakanal an. Den Herbst verbringt das Schiff vor Kanada und fährt zu den Bermudas.

Norwegische Fjorde

Erstmals werden 2014 auch ab Deutschland Reisen angeboten: An 4 Terminen im August geht es zu den norwegischen Fjorden, mit Stopps in Oslo, Stavanger, Geiranger und Ålesund. **7 Nächte, ab € 899 ab/bis Hamburg**

Zum Nordpolarkreis

Von Dänemark über Ålesund geradewegs zum Polarkreis: Stationen sind dabei Honningsvag, Tromsø, Geiranger, Olden und Bergen zur Zeit der Mitternachtssonne. **11 Nächte, ab € 1.279 ab/bis Kopenhagen**

Schiffe für Schlemmer: Bei Oceania gibt es eine Kochschule an Bord

Marina & Riviera

Die modernen Schiffe für Paare, Gourmets und Designliebhaber bieten viel Raum pro Passagier bei internationaler und entspannter Atmosphäre

2.100 Kilogramm Lalique-Kristalle im Atrium, Polo-Ralph-Lauren-Möbel und Versace-Geschirr – Liebhaber guten Designs kommen auf den Neubauten von Oceania Cruises voll auf ihre Kosten. An den Wänden hängen Originale von Picasso und Miró, die öffentlichen Bereiche überzeugen mit modernem europäischen Design und viel Raum pro Passagier. Das gilt auch für die Kabinen: Die Standard-Balkonkabine misst 26 Quadratmeter und ist mit Dusche und Badewanne ausgestattet. Trotz des Luxus ist die Atmosphäre an Bord entspannt, in puncto Kleiderordnung gibt es nur eine Vorschrift: keine Bluejeans im Restaurant. Die Gastronomie hat einen hohen Stellenwert an Bord; neun Restaurants stehen zur Auswahl. Vom Steakhouse über den Franzosen und Italiener bis hin zum Asiaten sind unterschiedlichste Offerten im Preis inkludiert. Und sogar das Buffetrestaurant bietet Service: Die Crew befüllt die Teller nach Wunsch und bringt sie zum Platz. Daneben gibt es noch das beliebte Food- & Winepairing im La Reserve, das mit rund 100 US-Dollar zu Buche schlägt. Für gleichbleibende Qualität sorgen reedereieigene Rinder-, Hummer- und Fischfarmen. Das Konzept wendet sich an vorwiegend an Paare, für Kinder gibt es weder zusätzliche Betten noch Animation oder Preisvorteile. Apropos Kosten: Empfehlenswert sind die Ausflugspakete, sie bieten viel Auswahl zum moderaten Preis.

Grand Staircase

Nächtliches Pooldeck

Fahrgebiete & Reisen 2014

Die **Riviera** startet mit Karibikreisen; ab April an ist sie im Mittelmeer unterwegs. Die **Marina** kreuzt bis Mai in der Südsee, dann in Nord- und Ostsee und im Herbst im Mittelmeer.

Riviera: Europäische Aromen

Am 28.6. geht es von Rom über Florenz, Portofino, Monte Carlo und Saint-Tropez nach Marseille. Dort starten kulinarische Ausflüge in die Provence. Via Mallorca geht es weiter zum Ziel Barcelona. **7 Nächte, ab € 1.679 ab/bis Hafen**

Marina: Rund um Westeuropa

Am 2.9. ist Start in Amsterdam mit Ziel Barcelona. Nach Dover stehen Saint-Malo, Lorient und Le Verdon im Programm, dann auf der Iberischen Halbinsel La Coruña, Porto, Lissabon, Cádiz, Sevilla, Málaga und Valencia. **12 Nächte, ab € 4.559 ab/bis Hafen**

Restaurant Red Ginger

DATEN & FAKTEN

BRZ	65.000	**Passagiere**	1.258/1.360
Länge	238,00 m	**Crew-Mitglieder**	800
Breite	32,00 m	**PCR (Pass. pro Crew)**	1,7
Indienststellung	2010 (Riviera: 2011)	**PSR (Platzangebot)**	47,8
		Passagierdecks	11
Bordsprache	Englisch	**Restaurants/Bars**	9/8

Kabinen	629, davon 611 außen (22 bis 26 m²), 18 innen (16 m²), 444 mit Balkon und 147 Suiten (39 bis 230 m²)
Sport & Wellness	1 Pool, 3 Whirlpools, Canyon Ranch Spa mit Massage, Dampfsauna und Thalasso-Pool, Fitnessraum, Shuffleboard
Info-/Entertainment	Kochkurse im Culinary Center, Malkurse, Meditation, Casino, Bibliothek, Internet, Show/Livemusik, Teestunde
Dresscode	keine Vorschriften
Preis pro Nacht	€ 122 bis € 1.480; Durchschn. € 352
Info	**Cruise Group** Surberg, Tel. (0861) 166 15 01 www.oceaniakreuzfahrten.com

PROFIL

Info-/Entertainment	⚓⚓⚓½
Sport & Wellness	⚓⚓⚓½
Gastronomie	⚓⚓⚓⚓⚓
Familienfreundlichkeit	⚓⚓⚓
Service	⚓⚓⚓⚓⚓
Routing	⚓⚓⚓⚓

Unverwechselbar: die Schriftzüge am blauen Rumpf

Mein Schiff 1 & 2

„Premium alles inklusive", hoher Wohlfühlfaktor, pfiffige Event-Ideen: Die TUI-Cruises-Schiffe sind in der deutschen Kreuzfahrt zur festen Größe geworden

Auf den ersten Blick gleichen sie sich – doch im Detail liegen die Unterschiede: „Meerleben" heißt etwa das neue Aktivitätskonzept der Mein Schiff 2. Wo auf der „1" die TUI-Bar zentraler Treffpunkt ist, wird auf der „2" über Radausflüge informiert, Xbox gespielt oder kreative Energie freigesetzt: In mehrmals wöchentlich stattfindenden Malkursen findet jeder den Weg zum persönlichen Souvenir. Auch in anderen Details unterscheidet sich die „2" von der etwas älteren Schwester: Der Spa- und Fitnessbereich reicht über zwei Decks; die Auslagerung der Workout-Angebote schuf Raum für Thalasso-Behandlungen und einen Spa-Außenbereich am Bug. Und auch die Teenager-Lounge mit großartigem Seeblick sowie die Außenalster Bar statt des Tapas Y Mas sind auf der „2" erfolgreich. Das gastronomische Angebot liegt bei beiden qualitativ über dem Niveau der Konkurrenz. Und da sie Umbauten älterer Liner von Celebrity Cruises sind, können sie zudem mit kleinen Wohlfühloasen punkten, die auf Neubauten gern der Raumökonomie zum Opfer fallen. Dazu zählt der Außenbereich der Schau Bar auf Deck 7, wo Korbsessel dazu einladen, dem Rauschen des Fahrwassers bei einem Glas Wein zu lauschen. Der schmeckt dank des in der Preisklasse einzigartigen All-inclusive-Konzepts besonders gut. Oder das Bier auf der nächsten „Rock Liner"-Cruise mit Udo Lindenberg im Mai 2014. Auf sie darf man ebenso gespannt sein wie auf den ersten eigenen Neubau: **Mein Schiff 3** (S. 58).

Die „Entspannungsinseln“

„Himmel und Meer“-Lounge

„Richards Feines Essen“

DATEN & FAKTEN

BRZ	77.303 | 76.998	Passagiere	2.405 | 2.390
Länge	262,50 m	Crew-Mitgl.	780 | 780
Breite	32,20 m	PCR	3,1 | 3,0
Indienststt.	1996 | 1997	PSR	32,1 | 33,2
Umbau	2009 | 2011	Passagierdecks	10 | 10
Bordsprache	Deutsch	Rest./Bars	9/11 | 8/10

Kabinen	952 |962, davon ca. 1/3 innen (16 m²), 2/3 außen (16–20 m²; ca. 430 mit Balkon oder Veranda), 40 Juniorsuiten (22 m²) u. 10 Suiten (49 m²)
Sport & Wellness	2 Pools, 1.700 m² Spa (diverse Saunen, Anwendungen, kleinere Schönheitskorrekturen), Fitness
Info-/Entertainment	Abend- und Showprogramme, Diskothek, Casino, Wii-Corner, Livemusik, Kochshows
Dresscode	leger bis sportlich-elegant
Preis pro Nacht	€ 85 bis € 709; Durchschnitt € 228
Info	**TUI Cruises** Hamburg, Tel. (040) 286 67 71 11 www.tuicruises.com

PROFIL

Info-/Entertainment	⚓⚓⚓⚓½
Sport & Wellness	⚓⚓⚓⚓½
Gastronomie	⚓⚓⚓⚓
Familienfreundlichkeit	⚓⚓⚓⚓
Service	⚓⚓⚓½
Routing	⚓⚓⚓

Fahrgebiete & Reisen 2014

Mein Schiff 1 kreuzt im Winter zu den Kanaren, ab Mai in Nordeuropa. **Mein Schiff 2** beginnt das Jahr in der Karibik und steuert nach einem kurzen Mittelmeer-Abstecher das Baltikum an. Ende September wechseln beide Schiffe ins Mittelmeer, bevor es im Oktober für die „1“ in die Karibik und die „2“ nach Dubai geht.

Mein Schiff 1: Schottland, Norwegen

Am 23.5. geht es von Hamburg nach Edinburgh, Invergordon und zu den Orkneys. Dann folgen Stavanger, Kristiansand und Oslo. Über Kopenhagen führt die Rückreise nach Kiel. **10 Nächte, ab € 1.648 ab/bis Hamburg**

Mein Schiff 2: Östliches Mittelmeer

Athen, Istanbul (overnight) – und kleine Häfen wie Kusadası und Santorin: reichlich Abwechslung zwischen der Türkei und Griechenland. **10 Nächte, ab € 1.353 ab/bis Antalya**

Ankunft in Hamburg, dem Basishafen auch für den Sommer 2014

MSC Magnifica

Bunt, modern, familienfreundlich: Sommerferien auf mediterrane Art

Aus dem Hamburg-Gastspiel, das die MSC Magnifica im Sommer 2013 gab, u. a. mit Kurzreisen nach Helgoland (!), ist eine dauerhafte Beziehung geworden: MSC wurde Sponsor des Hamburger Sportvereins – und kommt auch 2014 wieder an die Elbe. Eigentlich konsequent, wurde das Schiff 2010 schließlich auch dort getauft, wie bei MSC üblich von Sophia Loren, der Freundin aus Schulzeiten des Reedereichefs Aponte. Der jüngste Spross der Musica-Klasse (siehe rechts) ist deren fröhlichster, mit Hinguckern wie dem grandiosen Theater oder der coolen Tiger Bar, mit Weißwürschtln als Verbeugung vor der deutschen Klientel, mit einer Pool-Landschaft unter dem „Magrodome", dem verschließbaren Glasdach, mit Bowlingbahn, 4-D-Kino, Spielcasino – und mit 16 Bars; auf der Musica waren es derer noch elf. Besonders wohl fühlen sich Familien an Bord; nicht nur für Kinder, auch für Teens gibt es altersgerechte Action. Bis 17 Jahren reisen sie zu vielen Terminen umsonst mit, wenn zwei Vollzahler sie begleiten – am bequemsten sicher in einer der acht Familien-Suiten.

Fahrgebiete & Reisen 2014

Aus Brasilien kommt das Schiff im April nach Hamburg. Ab dort gibt es 9-, 11- oder 14-Nächte-Routen bis nach Island – und wieder den 2-Nächte-Törn nach Helgoland (**ab € 169**).

DATEN & FAKTEN

BRZ	95.128	**Passagiere**	2.550/3.010
Länge	293,80 m	**Crew-Mitglieder**	998
Breite	32,80 m	**PCR (Pass. pro Crew)**	3,0
Indienststellung	2010	**PSR (Platzangebot)**	31,6
letzte Renovierung	-	**Passagierdecks**	13
Bordsprache	Deutsch, It.	**Restaurants/Bars**	4/16

Kabinen	1.295 (1.046 außen, 249 innen), dav. 785 mit Balkon, 44 Suiten, 8 Familien-Suiten; Größen: 13 bis 31 m²
Sport & Wellness	2 Pools, 4 Whirlpools, Fitnessclub, Minigolf, Jogging, Tennis, Bowlingbahn, Basketball, Spa mit Saunas, Dampfbädern, Thalasso etc.
Info-/Entertainment	Disco, Casino, Theater, Kinder-/Teensclub, 4-D-Kino u. v. m.
Dresscode	kein vorgeschriebener Dresscode
Preis pro Nacht	€ 53 bis € 659; Durchschnitt € 121
Info	**MSC Kreuzfahrten** München, Tel. (089) 203 04 38 01 www.msc-kreuzfahrten.de

PROFIL

Info-/Entertainment	⚓⚓⚓½ (von 5)
Sport & Wellness	⚓⚓⚓⚓ (von 5)
Gastronomie	⚓⚓⚓ (von 5)
Familienfreundlichkeit	⚓⚓⚓⚓ (von 5)
Service	⚓⚓⚓ (von 5)
Routing	⚓⚓⚓ (von 5)

Vor der Küste Englands

MSC Poesia

Traditionell im Sommer in der Ostsee stationiert – 2014 in Warnemünde

Nach **MSC Musica** und **MSC Orchestra** kam 2007 die MSC Poesia in Fahrt. Auch das dritte der mit der **MSC Magnifica** jetzt vier Schiffe zählenden Musica-Klasse ist ein moderner, weißer Ozeanriese, der zu beeindrucken weiß. Einmal mehr bietet die Reederei ihr gutes Preis-Leistungs-Verhältnis und damit viel Schiff fürs Geld. Die Standardkabinen, davon zwei Drittel mit eigenem Balkon, sind allerdings relativ kompakt, und auch in den übrigen Gesellschaftsräumen kann es bei Vollbelegung etwas enger werden. Der damit einhergehende Rummel mündet aber – trotz immer mehr Deutschen an Bord – regelmäßig in eine sympathische und lebensfrohe Italianità. Die für das Design zuständige Reedergattin Rafaela Aponte geht farblich gern bunte Wege: Kontrastreiche Kombinationen, gepaart mit viel Hochglanzmetall, prägen die Interieurs. Neben zwei Hauptrestaurants mit festen Tischzeiten in zwei Sitzungen gibt es auch eine Sushi-Bar und zwei Zuzahlrestaurants.

Fahrgebiete & Reisen 2014

Mit **MSC Poesia** im Sommer ab/bis Warnemünde nach Stockholm, Tallin, St. Petersburg, Kopenhagen oder zu den Fjorden Norwegens (**7 Nächte ab € 899**). Mit **MSC Orchestra** ab/bis Kiel nach Kopenhagen, Danzig, Helsinki und St. Petersburg (**7 Nächte ab € 799**).

DATEN & FAKTEN

BRZ	92.490	**Passagiere**	2.550/3.010
Länge	293,80 m	**Crew-Mitglieder**	987
Breite	32,00 m	**PCR (Pass. pro Crew)**	3,0
Indienststellung	2007	**PSR (Platzangebot)**	30,7
letzte Renovierung	2012	**Passagierdecks**	13
Bordsprache	Deutsch, It.	**Restaurants/Bars**	4/15

Kabinen	1.275 (1.000 außen, 275 innen), davon 809 mit Balkon, 18 Suiten; Größen: 13 bis 31 m²
Sport & Wellness	2 Pools, 4 Whirlpools, Fitnesscenter, Minigolf, Joggingpfad, Health-Center, Yoga, Solarium, Dampfbäder/Saunas etc.
Info-/Entertainment	Disco, Casino, Theater, Kinder-/Teensclub, Internetcafé u. v. m.
Dresscode	kein vorgeschriebener Dresscode
Preis pro Nacht	€ 50 bis € 358; Durchschnitt € 140
Info	**MSC Kreuzfahrten** München, Tel. (089) 203 04 38 01 www.msc-kreuzfahrten.de

PROFIL

Info-/Entertainment	⚓⚓⚓½
Sport & Wellness	⚓⚓⚓⚓
Gastronomie	⚓⚓⚓
Familienfreundlichkeit	⚓⚓⚓⚓
Service	⚓⚓⚓
Routing	⚓⚓⚓

Ankunft in Genua, einem der MSC-Basishäfen im Sommer

MSC Preziosa (mit Fantasia, Splendida, Divina)

Buntes mediterranes Leben zum einen, gediegene Eleganz im Yachtingstil zum anderen: Diese gigantischen Dolce-Vita-Liner können beides bieten

Langeweile kommt an Bord dieses Schiffsquartetts aus Italien so schnell nicht auf. Das weiß eine unternehmungslustige Gästeschar zu schätzen. Man flaniert, schwadroniert, feiert – eine Piazza Grande auf hoher See! Design und Stil kommen dabei nicht zu kurz: Hochwertige Materialien treffen auf edles italienisches Design – bei der neuen MSC Preziosa in der Farbgebung etwas zurückhaltender als bei ihren Vorgängerinnen. Zusätzlich locken das erste Slow-Food-Restaurant auf See der italienischen Kette „Eataly" sowie die (nach Reedereiangaben) „weltweit längste Single-Wasserrutsche auf einem Kreuzfahrtschiff" inklusive Kinder-Aquapark. Wer dem zuweilen jahrmarktähnlichen Treiben entrinnen will, reist im exklusiven MSC Yacht Club. Das sind 70 Suiten auf zwei Decks, sozusagen ein „Schiff auf dem Schiff" vorn über der Brücke, reserviert für Gäste, die ein Vielfaches des Billigpreises zahlen. Dafür können sie in friedvoller Abgeschiedenheit Sonderleistungen wie Concierge- und 24-Stunden-Butlerservice, eigene Lounge, reserviertes Pooldeck und extra gedruckte Tageszeitungen in Anspruch nehmen. Der Spagat zwischen Massentourismus und Luxusklientel gelingt allerdings nicht überall: Der Service ist äußerst zuvorkommend, die Suiten sind jedoch ziemlich klein, Küche und Speiseauswahl im eigenen Restaurant nicht auf dem Niveau etablierter Luxuslinien. Dennoch: Die Formel von gepflegtem, ruhigem Ambiente,

Wasserrutsche und Badelandschaft

Atrium und Rezeption

verbunden mit der Infrastruktur eines großen, energetischen Schiffs für rund 4.000 Gäste findet durchaus Anhänger – und das nicht nur in der Person von Taufpatin Sophia Loren!

Fahrgebiete & Reisen 2014

Die **MSC Preziosa** kreuzt bis März vor der Küste Brasiliens, danach – wie **Fantasia** und **Splendida** das ganze Jahr über – auf festen Wochenrouten im Mittelmeer. Die **Divina** fährt ganzjährig Karibikrouten ab Miami.

MSC Preziosa: Brasilien

Von Januar bis März ab/bis Santos (São Paulo) mit zwei Seetagen nach Ilha Grande, Salvador da Bahia, Ilheus und Búzios. **7 Nächte, ab € 939 ab/bis Santos**

MSC Fantasia: Adria & Griechenland

Ab/bis Bari oder Venedig nach Kotor/Montenegro, Korfu, Piräus, Santorin und Katakolon (Olympia). **7 Nächte, ab € 649 ab/bis Bari**

Im Yacht Club

DATEN & FAKTEN

BRZ	139.400	**Passagiere**	3.502/4.345
Länge	333,33 m	**Crew-Mitglieder**	1.388
Breite	37,92 m	**PCR (Pass. pro Crew)**	3,1
Indienststellung	2013	**PSR (Platzangebot)**	32,0
Bordsprache	Italienisch, Englisch, Deutsch, Franz.	**Passagierdecks**	14
		Restaurants/Bars	8/21

Kabinen	1.751 (4/5 außen, 1/5 innen), davon 1.172 Außenkabinen mit Balkon; 112 Suiten, davon 69 im Yacht Club mit Butlerservice; Größen: 22 bis 56 m²
Sport & Wellness	4 Pools, Jacuzzis, Aquapark, Wasserrutsche, Fitness, MSC Aurea Spa mit Solarium, Infinity Pool u. v. m.
Info-/Entertainment	Theater, Casino, Disco, Kinderclub, 4-D-Kino, Formel-1-Simulator u. v. m.
Dresscode	kein vorgeschriebener Dresscode
Preis pro Nacht	€ 45 bis € 504; Durchschnitt € 141 Yacht Club: ab ca. € 265
Info	**MSC Kreuzfahrten** München, Tel. (089) 203 04 38 01 www.msc-kreuzfahrten.de

PROFIL (ohne Yacht Club*)

Info-/Entertainment	⚓⚓⚓⚓
Sport & Wellness	⚓⚓⚓⚓½
Gastronomie	⚓⚓⚓½
Familienfreundlichkeit	⚓⚓⚓⚓½
Service	⚓⚓⚓
Routing	⚓⚓½

* Yacht Club: Gastronomie 4 Anker, Service 4,5 Anker

Klassisch dunkelblauer Rumpf: ein Schiff im Oceanliner-Stil

Nieuw Amsterdam (mit Eurodam)

Auch die beiden jüngsten Holland America Liner setzen auf die reedereitypische Mischung aus traditionellen Werten und zeitgemäßem Komfort

Die klassisch dunkelblauen Rumpfanstriche lassen erahnen: „Fun Ships“ sind die neuesten Juwelen der amerikanischen Premium-Reederei nicht. Wo andere Schiffe im Stil landgestützter Resorts dem Gast die Illusion vortäuschen mögen, gar nicht auf einem Schiff zu sein, beruft man sich hier – trotz modernem Hightech – auf die glorreiche Ära der Oceanliner. Großzügige Außendecks inklusive einer rundumlaufenden Promenade mit echtem Teakbelag sind Indiz dafür, dass man es ernst meint mit dem Bewahren von Liner-Traditionen. Das ist ganz im Sinne einer loyalen, vornehmlich älteren und weltgewandten Klientel. Das Innendekor zeigt sich mit Ausnahme der Suiten sowie der oberen Gesellschaftsräume – Letztere im helleren, modernen Stil gestaltet – ebenfalls klassisch. Dazu tragen auch die vielen Schiffsmodelle, Antiquitäten und Gemäldereproduktionen bei – durchaus geschmackssicher mit zeitgenössischen Kunstgegenständen kombiniert. Auf Gigantismus und prätentiösen Pomp wird zugunsten einer dezenten Atmosphäre mittels vieler kleinerer, gemütlicher Räume verzichtet. Besonderer Touch: die kunstvollen Blumen- und Orchideengestecke überall auf dem Schiff. Unbedingt probieren sollte man die superben Steaks im aufpreispflichtigen Pinnacle Grill! Weiteres Highlight: das Explorations Café über der Kommandobrücke, eine Kombination von Aussichtslounge, Biblio-

Eine Veranda-Suite

Die Pinnacle Bar

thek, Internetstation und Kaffeebar. Englischkenntnisse sind allerdings von Vorteil: Das deutschsprachige Angebot ist – trotz Verbesserungen wie z. B. deutschsprachiger Exkursionen ab einer bestimmten Gästezahl – nach wie vor ziemlich rudimentär.

Fahrgebiete & Reisen 2014

Die Nieuw Amsterdam verbringt den Winter in der Karibik. Von April bis Oktober fährt sie zwei 13-tägige Routen im Mittelmeer, die sich zu 25-tägigen Reisen zusammenfügen lassen.

Mittelmeer-Impressionen

Von Barcelona aus an vier Terminen (auch umgekehrt möglich) nach Marseille und Monte Carlo, dann längs der Westküste Italiens nach Livorno, Civitavecchia und Neapel. Nach Passage der Straße von Messina geht es weiter nach Korfu, Dubrovnik und Korfu. Die Kreuzfahrt endet mit einem Übernachtaufenthalt in Venedig. **12 Nächte, ab € 1.599 ab/bis Hafen**

Kapitänsparade bei der Taufe

DATEN & FAKTEN

BRZ	86.273	**Passagiere**	2.106/2.670
Länge	285,00 m	**Crew-Mitglieder**	933
Breite	32,30 m	**PCR (Pass. pro Crew)**	2,8
Indienststellung	2010	**PSR (Platzangebot)**	32,3
letzte Renovierung	–	**Passagierdecks**	13
Bordsprache	Englisch	**Restaurants/Bars**	7/13

Kabinen	1.054 (davon 897 außen, 157 innen); Größen: ca. 16 bis 93 m²
Sport & Wellness	3 Pools, 5 Whirlpools, Greenhouse Spa mit Fitnesscenter und Beautysalon, Saunas, Massage, Hydro- und Aromatherapie, Tuina-Entspannung, Basket-/Volleyball
Info-/Entertainment	Casino, Show-Theater, Kinderclub, Culinary-Arts-Showküche, Kino, Bibliothek, Internet-Workshops
Dresscode	leger, abends mitunter formell
Preis pro Nacht	€ 42 bis € 1.017; Durchschnitt € 144
Info	**Holland America Line**, Rotterdam In Dtl. buchbar u. a. über **Unlimited Cruises**, Tel. (06103) 706 46 14

PROFIL

Info-/Entertainment	⚓⚓⚓⚓
Sport & Wellness	⚓⚓⚓⚓
Gastronomie	⚓⚓⚓⚓
Familienfreundlichkeit	⚓⚓⚓½
Service	⚓⚓⚓⚓
Routing	⚓⚓⚓½

Eine neue Ikone für New York. Die Bugbemalung schuf der Pop-Art-Künstler Peter Max

Norwegian Breakaway

Kreuzfahrtschiff? Nein, ein „Freestyle Cruising Resort" oder schwimmender „Big Apple". So aufregend wie die Stadt, von der aus es ganzjährig verkehrt

Event-Kreuzfahrten mit Stars aus Rock und Pop liegen im Trend. Doch was andere als Jahres-Highlights anbieten, gibt's auf diesem Schiff jeden Tag: Der fast 5.000 Gästen Platz bietende neue Mega-Liner der Reederei aus Miami steht für Entertainment pur! Allen Roman, Vaughn Roberts und die Jazz- und Blueslegende Slam Allen greifen das ganze Jahr über in die Saiten. Dazu kommen fulminante Broadway-Shows („Burn the Floor", „Rock of Ages") im Breakaway Theater, die Akrobatik-Show Cirque Dreams and Dinner, der Headliners Comedy Club ... Die Auswahl ist so groß, dass man alles kaum auf der turnusmäßigen Sieben-Nächte-Tour ab New York schaffen kann, von wo aus die Breakaway ausschließlich verkehrt. Doch die Route steht beim „Freestyle Cruising", mit dem die Reederei schon lange auf Erfolgskurs schwimmt, ohenhin nicht mehr im Mittelpunkt. Stattdessen? 27 (!) Dining-Optionen zum Beispiel! Konsequenter kann man den Slogan „Essen wann, wo und mit wem man will" kaum umsetzen. Oder das Thema Sport: Es gibt fünf Wasserrutschen (darunter zwei Freefall- und Twister-Rutschen), den größten Wasserpark der Flotte, einen Hochseilgarten, ein Bungee-Trampolin, eine Minigolfanlage. Und für echten Nervenkitzel „The Plank": eine Plattform, die 2,5 Meter über die Bordwand hinausragt – natürlich gut gesichert. Bei den Kabinen, wie alle Interieurs übrigens wohltuend dezent

Bar an der Waterfront

Wasserrutschen im Aqua Park

FOTOS: C. Oldendorf (3); Norwegian Cruise Line (1)

gestaltet, reicht die Palette vom 9-m²-Studio für Singles bis zur 95 m² großen Suite im Luxusbereich The Haven, den man u. a. von der **Norwegian Epic** schon kennt. Ganz neu ist dagegen das Promenadendeck The Waterfront: drei fließend ineinander übergehende Decks mit Shops, Bars und Restaurants – und vor allem Traumblicken aufs Meer, die es anders als auf der Epic sogar auch nach vorn hinaus gibt. Schließlich Kinder und Jugendliche: Dass sie sich allein schon wegen der Wasserrutschen wohlfühlen, ist klar. Betreut werden sie in der „Splash Academy" bzw. im „Entourage" (für Teeens). Und für die ganz Kleinen gibt es das Spielzimmer „Under 2 Zoo".

Fahrgebiete & Reisen 2014

Die Breakaway kreuzt ganzjährig auf fester Route ab/bis New York Richtung Florida und Bahamas. Stationen sind Port Canaveral, die Privatinsel Great Stirrup Cay und Nassau.
7 Nächte; ab € 659 ab/bis New York

Studios: der Single-Bereich

DATEN & FAKTEN

BRZ	144.017	**Crew-Mitglieder**	1.595
Länge	324,00 m	**PCR (Pass. pro Crew)**	3,1
Breite	40,00 m	**PSR (Platzangebot)**	29,1
Indienststellung	2013	**Passagierdecks**	18
Bordsprache	Englisch	**Restaurants**	17
Passagiere	4.028/4.941	**Bars**	12

Kabinen	2.014 in 38 Kategorien, davon 1.506 außen, 508 innen; ca. 9 bis 95 m²
Sport & Wellness	2 Pools, Whirlpools, Klettergarten, Bowlingbahn, Sportdeck, Wasserrutschen, Fitnesscenter, Mandara Spa (2.136 m²) mit 72 Spa-Kabinen
Info-/Entertainment	Broadway-Musical („Rock of Ages"), Varieté-Dinnershow, Nickelodeon-Mottoshows, Comedy Club, Theater, Discos, Casino, Kinderclub u. v. m.
Dresscode	kein vorgeschriebener Dresscode
Preis pro Nacht	€ 98 bis € 1.839; Durchschnitt € 157
Info	**Norwegian Cruise Line** Wiesbaden, Tel. (0611) 360 70, www.ncl.de

PROFIL (ohne The Haven*)

Info-/Entertainment	⚓⚓⚓⚓⚓
Sport & Wellness	⚓⚓⚓⚓½
Gastronomie	⚓⚓⚓⚓
Familienfreundlichkeit	⚓⚓⚓⚓½
Service	⚓⚓⚓½
Routing	⚓⚓

* The Haven: Service 5, Gastronomie 4,5 Anker

Vorn ganz oben: die Suiten von „The Haven“

Norwegian Epic

Bunt, lässig, amerikanisch: Dieses Schiff ist ein Las Vegas zur See!

Sie sieht wie ein schwimmendes Hochhaus aus: Über 5.000 Passagiere finden auf ihr Platz – und erleben ein Las Vegas auf dem Meer. „Freestyle“ heißt die Devise für alles. Es gibt 21 Restaurants, aus denen man (fast jederzeit) wählen kann, davon zehn jedoch gegen Zuzahlung (und, Achtung, automatisch addiertes Trinkgeld). Die Churrascaria etwa, in der man Berge von Fleisch direkt vom Spieß verzehrt. Oder das Teppanyaki mit asiatischem Live-Cooking. Oder das „Spiegel Tent“, in dem Akrobaten das Drei-Gänge-Menü hautnah umturnen. Danach könnte man sich vor der Ice Bar anstellen, um bei Minusgraden Wodkas zu schlürfen, oder die „Blue Man Group“ und die „Legends in Concert“ besuchen. Und am Tage? Spaß und Sport, auf der endlosen Wasserrutsche, auf den ersten Bowlingbahnen zur See, im fast 3.000 Quadratmeter großen Spa. Und zu Bett legt man sich in eine von 13 Unterkunftstypen, darunter Studios für Singles und – am oberen Ende – die butlerbetreuten Suiten im The Haven vorn auf dem Schiff. Kurzum: viele Welten – ein Schiff.

Fahrgebiete & Reisen 2014

Die Epic kreuzt von Mai bis Oktober ab Barcelona und Civitavecchia im westlichen Mittelmeer, im Winter fährt sie ab Miami in der Karibik.

DATEN & FAKTEN

BRZ	155.873	**Passagiere**	4.228/5.368
Länge	325,00 m	**Crew-Mitglieder**	1.730
Breite	40,00 m	**PCR (Pass. pro Crew)**	3,1
Indienststellung	2010	**PSR (Platzangebot)**	29,0
letzte Renovierung	–	**Passagierdecks**	19
Bordsprache	Englisch	**Restaurants/Bars**	20/20

Kabinen	2.124 in 13 Kategorien, davon 1.436 außen, 688 innen; ca. 9 bis 47 m²
Sport & Wellness	2 Pools, 5 Whirlpools, Abseilwand, Bowlingbahn, Sportdeck, Wasserrutschen, Fitnesscenter, Mandara Spa (2.883 m²) mit 39 Spa-Kabinen
Info-/Entertainment	Liveshows, Varieté-Dinnershow, Nickelodeon-Mottoshows, Comedy Club, Theater, Discos, Casino, Kinderclub u. v. m.
Dresscode	kein vorgeschriebener Dresscode
Preis pro Nacht	€ 46 bis € 936; Durchschnitt € 113
Info	**Norwegian Cruise Line**, Wiesbaden Tel. (0611) 360 70, www.ncl.de

PROFIL (ohne The Haven*)

Info-/Entertainment	⚓⚓⚓⚓⚓
Sport & Wellness	⚓⚓⚓⚓½
Gastronomie	⚓⚓⚓⚓
Familienfreundlichkeit	⚓⚓⚓⚓½
Service	⚓⚓⚓½
Routing	⚓⚓⚓

* The Haven: Service 5, Gastronomie 4,5 Anker

Vor Mykonos in der Ägäis

FOTO: F. Neumeier

Norwegian Jade

Hawaiianischer Paradiesvogel bietet „Freestyle Cruising“ in Europa

Von ihren Schwesterschiffen **Gem**, **Pearl** und **Jewel** unterscheidet sich die ganzjährig in Europa stationierte Norwegian Jade vor allem beim Innendesign: Als ehemalige **Pride of Hawaii** leuchtet im Atrium beispielsweise eine opulente, fröhlich-bunte Glasblumendecke aus satt glitzernden, hellen Glaselementen. Wie auf allen Schiffen von Norwegian gilt das „Freestyle Cruising“-Konzept: Der Passagier soll tun und lassen können, was er will. Eine Kleiderordnung, feste Tischplätze im Restaurant oder Essenszeiten gibt es nicht, zur freien Auswahl stehen insgesamt zwölf Restaurants (acht zuzahlungspflichtig), vom Italiener bis zur brasilianischen Churrascaria. Das Entertainment auf der Jade überzeugt mit viel Livemusik und exzellenten Musikern und gehört zum Besten, was die Branche derzeit zu bieten hat. Highlights sind auch der Außenbereich des Buffetrestaurants am Heck und der Suiten-Bereich The Haven mit eigenem Courtyard-Pool – anders als auf der Epic (s. links) mit verschiebbarem Glasdach, so dass der Pool auch bei schlechtem Wetter nutzbar bleibt.

Fahrgebiete & Reisen 2014

Das Schiff ist ganzjährig im Mittelmeer unterwegs, im Sommer liegt der Fokus auf der Adria und den griechischen Inseln ab Venedig.

DATEN & FAKTEN

BRZ	93.558	**Passagiere**	2.402/2.846
Länge	294,00 m	**Crew-Mitglieder**	1.067
Breite	32,00 m	**PCR (Pass. pro Crew)**	2,7
Indienststellung	2006	**PSR (Platzangebot)**	32,9
Umbau/Renov.	2008/11	**Passagierdecks**	12
Bordsprache	Englisch	**Restaurants/Bars**	12/13

Kabinen	1.189 (243 außen, 405 innen, 360 mit Balkon), davon 181 Suiten; Größen: 13 bis 408 m²
Sport & Wellness	2 Pools, 1 Kinderpool, 4 Whirlpools, Spa & Fitness, Tennis, Jogging, Basket-/Volleyball, auf Pearl & Gem auch Bowlingbahn und Kletterwand
Info-/Entertainment	Show, Casino, Tages- und Abendprogramm, großer Kinderbereich
Dresscode	kein vorgeschriebener Dresscode
Preis pro Nacht	€ 48 bis € 1.616; Durchschnitt € 89
Info	**Norwegian Cruise Line** Wiesbaden, Tel. (0611) 360 70 www.ncl.de

PROFIL (ohne The Haven*)

Info-/Entertainment	⚓⚓⚓⚓½
Sport & Wellness	⚓⚓⚓⚓
Gastronomie	⚓⚓⚓⚓
Familienfreundlichkeit	⚓⚓⚓⚓½
Service	⚓⚓⚓½
Routing	⚓⚓⚓

* The Haven: Service und Gastronomie 4,5 Anker

Die Oasis kommt 2014 erstmals nach Europa – wenn auch nur zum Kurzbesuch

Oasis of the Seas (mit Allure of the Seas)

Ein Jumbo für über 8.000 Menschen: Das mit seinem Schwesterschiff nach wie vor größte Passagerschiff der Welt fasziniert jeden, der es erlebt

Wer Gelegenheit hat, die Oasis of the Seas im Herbst 2014 zum ersten Mal in Europa zu sehen, wird, wie alle vor ihm, ungläubig staunen. Ein Schiff für über 8.000 Menschen, davon 6.230 zahlende Gäste – das ist und bleibt Weltrekord. Das Schiff ist 360 Meter lang – länger, als der Eiffelturm hoch ist. Mit 225.282 BRZ wird seine Tonnage angegeben; das derzeit größte deutsche Schiff, die **AIDAstella**, hat 71.300. Aus 80 Nationen stammt die Crew. Der Käpt'n, Thore Thorolvsen, ist Norweger, der Hotelchef Österreicher – ihm unterstehen fast 2.000 Crew-Mitglieder. Darunter 350 Köche, die in 24 Küchen täglich bis zu 30.000 Mahlzeiten zaubern und 18 Restaurants und 19 Bars an Bord beliefern – mit schon mal 5.000 Hummern an einem Abend, um nur ein Beispiel zu nennen. Was erwartet die Gäste? Zu viel, um auf einer Reise alles zu erleben. Flowrider, Zip-Line oder Kletterwand fordern Sportliche heraus. Musicals („Hairspray", „Come Fly With Me"), Eislaufshows, Wasserakrobatik und Paraden mit DreamWorks-Figuren („Ice Age", „Madagascar" etc.) liefern glitzerndes Entertainment. Und über die Royal Promenade im Schiffsinneren, die breiter ist als so manche Fußgängerzone hierzulande, staunt jeder. Wie über den Central Park mit seinen über 12.000 echten Pflanzen auf den Decks darüber. Und bei den insgesamt 2.700 Kabinen hat man die Wahl aus 37 verschiedenen Kategorien: Die kleinste ist

Karussell am Boardwalk

Pool im „Solarium“

knapp 14, die größte, eine zweistöckige Loft Suite, 192 Quadratmeter groß. Sie hat eine Bar, eine Bibliothek, 80 Quadratmeter Balkon – und einen Konzertflügel, der computergesteuert spielen kann. Kurzum: ein Mix aus Freizeitpark, Las Vegas, Hollywood, Broadway und, ja, auch Kreuzfahrtschiff. – 2016 soll ein drittes Schiff dieser Größe starten, Projektname: **Oasis 3**. Mit dem Stahlschnitt begann man im Herbst 2013 bei STX in St. Nazaire.

Fahrgebiete & Reisen 2014

Die Oasis und ihre fast baugleiche Schwester **Allure of the Seas** fahren ganzjährig in der Karibik. Im Herbst kommt die Oasis aufgrund eines Werftaufenthalts aber erstmals auch zu drei Reisen nach Europa: Ab/bis Barcelona geht es am 13. und 18.9. mit 2 Seetagen nach Civitavecchia und Neapel (**5 Nächte, ab € 1.147**). Anschließend folgt eine Reise von Barcelona nach Rotterdam (**7 Nächte, ab € 1.300**).

Das Sportdeck aus der Luft

DATEN & FAKTEN

BRZ	225.282	**Passagiere**	5.408/6.230
Länge	360,00 m	**Crew-Mitglieder**	2.165
Breite	64,00 m	**PCR (Pass. pro Crew)**	2,9
Indienststellung	2009 (Oasis), 2010 (Allure)	**PSR (Platzangebot)**	35,5
		Passagierdecks	16
Bordsprache	Englisch	**Restaurants/Bars**	18/19

Kabinen	2.700 (2.210 außen, 490 innen), davon 1.956 mit Balkon, 166 Suiten; Größen: 13,8 bis 192 m^2
Sport & Wellness	4 Pools, 2 Surfsimulatoren, Kletterwand, Eislaufbahn, Joggingpfad, Basketball, Minigolf, Tauchkurse, Fitnesscenter, Spa u. v. m.
Info-/Entertainment	Theater für 1.400 Gäste, Comedy, Casino, Eisrevuen, Kinderbetreuung, Boardwalk mit Karussell u. v. m.
Dresscode	leger, abends je nach Anlass schicker
Preis pro Nacht	€ 80 bis € 2.146; Durchschnitt € 156
Info	**RCL Cruises**, Frankfurt Tel. (069) 92 00 71-85 www.royalcaribbean.de

PROFIL

Info-/Entertainment	⚓⚓⚓⚓⚓
Sport & Wellness	⚓⚓⚓⚓⚓
Gastronomie	⚓⚓⚓⚓
Familienfreundlichkeit	⚓⚓⚓⚓⚓
Service	⚓⚓⚓½
Routing	⚓⚓

Kompakte Größe – für klassische Kreuzfahrten ideal

Ocean Majesty

Preisbrecher im Drei-Sterne-Segment, unterwegs für Hansa Touristik: Auf der Ocean Majesty stehen Kosten und Leistung im richtigen Verhältnis

Der erste Eindruck der Ocean Majesty ist der eines kleinen, jeden Kubikzentimeter Raum ausnutzenden Schiffes. Niedrig sind die Decken; daran konnten auch Umbauten und Modernisierungen nichts ändern. Sieht man jedoch die geschmackvoll modernisierten Kabinen, das riesige, luftig-hohe Restaurant und die lange Buffetstation am Pool, ist man rasch versöhnt: Kaum ein kleines Schiff hat so viel Außendecksfläche zum Speisen. Die „OMY" setzt auf Freiheit, Vielfalt und eine gute „Software". Ein kompetentes Reiseleiter-Team unterhält die Passagiere tagsüber ebenso wie eine beeindruckend gute Schar wechselnder Künstler am Abend. Hinzu kommen Talkshows, Lektorate etc. Die Essenszeiten sind so großzügig bemessen wie nur irgend möglich. Auch, wer erst am frühen Nachmittag vom Landgang zurückkehrt, bekommt noch ein volles Menü. Mit der Küche legte Hansa Touristik keinen glanzvollen Start hin, bis Senior Horst Kilian die Verpflegung zur Chefsache und der griechischen Crew Beine machte. Seitdem klappt es auch in der Kombüse: Gute Steaks, abwechslungsreiche Salate und frisch Gegrilltes gehören zum Standard. Dadurch, dass leere Kabinen gnadenlos verramscht werden, ist das Publikum sehr gemischt – wer die winzigen Balkonkabinen teuer bezahlt hat, ist damit nicht immer glücklich. Dafür sind die Nebenkosten für Getränke, Ausflüge und übrigens auch Zigaretten spottgünstig.

Das Pooldeck

Eine Außenkabine

Observation Lounge

DATEN & FAKTEN

BRZ	10.417	Passagiere	548
Länge	136,00 m	Crew-Mitglieder	235
Breite	19,20 m	PCR (Pass. pro Crew)	2,3
Indienststellung	1995	PSR (Platzangebot)	19,0
Renovierung	2012/13	Passagierdecks	8
Bordsprache	Deutsch	Restaurants/Bars	2/5

Kabinen	274, davon 185 außen, 18 innen; 8 Außenkabinen mit Balkon, 185 mit Panoramafenster od. Bullauge; Größen: 14 bis 23 m²
Sport & Wellness	Außen-Pool, Fitnessstudio/Kurse, Wellnessbereich mit Sauna, Massage und Beautysalon, Shuffleboard, Joggingpfad
Info-/Entertainment	Animations-, Show- und Unterhaltungsprogramme, Tanz, Sat-TV, Kino
Dresscode	„elegant" nur an 2 Gala-Abenden
Preis pro Nacht	€ 120 bis € 195; Durchschnitt € 157
Info	**Hansa Touristik** Stuttgart, Tel. (0711) 22 93 16 90 www.hansatouristik.de

PROFIL

Info-/Entertainment	⚓⚓⚓½
Sport & Wellness	⚓⚓
Gastronomie	⚓⚓⚓
Familienfreundlichkeit	⚓⚓½
Service	⚓⚓⚓½
Routing	⚓⚓

Fahrgebiete & Reisen 2014

Die Ocean Majesty beginnt ihre Sommersaison im Mai mit einer Reise rund um Westeuropa. Im Sommer ist sie in der Ostsee, in Norwegen, auf großer Polarkreuzfahrt nach Spitzbergen und rund um Großbritannien unterwegs. Eine Weinreise führt sie zum Saisonabschluss zurück ins Mittelmeer, ins Schwarze Meer und an die Adria.

„Kelten, Kilts und Highlands"

Ihre Rund-Großbritannien-Reise am 17.8. führt die OMY nach Schottland und Irland. Highlight ist ein Overnight im Herzen Londons. **12 Nächte, ab € 1.899 ab/bis Hafen**

Weinreise, Kurs Mittelmeer

Die spätsommerliche Rückreise ins Mittelmeer am 29.8. führt als Weinreise u. a. nach Bordeaux und Porto, wo Weingüter besucht werden. **11 Nächte, ab € 1.395 ab/bis Hafen**

Rendezvous mit der Queen Elizabeth in Sydney

Queen Mary 2

Einzigartig in vielerlei Hinsicht – nicht nur, weil sie „Transatlantik“ fährt

Was unterscheidet einen Transatlantikliner von einem Kreuzfahrtschiff? Die stabile Konstruktion, die ruhig auch durch bewegte See gleitet, ist das eine. Doch das eigentliche Geheimnis der Queen Mary 2 ist das üppige Raumangebot pro Passagier. Vier Meter breite Flure und das klassische Stufenheck begeistern jeden Besucher. Auf traditionellen Bällen in Abendgarderobe leben zudem längst vergangene Zeiten wieder auf, dabei zaubern Gentlemen Hosts tanzwilligen Damen ein Lächeln ins Gesicht. Aber auch Cunard geht mit der Zeit und lockert den Dresscode: Jenseits der formellen Abende herrscht künftig kein Krawattenzwang mehr. Beim Fünf-Uhr-Tee servieren aber weiterhin weiß behand-

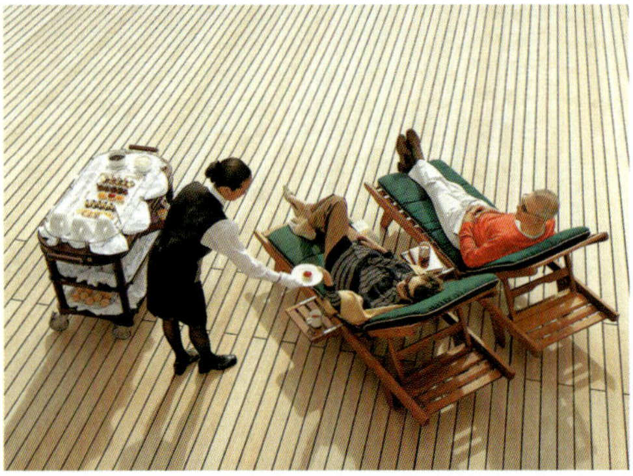

Teatime an Deck – und abends große Gala

schuhte Kellner im Queens Room delikate Scones und Sandwiches, untermalt von Live-Darbietungen klassischer Musik. Exzellente Speisen und ein hervorragender Service gehören zum Standard – und werden für die Suitengäste noch einmal gesteigert in eigenen Restaurants und reservierten Arealen an Deck. Diverse öffentliche Bereiche und ein riesiges Unterhaltungsangebot lassen jedoch bei keinem Passagier Langeweile aufkommen. Vorträge, Workshops, ein Besuch im schiffseigenen Planetarium oder einfach nur ein gutes Buch in der größten schwimmenden Bibliothek – so vergehen die Seetage wie im Flug. Etwa die Hälfte aller jährlichen Abfahrten führen über den Atlantik. Anlässlich des zehnjährigen Hamburg-Jubiläums finden 2014 spezielle Reisen statt: Für Fans von Seetagen geht es z. B. in 19 Nächten ab/bis Hamburg nach New York, auch finden um einen Tag verlängerte „Crossings" statt. Generell gibt es auf allen Abfahrten, die in Deutschland starten oder enden, deutschsprachige Landausflüge und Speisekarten. Trotzdem sind Englisch-Grundkenntnisse an Bord unerlässlich.

Fahrgebiete & Reisen 2014

Die Queen Mary 2 ist parallel zur **Queen Victoria** zu Jahresbeginn auf Weltreise, danach laden Schnupperreisen am Rande der zehn Atlantiküberquerungen ab oder bis Hamburg zum Kennenlernen ein. Dazu gibt es Reisen ins Nordland und nach Neuengland.

Transatlantik ab Hamburg

Eine Transatlantikreise für Fans im Jubiläumsjahr: von Hamburg nach New York mit Halt in Halifax, der Heimat des Reedereigründers Sir Samuel Cunard. **10 Nächte, ab € 2.090 ab/bis Hafen**

Schnupperreise ab Hamburg

Vom 15. bis 19. Juli lädt die Queen auf einer Kurzreise nach Norwegen zum Kennenlernen ein. Neben zwei Seetagen ist ein Aufenthalt in Stavanger geplant. **4 Nächte, ab € 790 ab/bis Hamburg**

Service alter Schule

DATEN & FAKTEN

BRZ	148.528	**Passagiere**	2.620/3.090
Länge	345,00 m	**Crew-Mitglieder**	1.254
Breite	41,00 m	**PCR (Pass. pro Crew)**	2,5
Indienststellung	2004	**PSR (Platzangebot)**	48,0
letzte Renovierung	2008	**Passagierdecks**	13
Bordsprache	Englisch	**Restaurants/Bars**	9/12

Kabinen	1.296, davon 279 innen, Balkon: 783, 172 Suiten; Größen: 18 bis 209 m²
Sport & Wellness	5 Pools, Golfsimulator, Basketball, Shuffleboard, Tischtennis, Laufpfad, Spa und Fitnesscenter
Info-/Entertainment	Planetarium, Casino, Theater/Kino, Nachtclub, Ballsaal, Kinderclub, täglich wechselndes Show-programm, Bingo/Spiele etc.
Dresscode	Tagsüber „casual", abends „formal" oder „informal"
Preis pro Nacht	€ 99 bis € 3.690; Durchschn. € 440
Info	**Cunard Line** Hamburg, Tel. (040) 41 53 35 55 www.cunard.de

PROFIL (ohne Grill Class*)

Info-/Entertainment	⚓⚓⚓⚓⚓
Sport & Wellness	⚓⚓⚓⚓
Gastronomie	⚓⚓⚓⚓
Familienfreundlichkeit	⚓⚓⚓
Service	⚓⚓⚓⚓
Routing	⚓⚓⚓½

*Grill Class: Gastronomie und Service je 4,5 Anker

Queen Elizabeth

Cunards Jüngste, erstmals mit deutschsprachigem Angebot im Mittelmeer

Die Queen höchstpersönlich taufte sie 2010 – und wurde dabei sicher vielfach an die erste Queen Elizabeth erinnert, deren Taufe sie als zwölfjähriges Mädchen erlebte. Das ist nicht zuletzt im Stil des Schiffs begründet: Das Art déco der 30er-Jahre gibt an Bord die Richtung vor, mit warmen Holztönen, geschwungenen Treppen und einer attraktiven Lobby. Ein Clou ist der Country Garden auf dem Achterdeck, der zu Rasenspielen wie Krocket und Boule einlädt. Auf demselben Deck liegen die Grill-Class-Suiten samt eigenem Restaurant mit Courtyard. Zusätzlich gibt es (wie auf der **Queen Mary 2**) die Kabinenkategorie „Britannia Club", die von den Sitzungszeiten im Hauptrestaurant unabhängig macht, aber dennoch günstiger als die Grill-Klassen ist. Und natürlich gehört auch der Fünf-Uhr-Tee dazu, die Tanzstunden, das Theater mit Logen und die große, gemütliche Bibliothek.

Fahrgebiete & Reisen 2014

Am 8.1. beginnt die Weltreise ab/bis Hamburg. Nach einer Kurztour Richtung Norwegen geht es ins Mittelmeer, wo ein erweitertes deutschsprachiges Programm geplant ist. 25 Häfen werden in siebentägigen Reisen so miteinander kombiniert, dass auch zwei oder drei Kreuzfahrten hintereinander spannend bleiben.

DATEN & FAKTEN

BRZ	90.900	**Passagiere**	2.068/2.447
Länge	294,00 m	**Crew-Mitglieder**	1.003
Breite	32,00 m	**PCR (Pass. pro Crew)**	2,4
Indienststellung	2010	**PSR (Platzangebot)**	37,2
Renovierung	-	**Passagierdecks**	12
Bordsprache	Englisch	**Restaurants/Bars**	9/10

Kabinen	1.046, davon 85 % Außen- und 72 % Balkonkabinen; Größen: 14 bis 198 m² (Grand Suite)
Sport & Wellness	2 Pools, 4 Whirlpools, Spa (u. a. Aromatherapie), Fitnesscenter, Boule, Paddle-Tennis, Krocket an Deck
Info-/Entertainment	Theater mit Privatlogen, Kino, Bibliothek, Galerie, Museumspfad, Casino, Internetcenter, Kinderclub, Tanzunterricht, Vorträge u. v. m.
Dresscode	tagsüber „casual", abends „formal" oder „informal"
Preis pro Nacht	€ 91 bis € 1.773; Durchschn. € 355
Info	**Cunard Line**, www.cunard.de Hamburg, Tel. (040) 41 53 35 55

PROFIL (ohne Grill Class*)

Info-/Entertainment	⚓⚓⚓⚓
Sport & Wellness	⚓⚓⚓⚓
Gastronomie	⚓⚓⚓⚓
Familienfreundlichkeit	⚓⚓⚓
Service	⚓⚓⚓⚓
Routing	⚓⚓⚓⚓

*Grill Class: Gastronomie und Service je 4,5 Anker

Nachtblauer Rumpf – das Cunard-Markenzeichen

Queen Victoria

Kreuzfahrt als Neuinszenierung der viktorianischen Ära – very British!

Der Name ist Programm: Als Gesamtkunstwerk im Stil und Geist des viktorianischen Zeitalters hat die kleinste Cunard-Königin viele Fans gefunden. Manch einer hält sie sogar für das gelungenste Schiff der aktuellen Cunard-Flotte. Zu diesem Eindruck trägt gewiss die zweistöckige Version des Queens Room bei: die perfekte Bühne für die nostalgischen Themenbälle. Tagsüber findet hier nicht nur die Teatime statt, auch Fechtkurse werden angeboten. Exzellent speist man im Hauptrestaurant Britannia (empfehlenswert auch das Frühstück à la carte!). Seit Juni 2013 ist als Zuzahlungsrestaurant das von der Queen Elizabeth bekannte Verandah statt des Queen-Mary-Klassikers Todd English an Bord. Ein romantisches Freiluftrestaurant ist für die Suitengäste reserviert. Im Vergleich zur **Queen Mary 2** wurde die Grill Class unauffälliger ins Gesamtkonzept integriert – britisches Understatement in vollendeter Form.

Fahrgebiete & Reisen 2014

Das Jahr startet mit einer Weltreise. Den Sommer über geht es ab Southampton nach Norwegen, ins Mittelmeer und ins Schwarze Meer. Fünf Ostseekreuzfahrten mit overnight in St. Petersburg beinhalten einen Anlauf in Warnemünde. **14 Nächte, ab € 2.290 inkl. Flug**

DATEN & FAKTEN

BRZ	90.000	**Passagiere**	1.990/2.430
Länge	294,00 m	**Crew-Mitglieder**	981
Breite	32,00 m	**PCR (Pass. pro Crew)**	2,5
Indienststellung	2007	**PSR (Platzangebot)**	37,0
letzte Renovierung	-	**Passagierdecks**	12
Bordsprache	Englisch	**Restaurants/Bars**	7/10

Kabinen	925 (796 außen, 129 innen), davon 657 mit Balkon/Veranda; Größen: 14 bis 198 m²
Sport & Wellness	2 Pools, Driving Range/Putting Green, Shuffleboard, Tischtennis, Laufpfad, Spa und Fitness, Fechtkurse
Info-/Entertainment	Computercenter, Bibliothek, Casino, Theater/Kino, Nachtclub/Disco, Video, Kids-/Teen-Center, Cunardia
Dresscode	Tagsüber „casual", abends „formal" oder „informal"
Preis pro Nacht	€ 91 bis € 1.699, Durchschnitt € 293
Info	**Cunard Line**, www.cunard.de Hamburg, Tel. (040) 41 53 35 55

PROFIL (ohne Grill Class*)

Info-/Entertainment	⚓⚓⚓⚓
Sport & Wellness	⚓⚓⚓⚓
Gastronomie	⚓⚓⚓⚓
Familienfreundlichkeit	⚓⚓⚓
Service	⚓⚓⚓⚓
Routing	⚓⚓⚓⚓

*Grill Class: Gastronomie & Service je 4,5 Anker

Begegnung mit der Star Clipper (hinten)

Royal Clipper

Prachtvoller Fünfmaster mit sehr gutem Preis-Leistungs-Verhältnis

Unter den Segel-Enthusiasten in der Kreuzfahrt ist er einer der leidenschaftlichsten: der Schwede Mikael Krafft, Eigner von Star Clippers Cruises. Wann immer er kann, ist er persönlich an Bord – auch auf seinem Flaggschiff, der für 55 Millionen Dollar gebauten Royal Clipper. Sie wurde 2000 von Schwedens Königin Silvia getauft – und besitzt ein für ein Segelschiff spektakuläres Atrium: Es reicht über drei Decks und dient als Hauptrestaurant, mittags zum Buffet, abends wird dort zu Klaviermusik stilvoll diniert. Ein Traum ist das Beach Barbecue an den schönsten Stränden der Karibik; dafür bootet die Mannschaft die halbe Küche aus und serviert unter Palmen. Die Bar- und Restaurant-Crew ist sehr

Blick ins Atrium; in der Bibliothek

freundlich und professionell. Überraschend ist die Infrastruktur an Bord: So wird zum Beispiel die ausklappbare Heckklappe als Plateau für Wassersport genutzt (Kanu, Wasserski, Dingi etc.). Auch die Schnorchelausrüstung kann an Bord gratis geliehen werden – gerade vor Inseln wie den Tobago Cays ist das Schnorcheln ein unvergessliches Erlebnis. Achtung: Der Pool ist am Boden gläsern. Aus dem Atrium kann man so die Badenden „von unten" betrachten – was nicht immer ein Vergnügen ist. Das Publikum der Royal Clipper ist sportiv und international gemischt; der Cruise Director spricht meistens vier Sprachen. Unvergesslicher Höhepunkt an Bord ist immer wieder das Segelsetzen. Es erfolgt teils von Hand, teils auf Knopfdruck – und könnte noch besser zelebriert werden. Die Gäste lechzen förmlich danach. Sehr gut für ein Segelschiff ist das Preis-Leistungs-Verhältnis.

Fahrgebiete & Reisen 2014

Im Winter fährt die Royal Clipper zu den Grenadinen und den Windward-Inseln. Im April geht es von Barbados aus via Azoren, Malaga und Balearen nach Civitavecchia. Von Mai bis Oktober ist der Großsegler im westlichen Mittelmeer unterwegs, auf Reisen zwischen drei und elf Nächten ab/bis Civitavecchia oder Venedig. Im Herbst startet die Transatlantikreise in Civitavecchia, zunächst via Südspanien, Marokko und Lissabon. Von Teneriffa aus wird dann wieder Barbados angesteuert.

Schnuppertörn in der Adria

Am 3.9. startet in Venedig eine Kurztour nach Rovinj in Kroatien und Piran in Slowenien. **3 Nächte, ab € 950 ab/bis Venedig**

Westliches Mittelmeer

Sechsmal geht es im Mai und Juni von Rom aus zu kleinen Höhepunkten des westlichen Mittelmeers. Das Schiff steuert Palmarola und Ponza an, Sorrent und Capri und kreuzt entlang der Amalfiküste. Taormina, Lipari und Stromboli sowie ein Seetag runden das Programm ab. **7 Nächte, ab € 2.215 ab/bis Rom**

Pool direkt unterm Mast

DATEN & FAKTEN

BRZ	5.000	**Passagiere**	227
Länge	134,00 m	**Crew-Mitglieder**	106
Breite	16,00 m	**Passagierdecks**	4
Indienststellung	2000	**PCR (Pass. pro Crew)**	2,6
letzte Renovierung	2007	**PSR (Platzangebot)**	18
Bordsprache	Engl., Dt., Frz.	**Restaurants/Bars**	1/2

Kabinen	110 (104 außen, 6 innen), davon 14 Suiten mit Balkon, 2 Eignerkabinen; Größen: ca. 10 bis 33 m²
Sport & Wellness	3 Pools, Morgengymnastik, Tauchen, Wasserski, Surfen, Dingi-Segeln, Fitnesscenter
Info-/Entertainment	Captain's Storytime, Nautikkunde, Knotenkunde, Krabbenrennen, Quiz, Talentshow, Modenschau etc.
Dresscode	kein Dresscode, zum Abendessen im Restaurant lange Hosen
Preis pro Nacht	€ 94 bis € 896; Durchschnitt € 417
Info	**Star Clippers**, Monaco E-Mail: info@starclippers.com www.starclippers.com

PROFIL

Info-/Entertainment	⚓ ⚓ ½
Sport & Wellness	⚓ ⚓ ⚓ ½
Gastronomie	⚓ ⚓ ⚓ ½
Familienfreundlichkeit	⚓ ⚓
Service	⚓ ⚓ ⚓ ½
Routing	⚓ ⚓ ⚓ ½

Seit langer Zeit wieder ein Neubau bei Princess Cruises

Royal Princess

Das neue Flaggschiff von Princess Cruises kombiniert geschickt klassische Eleganz und europäisches Flair mit den Vorteilen eines Megaschiffs

Für ein 3.650-Passagiere-Megaschiff ist die Royal Princess überraschend zentral strukturiert: Gesellschaftlicher Mittelpunkt ist das enorm große, elegante Atrium The Piazza. Auf drei Ebenen konzentrieren sich hier nicht nur Bars, Restaurants und Shops, es kreuzen sich auch alle Laufwege. Die Orientierung fällt dadurch leicht, und die Royal Princess fühlt sich eher wie ein 2.000-Passagiere-Schiff an. Die sieben reinen Passagierdecks nimmt man so kaum wahr. Klar strukturiert ist auch das Pooldeck: Der stilvolle, für Erwachsene reservierte Retreat Pool sowie die (kostenpflichtige) Wellness-Oase The Sanctuary sind optisch gut vom Hauptpool abgetrennt. Zum Heck hin schließt das helle, moderne Buffetrestaurant an. Die elegant gestylten Kinder- und Teensbereiche inklusive Außenbereichen sowie das Sportdeck liegen ganz oben am Heck. Ein wenig Nervenkitzel gefällig? Auf dem „Seawalk" spaziert der Passagier in fast 40 Meter Höhe über einen Glasboden rund 8,5 Meter weit über die Bordwand hinaus. Zum entspannten Genießen lädt der Springbrunnen mit „Fountain & Light"-Shows ein. Tagsüber dient er als Wasserspielplatz, Sonnendeck oder Showbühne. Fast verschwunden ist das Promenadendeck: Nur zwei Segmente mittschiffs und seitlich am Heck sind zugänglich. Ebenso fehlt ein offenes Deck mit direktem Blick nach vorn oder eine entsprechende Aussichtslounge. Die

„Seawalk" über dem Meer

The Sanctuary

Kabinen sind elegant und modern, das Bad aber ziemlich klein – zugunsten eines begehbaren Kleiderschranks. Keine Kompromisse geht Princess bei den wirklich wichtigen Dingen ein: Die Servicecrew ist sehr aufmerksam und herzlich, das Entertainment vielfältig und das Essen hochwertig.

Fahrgebiete & Reisen 2014

Die Royal Princess fährt in ihrem ersten Winter von Fort Lauderdale auf einer 7-Nächte-Route in die östliche Karibik mit Stopps in Princess Cays, St. Thomas und St. Maarten. Von Mai bis August 2014 fährt sie 11-Nächte-Touren ab Kopenhagen nach Skandinavien und Russland mit Stopps in Warnemünde, Tallinn, St. Petersburg, Helsinki, Stockholm, Göteborg und Oslo, bevor sie im Oktober zunächst von New York nach Neuengland und Kanada mit Stopps in Newport, Boston, Bar Harbor, Saint John und Halifax fährt, um dann Ende Oktober in die Karibik zu wechseln.

Taufpatin war Prinzessin Kate

DATEN & FAKTEN

BRZ	141.000	Crew-Mitglieder	1.346
Länge	330,10 m	PCR (Pass. pro Crew)	3,2
Breite	47,25 m	PSR (Platzangebot)	32,5
Indienststellung	2013	Passagierdecks	17
Bordsprache	Englisch	Restaurants	9
Passagiere	3.560/4.340	Bars	21

Kabinen	1.780 (1.438 außen, 342 innen), dav. 40 Suiten u. 306 Mini-Suiten mit Balkon, 360 Deluxe-Balkonkab., 732 Balkonkab.; Größen 15–60 m²
Sport & Wellness	3 Pools, 6 Whirlpools, Fitnesscenter, Lotus Spa und „Sanctuary" für Erw., Driving Range, Putting Green, Jogging
Info-/Entertainment	Show-Theater, Casino, Nightclub, „Movies under the Stars", Bibliothek, Internetcafé, Kinderclub
Dresscode	meist leger, zwei formelle Abende
Preis pro Nacht	€ 79 bis € 592; Durchschnitt € 139
Info	**Princess Cruises** München, Tel. (089) 51 70 34 50 www.princesscruises.de

PROFIL

Info-/Entertainment	⚓⚓⚓⚓
Sport & Wellness	⚓⚓⚓⚓
Gastronomie	⚓⚓⚓⚓½
Familienfreundlichkeit	⚓⚓⚓⚓
Service	⚓⚓⚓⚓
Routing	⚓⚓⚓½

Vor Elba

Seabourn Quest (mit Sojourn & Odyssey)

Konsequent dem Luxus verpflichtet: Auf den neuen Seabourn-Yachten wird Kreuzfahrt perfektioniert. Dafür verlassen die älteren Schiffe die Flotte

Mit der Quest und ihren Schwestern **Odyssey** (2009) und **Sojourn** (2010) hat die Seabourn Cruise Line Meilensteine im Luxussegment gesetzt. Es sind ultra-elegante Schiffe im Yacht-Design, auf denen man ausschließlich in Außensuiten wohnt, davon 90 Prozent mit Balkon und stolze 27 bis 110 Quadratmeter groß. Fürstlich auch das Passagier-Crew-Verhältnis: 330 hoch motivierte, vielsprachige Crewmitglieder kümmern sich um maximal 450 Gäste und umschmeicheln sie mit Aufmerksamkeiten wie personalisiertem Briefpapier oder kostenlosen Massagen an Deck. Wer das exzellente Spa (auf der Quest mit einem Kneipp-Bereich als Besonderheit) intensiv nutzen will, sollte eine der 2013 nachgerüsteten Penthouse Spa Suiten buchen: Sie sind über eine Wendeltreppe direkt mit dem Spa verbunden. Gespeist wird auf Sterne-Level in zwei noblen Innenrestaurants, in der Heckbar The Colonnade oder im Patio Grill am Pool. Champagner, ausgewählte Weine und andere alkoholische Getränke sowie Trinkgelder sind dabei inklusive. Bordsprache ist Englisch, die Gäste kommen aus Nordamerika, Europa und aller Welt. Am Seabourn Square, einer Art Piazza, die Concierge Desk, Internetcafé, Bibliothek und ein Wiener Café gelungen vereint, lernen sie sich kennen. – Demnächst bildet das Trio übrigens die komplette Seabourn-Flotte: Von April 2014 bis Mai 2015 werden die älteren Einheiten **Seabourn Pride**, **Legend** und **Spirit** an den neuen Besitzer **Windstar Cruises** übergeben.

Pooldeck am Abend

Seabourn Square

Im Atrium

Fahrgebiete & Reisen 2014

Zu Jahresbeginn kreuzt die Quest rund um Südamerika (inkl. Amazonas im April). Nach Frühjahrsreisen im Mittelmeer kommt sie nach Nordeuropa, mit Abfahrten ab/bis Amsterdam, Kopenhagen, Stockholm und Dover. Von dort fährt sie im August über Irland, Island und Grönland nach Kanada und Neuengland – und zum Winter hin weiter in die Karibik.

Weiße Nächte in St. Petersburg

Sechs Termine von Mai bis Juli: von Kopenhagen oder Stockholm zu einem 3-Tages-Besuch nach St. Petersburg, dazu Helsinki, Tallinn und ein Seetag. **7 Nächte, ab € 3.790 ab/bis Hafen**

Transatlantik über Grönland

Am 8.8. von Dover via Irland, Färöer, Island nach Grönland (6 Häfen in 7 Tagen) und mit 3 Seetagen über Neufundland und Québec nach Montreal. **24 Nächte, ab € 9.954 ab/bis Hafen**

DATEN & FAKTEN

BRZ	32.000	**Passagiere**	450
Länge	198,00 m	**Crew-Mitglieder**	330
Breite	25,60 m	**PCR (Pass. pro Crew)**	1,4
Indienststellung	2011	**PSR (Platzangebot)**	71,1
(Odyssey 2009; Sojourn 2010)		**Passagierdecks**	8
Bordsprache	Englisch	**Restaurants/Bars**	4/6

Kabinen	225 Außensuiten, davon 199 mit Balkon, Größen: 27 bis 110 m²; 7 barrierefreie Suiten
Sport & Wellness	2 Pools, 6 Whirlpools, Spa und Fitnesscenter mit Kinesis Wall, Saunen, Thalasso, Sportdeck
Info-/Entertainment	Shows, Cabaret, Casino, Lesungen, Bibliothek, Konferenzraum
Dresscode	tagsüber „casual“, mehrere Abende „formal“, ansonsten im Restaurant „informal“
Preis pro Nacht	€ 227 bis € 5.295; Durchschn. € 596
Info	**Seabourn Cruise Line** Tel. 00800 18 72 18 72 www.seabourn.com

PROFIL

Info-/Entertainment	⚓⚓⚓½
Sport & Wellness	⚓⚓⚓⚓
Gastronomie	⚓⚓⚓⚓⚓
Familienfreundlichkeit	⚓⚓
Service	⚓⚓⚓⚓⚓
Routing	⚓⚓⚓⚓½

Stolzer Anblick in der Ägäis

Sea Cloud

Ein stolzes Schiff mit langer Historie. Es ist schon über 80 Jahre alt

2011 feierte die „Seewolke" ihren 80. Geburtstag – u. a. mit ihrem ersten Besuch seit 33 Jahren an deutschen Küsten, wo sie einst zu Wasser gelassen wurde: Krupp Germania in Kiel hat die Viermastbark 1931 gebaut. Nicht an der Förde jedoch, sondern in Bremerhaven wurde sie zuletzt generalüberholt und an die neuesten Sicherheitsstandards auf See (SOLAS) angepasst – und zwar ohne, dass dabei der nostalgische Charakter dieses einzigartigen Seglers verändert wurde. Teile des Decks und des Riggs sowie ein Teil der Kabinen wurden renoviert, außerdem der Crew-Bereich, der nicht mehr den neuen Standards entsprach. Dank einer Spezialbehandlung für den großteils aus Holz bestehenden Inneneinbau kam auch der

Eine Eignersuite; die versammelte Crew

Brandschutz auf den neuesten Stand. Fans dürfen sich also freuen, dass die Legende weitersegelt. So genannt zu werden verdient sich die Bark mit der historischen Aura, die sie umweht: Sie wurde einst als Privatyacht für die New Yorker Kaufhauserbin Marjorie Merriweather Post gebaut. Zu den nachfolgenden Besitzern, die sich an Details wie den massivgoldenen Wasserhähnen in den Eignersuiten erfreuten, zählten Playboys, Diplomaten und Diktatoren. Seit 1978 fährt sie als Kreuzfahrtschiff. Mit herzlichem Service, exquisiter Gastronomie, schönen Routen und der sportlichen Atmosphäre einer von Hand gesegelten Bark erhält sie sich treu ein begeistertes Publikum. Mit der teils seit Jahrzehnten dabei gebliebenen Crew fühlen sich Repeater wie Erstfahrer in der Sea-Cloud-Familie wohl. Die Preise sind stolz, doch dafür sind immerhin alle Landausflüge inkludiert. Und für 1.995 Euro gibt es neuerdings ein romantisches „Hochzeitspaket" – inklusive rechtsgültiger Trauung an Bord.

Fahrgebiete & Reisen 2014

Nach Winterreisen in der Karibik verbringt die Sea Cloud den Großteil des Jahres im Mittelmeer. Von Mai bis Oktober liegt dabei der Fokus auf dem östlichen Mittelmeer mit Törns ab Piräus, Istanbul und Venedig. Im November stehen zwei Kanarenreisen als Vorbereitung für die Rückkehr in die Karibik an.

Östliches Mittelmeer

Ein Leckerbissen am 30.6.: Vor der Abfahrt in Kusadası gibt es abends ein Privatkonzert in Ephesus. Dann geht es nach Skiathos und Skorpios, außerdem kreuzt das Schiff vor der Mönchsrepublik Athos mit Blick auf die Metéora-Klöster und besucht Vólos sowie Kavala in Griechenland. Der Törn endet in Istanbul. **8 Nächte, ab € 3.725 ab/bis Hafen**

Schnupperreisen

Erstmals finden 2014 auch Kurztouren zum Kennenlernen statt – z. B. am 27.10. von Mallorca über Valencia mit einem Seetag nach Málaga. **4 Nächte, ab € 1.715 ab/bis Hafen**

Historische Instrumente

DATEN & FAKTEN

BRZ	2.492	**Passagiere**	max. 64
Länge	109,50 m	**Crew-Mitglieder**	60
Breite	14,94 m	**PCR (Pass. pro Crew)**	1
Indienststellung	1931	**PSR (Platzangebot)**	39
letzte Renovierung	2011	**Passagierdecks**	3
Bordsprache	Deutsch/Engl.	**Restaurants/Bars**	1/2

Kabinen	30 Außenkabinen (9,5 bis 24 m²) plus 2 historische Eignersuiten (34 und 38 m²)
Sport & Wellness	Wasserski, Windsurfen, Schnorcheln (Ausrüstungen an Bord), zu bestimmten Terminen Golfreisen mit Turnier
Info-/Entertainment	landeskundliche Vorträge und Themenvorträge, Bordpianist
Dresscode	sportlich-elegant
Preis pro Nacht	€ 273 bis € 2.041 Durchschnitt € 763
Info	**Sea Cloud Cruises** Hamburg, Tel. (040) 30 95 92-50 www.seacloud.de

PROFIL

Info-/Entertainment	⚓⚓½
Sport & Wellness	⚓⚓
Gastronomie	⚓⚓⚓⚓½
Familienfreundlichkeit	⚓½
Service	⚓⚓⚓⚓⚓
Routing	⚓⚓⚓½

Vor St. Lucia in der Karibik

Sea Cloud II

Segelromantik plus exquisite Küche ergibt Urlaubsluxus pur

Wie die **Sea Cloud** ist auch die Sea Cloud II ein Segelkreuzfahrer für höchste Ansprüche. Zwar nicht so schnittig gebaut wie die Schwester, mit rundem Heck und höherer Bordwand – dadurch bietet sie aber Platz für 96 statt 64 Passagiere. Da sie von Beginn an als Kreuzfahrtschiff und nicht als Rennyacht gedacht war, sind alle Kabinen und öffentlichen Bereiche bestmöglich auf heutige Ansprüche zugeschnitten. Eine umlaufende Promenade bietet viele Perspektiven, um die Atmosphäre eines von Hand navigierten Seglers zu genießen. So oft wie möglich wird nur mit der Kraft des Windes gefahren. Bis alle Segel gesetzt sind, dauert es eine Stunde. Hohes Niveau haben Service und Gastronomie – die maritim-legere Gästeschar, viele von ihnen Repeater, weiß das zu schätzen. Einen Pool oder ein dezidiertes Unterhaltungsprogramm gibt es nicht, dafür eine Badeplattform und ein neues ganzheitliches Trainingsprogramm. Ein schöner Rückzugsraum ist die Bibliothek mit Blick voraus.

Fahrgebiete & Reisen 2014

2014 wird das Kurzreisenangebot auf vier Termine ausgebaut. Eine Premiere ist die Fahrt durch den Panamakanal zu Jahresbeginn. Im Juni besucht die Lady Hamburg (inkl. Schnuppertörn nach Sylt) und Großbritannien.

DATEN & FAKTEN

BRZ	3.849	**Passagiere**	max. 96
Länge	105,90 m	**Crew-Mitglieder**	60
Breite	16,00 m	**PCR (Pass. pro Crew)**	1,6
Indienststellung	2001	**PSR (Platzangebot)**	64,1
Renov.	fortlaufend	**Passagierdecks**	4
Bordsprache	Deutsch/Engl.	**Restaurants/Bars**	1/2

Kabinen	47 Außenkabinen (12 bis 23 m²), davon 2 Eignersuiten mit 27 m²
Sport & Wellness	Fitness, Sauna, Badeplattform; Windsurfen, Wasserski, Schnorcheln (Ausrüstungen an Bord)
Info-/Entertainment	Bordpianist, Konzerte, landeskundliche und kulinarische Vorträge, prominente Referenten auf Themenreisen
Dresscode	sportlich-elegant
Preis pro Nacht	€ 272 bis € 1.247; Durchschn. € 683
Info	**Sea Cloud Cruises** Hamburg, Tel. (040) 30 95 92-50 www.seacloud.com

PROFIL

Info-/Entertainment	⚓⚓½
Sport & Wellness	⚓⚓½
Gastronomie	⚓⚓⚓⚓⚓
Familienfreundlichkeit	⚓½
Service	⚓⚓⚓⚓⚓
Routing	⚓⚓⚓½

Seit 1960 in Fahrt – seit zwölf Jahren als Kreuzfahrtschiff

FOTO: O. Schmidt

Serenissima

Das Postschiff, das mit 53 Jahren ein neues Leben startet

Serenissima ist der dritte Name des kleinen Schiffes, das sich seit seinem letzten Werftaufenthalt mit „Ganzkörper-Peeling" mit blank geschliffenem blauem Rumpf und frischen Teakholzdecks wie eine Luxusyacht präsentiert. Dabei ist das ehemalige norwegische Postschiff **Harald Jarl** schon seit zwölf Jahren ein Kreuzfahrtschiff, das unter dem Namen **Andrea** bekannt wurde. Winden sich in ihrem Bauch verwinkelte Gänge zu Kabinen, die sich mit ihren kleinen Bullaugen zum Teil der Schräge der Bordwand anpassen, so ist das Konzept der Gesellschaftsräume erstaunlich klar: Sie liegen alle auf einem Deck. Lese-Lounge mit Bibliothek, Foyer mit Rezeption, Restaurant mit Buffet und die Lounge mit Tanzfläche; dahinter folgt ein zweistufiges Achterdeck. Frühstück und Lunch sind eine Mischung aus Buffet und frisch zubereiteten Speisen, das Dinner wird serviert, manchmal gibt es stattdessen ein Barbecue. Die Serenissima verfügt über Expeditionsschlauchboote und kann daher auch fernab der Zivilisation ausbooten.

Fahrgebiete & Reisen 2014

Ihr Jahreszyklus führt die Serenissima von der Adria in die Ostsee, nach Norwegen und Großbritannien. Im Herbst nimmt sie Kurs aufs Schwarze Meer und die Kanaren.

DATEN & FAKTEN

BRZ	2.632	**Passagiere**	107
Länge	87,00 m	**Crew-Mitglieder**	48
Breite	13,00 m	**PCR (Pass. pro Crew)**	2,2
Indienststellung	1960	**PSR (Platzangebot)**	24,6
letzte Renovierung	2013	**Passagierdecks**	5
Bordsprache	Engl., Deutsch	**Restaurants/Bars**	1/2

Kabinen	54 Außenkabinen mit Fenster oder Bullauge, 5 Innenkabinen; Größen: ca. 10 bis 23 m²
Sport & Wellness	Fitnessstudio, Jacuzzi; Lift
Info-/Entertainment	Tanzmusik in der Lounge, Observation Deck, Lese-Lounge, kleiner Shop, Lektoren, offene Brücke, Zodiac-Ausflüge
Dresscode	sportlich-leger
Preis pro Nacht	€ 240 bis € 485 Durchschnitt € 364
Info	**Windrose Finest Travel** Berlin, Tel. (030) 201 72 10 www.windrose.de

PROFIL

Info-/Entertainment	⚓⚓½
Sport & Wellness	⚓½
Gastronomie	⚓⚓⚓½
Familienfreundlichkeit	⚓
Service	⚓⚓⚓⚓
Routing	⚓⚓⚓⚓

Vor der Altstadt von Bonifacio auf Korsika

FOTO: J. Bohmann

SeaDream I & II

„It's Yachting, not Cruising":
Kreuzfahrt auf Kaviarkurs

Kreuzen wie auf der eigenen Yacht – das ist das Konzept des SeaDream Yachtclub. Die legere Atmosphäre an Bord des kleinen Luxusschiffs (Dresscode? Fehlanzeige!) gehört ebenso dazu wie die namentliche Ansprache bereits am zweiten Tag. Das Verhältnis Crew zu Passagier ist außergewöhnlich hoch. Die Mitarbeiter achten aufmerksam auf das Wohl der Gäste, ohne dabei aufdringlich zu wirken. Der Umgang ist stets freundlich, aber nicht unterwürfig. Da die 105 Meter langen Yachten keine Balkone haben, findet das Leben an Deck statt. Hier schmecken die hochwertigen Gerichte gleich doppelt so gut, egal ob Kaviar, kalorienreduziert oder vegetarisch und roh. Darüber hinaus hat die Küche stets ein offenes

Relaxen am Pool; Blick in die Admiral Suite

Ohr für Gästewünsche, die mitunter schon am nächsten Tag auf der Karte erscheinen oder individuell zubereitet werden. Wer möchte, kann auch mal eine Nacht unterm Sternenhimmel schlafen: in den „Balinese Dream Beds“ – eine einmalige Erfahrung. Für Kinder ist das Konzept eher ungeeignet, dafür können Erwachsene zu Kindern werden, und zwar an der Marina am Heck, wo es Kanus, Jetski, Segler, Banana Boat und Stand-Up-Paddling gratis gibt. Spontane Schwimmstopps gehören ebenso zu den Freiheiten des Kapitäns wie die Leitung eines Radausflugs. Schnell kommen auch Alleinreisende mit den großteils US-amerikanischen Gästen ins Gespräch und lassen den Abend an der Top of the Yacht Bar, im Casino, in der Bibliothek oder bei Livemusik im Main Salon ausklingen. Der Champagner dazu ist natürlich im Preis inkludiert.

Fahrgebiete & Reisen 2014

Die **SeaDream II** ist zu Jahresbeginn zwischen Asien und Nordaustralien unterwegs, während die **SeaDream I** in der Karibik kreuzt. Ende April macht sie sich auf den Weg nach Nordeuropa, ihre Schwester wechselt gleichzeitig ins Mittelmeer, wo beide Schiffe den ganzen Sommer über gemeinsam kreuzen. Das Programm ab Oktober 2014 stand bei Redaktionsschluss dieses Buches noch nicht fest.

SeaDream I: Nordeuropa

Am 31.5. startet in Hamburg mit einer Passage des Nord-Ostsee-Kanals eine Reise nach Skandinavien und Russland. Bornholm, Arensburg auf Øsel und Mariehamn zeugen von der Flexibilität der Yacht. Aber auch Visby, Tallinn, Helsinki und St. Petersburg (overnight) werden angesteuert. Die Reise endet in Stockholm.
10 Nächte, ab € 7.865 ab/bis Hafen

SeaDream II: Mittelmeer

Ab Civitavecchia am 20.9. nach Portoferraio (Elba), Portovenere und Portofino. Weitere Ziele sind Sanary-Sur-Mer und St. Tropez; über Cannes geht es bis nach Monte Carlo.
6 Nächte, ab € 4.096 ab/bis Hafen

„Balinese Dream Beds“

DATEN & FAKTEN

BRZ	4.260	Passagiere	max. 112
Länge	104,85 m	Crew-Mitglieder	95
Breite	14,30 m	PCR (Pass. pro Crew)	1,2
Indienststellung	1984/85	PSR (Platzangebot)	38,0
letzte Renov.	2011	Passagierdecks	5
Bordsprache	Englisch	Restaurants/Bars	2/3

Kabinen	56 Außenkabinen, 1 Admiral Suite, 1 Eignersuite; Größen: 18 bis 45 m²
Sport & Wellness	Fitnesscenter, Massagen, Dampfbad, Sauna, Golfsimulator, Mountainbikes, Jetski, Kajaks, Wasserski, Schnorchelausrüstung u. v. m.
Info-/Entertainment	„Champagne & Caviar Splash“, Kino unter Sternen, Cocktailpartys, Vorträge auf Transatlantikreisen
Dresscode	„Yacht Casual“ (kein spezieller formeller Dresscode)
Preis pro Nacht	€ 188 bis € 1.880; Durchschn. € 780
Info	**M'Ocean Reisen und Meer** Tel. (06733) 92 97 98 www.seadream.de

PROFIL

Info-/Entertainment	⚓⚓½
Sport & Wellness	⚓⚓⚓½
Gastronomie	⚓⚓⚓⚓½
Familienfreundlichkeit	⚓½
Service	⚓⚓⚓⚓⚓
Routing	⚓⚓⚓½

Nur Außensuiten mit Balkon: Wenige Schiff bieten so viel Platz

Seven Seas Voyager

Legerer Luxus made by Regent Seven Seas: Allein sein muss hier niemand

Seit zehn Jahren fährt sie an der Spitze der luxuriösen Flotte von Regent Seven Seas, und das Geheimnis ihres Erfolgs besteht in einer sehr legeren Bordatmosphäre bei sehr hohem Niveau. Wo der Butler an der Tür klingelt, um dem Gast den Koffer auszupacken, und der Steward trotz freier Tischwahl am zweiten Tag den Namen des Gasts und seine Vorlieben kennt, da gibt es kaum noch eine Steigerung. Dennoch bittet der Kapitän zu einem lockeren Stehempfang im Foyer und verzichtet aufs Händeschütteln. Stattdessen lernen sich die Passagiere kennen: Auf eine Durchsage des Kreuzfahrtdirektors hin tritt jeder auf den Kabinengang und macht sich mit seinen Nachbarn bekannt. Singles können das allabendlich bei den Kennenlernrunden vor dem Dinner tun – niemand geht allein zu Tisch. Gespeist wird im Compass Rose Restaurant mit vollem Service, im La Veranda vom Buffet oder in einem der Spezialitäten-Restaurants. Natürlich all inclusive.

Fahrgebiete & Reisen 2014

Von Australien, China und Südostasien kommend trifft das Schiff im Juni in Southampton ein. Ostsee und Nordland stehen im Plan, im Herbst das Mittelmeer und zum Winter Dubai.

DATEN & FAKTEN

BRZ	46.000	**Crew-Mitglieder**	447
Länge	204,00 m	**Bordsprache**	Englisch
Breite	29,00 m	**PCR (Pass. pro Crew)**	1,6
Indienststellung	2003	**PSR (Platzangebot)**	65,7
letzte Renovierung	2009	**Passagierdecks**	9
Passagiere	700	**Restaurants/Bars**	4/4

Kabinen	353 Außensuiten mit Balkon (88 mit Butler); Größen: 28–113 m²
Sport & Wellness	Pool, 2 Whirlpools, Beauty- und Fitnesscenter, Golf-Driving-Netz, Joggingpfad, Shuffleboard
Info-/Entertainment	Theater, Casino, Observation Lounge, Bibliothek, Internetcafé
Dresscode	je nach Anlass „country club casual", formell oder informell
Preis pro Nacht	€ 175 bis € 1.878; Durchsch. € 773
Info	**Vista Travel**, www.vistatravel.de **Aviation & Tourism International**, www.atiworld.de **airtours**, www.airtours.de/reiseziele/kreuzfahrten/

PROFIL

Info-/Entertainment	⚓⚓⚓⚓
Sport & Wellness	⚓⚓⚓
Gastronomie	⚓⚓⚓⚓⚓
Familienfreundlichkeit	⚓⚓
Service	⚓⚓⚓⚓½
Routing	⚓⚓⚓⚓½

Im Sommer 2014 geht es nach Grönland, im Herbst in die Südsee

Silver Explorer

Expedition mit Silversea – Parka und Zodiac-Fahrten inklusive

Seit 2008 ist die Luxusmarke Silversea mit diesem Schiff im kleinen, aber feinen Markt für Expeditionen tätig. Dass sie Erfolg damit hat, zeigen die Zukäufe der **Silver Galapagos**, die seit 2013 mit maximal 100 Gästen den Galapagos-Archipel erkundet, und der **Silver Discoverer** (ex-**Clipper Odyssey**), die 2014 hinzustoßen wird. Weltweit (mit Schwerpunkt bei den Polgebieten) kreuzt die Silver Explorer: ein fast familiäres Schiff für das große Abenteuer de luxe, mit Destinationen, die für andere tabu sind. Versierte Lektoren bereiten die Gäste darauf vor; viele Landgänge erfolgen in Zodiacs. Exquisit wie die Routen sind aber auch Ausstattung und Service – die nämlich sind typisch Silversea. Es gibt ausschließlich Außenkabinen, teils mit Veranda oder französischem Balkon. Auch eine marmorverkleidete Badewanne, die mit Wunschgetränken bestückte Minibar und Butlerservice für alle sind Standard – und eine exzellente Küche! Gespeist wird mit freier Platzwahl, alle Trinkgelder, Weine und Champagner sind inklusive. Sogar Parkas für die Ausflüge gibt's kostenlos.

Fahrgebiete & Reisen 2014

Das Schiff fährt bis März in der Antarktis; dann via Panama und Karibik nach Nordeuropa (z. B. Grönland/Island, **12 Nächte, ab € 7.750**).

DATEN & FAKTEN

BRZ	6.072	**Passagiere**	132
Länge	108,00 m	**Crew-Mitglieder**	117
Breite	15,80 m	**PCR (Pass. pro Crew)**	1,1
Indienststellung	1989	**PSR (Platzangebot)**	46,0
Umbau	2008	**Passagierdecks**	5
Bordsprache	Engl., Deutsch	**Restaurants/Bars**	2/3

Kabinen	66 Außensuiten und -kabinen, teils mit Veranda/französischem Balkon; Größen: 17 bis 68 m²
Sport & Wellness	Beautysalon, Fitnesscenter, kleiner Spa-Bereich, 2 Whirlpools
Info-/Entertainment	Show Lounge/Lecture Lounge, Bibliothek, Internet, deutschspr. Lektoren und Service auf allen Polarreisen
Dresscode	leger
Preis pro Nacht	€ 368 bis € 2.450; Durchschn. € 1.110
Info	**Silversea Cruises**, Frankfurt Tel. (069) 222 21 22 83 **Aviation & Tourism International** Alzenau, Tel. (06023) 91 71 50

PROFIL

Info-/Entertainment	⚓⚓⚓½
Sport & Wellness	⚓⚓
Gastronomie	⚓⚓⚓⚓½
Familienfreundlichkeit	⚓⚓
Service	⚓⚓⚓⚓½
Routing	⚓⚓⚓⚓⚓

An der Pier in Venedig

FOTO: J. Bohmann

Silver Spirit

Silverseas Größte: All-inclusive-Genüsse auf Luxusniveau

Auf der Silver Spirit genießt der Gast Luxus auf sehr hohem Niveau. Dass dabei fast alle Leistungen an Bord bereits im Reisepreis eingeschlossen sind, vom Butlerservice über Cocktails und Champagner bis hin zu den Trinkgeldern, trägt zur Wohlfühlatmosphäre zweifellos bei. Lediglich zwei der Spezialitätenrestaurants sowie besondere Weine und Drinks kosten extra. Mit 540 Gästen ist die 2009 in Dienst gestellte Silver Spirit das größte Schiff der italienischen Reederei mit Sitz in Monaco. Hochwertig ist das klassisch-dezente Design der Suiten und öffentlichen Räume, groß ist die kulinarische Vielfalt: Das Hauptrestaurant The Restaurant, das La Terrazza mit Außenbereich am Heck (tagsüber

In der Lounge; das Pooldeck am Abend

Buffetrestaurant, abends Nobel-Italiener), der Pool Grill unter freiem Himmel, wo man sich das Dinner auf heißem Vulkanstein selbst zubereitet, und der Stars Supper Club mit Tapas und Jazzmusik live. Wer es besonders edel möchte, geht ins französische Le Champagne (in Kooperation mit Relais & Châteaux) oder das japanisch-asiatische Seishin (jeweils gegen Aufpreis). Als eine von nur noch wenigen Reedereien hält Silversea an der Tradition der Gentlemen Hosts für Alleinreisende fest – als Begleiter auf Landausflügen und zum Dinner sowie als Tanzpartner. Ein wenig Tradition auch beim Dresscode: Ein formeller Abend pro 7-Nächte-Reise verlangt nach dunklem Anzug und Abendkleid; auch sonst sind kurze Hosen und T-Shirts abends nicht gern gesehen. Kids und Teens gehören übrigens nicht zur bevorzugten Klientel. Zumindest in den Sommermonaten gibt es jedoch in geringem Umfang ein Kinderprogramm, und zu Ferienzeiten genießen durchaus auch Familien den entspannten Luxus des Schiffs.

Fahrgebiete & Reisen 2014

Das Jahr beginnt mit Karibik, Mexiko und Amazonas. Mitte April macht sich das Schiff auf den Weg über den Atlantik nach Lissabon, um bis Anfang November im östlichen Mittelmeer zu bleiben. Zwischendurch gibt es auch Reisen ins Schwarze Meer. Am 9. November geht es wieder retour in die Karibik.

Zum Grand Prix von Monaco

Von Barcelona fährt die Silver Spirit über Sète nach Cannes, wo sie über Nacht bleibt. Mit Zwischenstopp in Ajaccio ist Monte Carlo das nächste Ziel, ebenfalls „overnight". Es folgen Portoferraio auf Elba und zuletzt Civitavecchia. **8 Nächte, ab € 2.550 ab/bis Hafen**

Schwarzes Meer

Am 20. August startet in Istanbul eine Reise ins Schwarze Meer. Nach einem Seetag wird Trabzon erreicht, weiter geht es nach Sotschi, Jalta, Sewastopol, Odessa, Constanza und Nessebar. **8 Nächte, ab € 3.550 ab/bis Istanbul**

Elegant – wie das Schiff

DATEN & FAKTEN

BRZ	36.000	**Passagiere**	540
Länge	195,80 m	**Crew-Mitglieder**	376
Breite	26,20 m	**PCR (Pass. pro Crew)**	1,4
Indienststellung	2009	**PSR (Platzangebot)**	66,6
letzte Renovierung	–	**Passagierdecks**	8
Bordsprache	Englisch	**Restaurants/Bars**	6/4

Kabinen	270 Außensuiten, davon 256 mit Balkon; Größen: 29 bis 132 m²
Sport & Wellness	Sonnendeck mit Pool u. Jacuzzi, Spa, Fitnesscenter, Beautysalon
Info-/Entertainment	Show Lounge, intern. Künstler, Lektorenvorträge, Casino, Videothek, Bibliothek, Internetcafé
Dresscode	leger bis elegant; ein festlicher Abend pro Reise
Preis pro Nacht	€ 250 bis € 1.643; Durchschn. € 667
Info	**Silversea Cruises**, Frankfurt Tel. (069) 222 21 22 83 www.silversea.com **Aviation & Tourism International** Alzenau, Tel. (06023) 91 71 50 www.silversea.de

PROFIL

Info-/Entertainment	⚓⚓⚓⚓○
Sport & Wellness	⚓⚓⚓⚓○
Gastronomie	⚓⚓⚓⚓⚓
Familienfreundlichkeit	⚓⚓○○○
Service	⚓⚓⚓⚓½
Routing	⚓⚓⚓⚓○

Die Star Clipper im Mittelmeer

Star Clipper & Star Flyer

Auf den beiden Windjammern lässt sich Seefahrerromantik pur erleben. Das Sahnehäubchen: der Blick aus dem Krähennest in unendliche Weite

Es ist ein erhebendes Gefühl: Die Anker sind gelichtet, der Wind greift in die Segel, die Star Clipper nimmt Fahrt auf – die Reise beginnt! Wer zum ersten Mal das Auslaufen des stattlichen Windjammers miterlebt, weiß sofort, dass er wiederkommen möchte. Denn hier lässt sich Seefahrerromantik pur erleben – mit allem, was dazugehört. Auf dem Viermaster, der in der Star Flyer eine fast baugleiche und ebenso schöne Schwester hat, zählen nicht Animation, Shops und Restaurants – hier nimmt das Segeln, der enge Kontakt zu den Naturgewalten Wasser und Wind, den größten Stellenwert ein. Dass es dabei auch mal kräftig schaukeln kann, ist selbstverständlich und gehört dazu. Auf diesen Clipper-Schiffen treffen sich Menschen aus aller Welt zum ungezwungenen Reisen in legerer und familiärer Atmosphäre. Einen Dresscode gibt es nicht, auf den gepflegten Teakholzdecks sind flache Schuhe erwünscht und angebracht. Für das stimmungsvolle Captain's Dinner aber werfen sich die bis zu 170 Gäste gern in Schale – schließlich macht die schmucke Uniform des Kapitäns auch einiges her. Obwohl es nur einen Laden, ein Restaurant und zwei Bars gibt, wird es an langen Segeltagen nicht langweilig: Auf den Liegen an zwei kleinen Pools lässt es sich herrlich entspannen, und wer möchte, darf bei ruhiger See bis ins Krähennest des Fockmasts klettern oder direkt über dem Wasser im Netz am Bugspriet sonnen.

Eine Außenkabine

Im Restaurant

Shantys an Deck

FOTOS: S. Krings (1) Starclippers (1), J. Bohmann (2)

DATEN & FAKTEN

BRZ	3.092	Passagiere	170
Länge	115,50	Crew-Mitglieder	74
Breite	15,00 m	PCR (Pass. pro Crew)	2,3
Indienststellung	1991/92	PSR (Platzangebot)	18,2
letzte Renov.	2007/08	Passagierdecks	4
Bordsprache	Engl., Dt., Frz.	Restaurants/Bars	1/2

Kabinen	84 (78 außen, 6 innen), dav. 8 Suiten, 1 Eignerkabine; Größen: ca. 9–21 m²
Sport & Wellness	2 Pools, Morgengymnastik, Tauchen, Wasserski, Surfen, Dingisegeln, Schnorcheln
Info-/Entertainment	Nautikkunde, Knotenkunde, Quiz, Talentshow, Modenschau etc.
Dresscode	kein Dresscode, zum Abendessen im Restaurant lange Hosen
Preis pro Nacht	€ 66 bis € 1.190; Durchschnitt € 386
Info	**Star Clippers**, Monaco info.monaco@starclippers.com www.starclippers.com **Star Clippers Kreuzfahrten** Tel. (0511) 72 66 59 13

PROFIL

Info-/Entertainment	⚓⚓⚓
Sport & Wellness	⚓⚓⚓
Gastronomie	⚓⚓⚓½
Familienfreundlichkeit	⚓⚓
Service	⚓⚓⚓½
Routing	⚓⚓⚓⚓

Fahrgebiete & Reisen 2014

Die **Star Clipper** segelt bis März und ab November in der Karibik. Den Sommer verbringen beide Segler im Mittelmeer, die Clipper im Osten, die Flyer im Westen mit neuen Reisen ab/bis Palma sowie von Monaco nach Palma und von Palma nach Cannes. Die **Star Flyer** beginnt und beendet das Jahr vor Costa Rica, im Panamakanal und erstmals vor Kuba.

Star Clipper: Balearen-Törn

Von Palma aus geht es nach La Sabina auf Formentera, Ibiza und Valencia. Sant Carles de la Rapita, Mahón und Pollença komplettieren die Route. **7 Nächte, ab € 2.045 ab/bis Palma**

Star Flyer: Kykladen und Türkei

Fünfmal kreuzt die Star Flyer zwischen südlicher Ägäis und der Türkei. Zu den Zielen zählen Rhodos, Bodrum, Dalyan River, Santorin und Hydra. **7 Nächte, ab € 2.045 ab/bis Athen**

Vor der Küste Süd-Chiles

Veendam

Traditioneller Komfort und familiärer Service für die Langstecke

Ein relativ kleines Schiff mit großzügigen Teakholz-Außendecks, umlaufender Promenade, frei zugänglichem Bugbereich und großer Aussichtslounge: Die Veendam ist ein klassisches Schiff für Entdecker, die sich lieber den Wind um die Nase wehen lassen, als in einem schwimmenden Resort übers Meer zu schaukeln. Für viel individuellen Freiraum sorgt neben dem für Holland America typischen Pool- und Sonnendeck The Retreat am Heck auch der zentral gelegene Poolbereich mit gläsernem Schiebedach. Es wird, anders als auf vielen anderen Schiffen, tatsächlich konsequent temperatur- und wetterabhängig geöffnet oder geschlossen. Ein Highlight ist auch das Explorations Café, eine lebendige Kombi-

FOTOS: F. Neumeier (4)

Das Pooldeck; ein Blick ins Hauptrestaurant

nation aus Café, Bibliothek, Internetcafé und Kartenspielzimmer mit Panoramafenstern. Mit 1.350 Passagieren ist die Veendam ideal für längere Reisen: klein genug für individuellen Service, familiäre Atmosphäre und vielfältige Bordunterhaltung – und passend für die meisten Häfen. Die Kabinen bieten viel Stauraum; angenehm sind Details, wie der aufwändige Blumenschmuck oder die vier Wasch- und Bügelzimmer. Eine Besonderheit sind die 38 Lanai-Kabinen: Außenkabinen mit direktem Zugang zum Promenadendeck inklusive reserviertem Liegestuhl. Die Küche ist kreativ und auf sehr hohem Niveau. Beeindruckend ist die sehr gut ausgebildete Crew, die sich viel Zeit für ihre Passagiere nimmt und eine herzliche Atmosphäre schafft. Ebenfalls heute ungewöhnlich: Die Veendam fährt unter niederländischer Flagge und mit überwiegend niederländischen Offizieren.

Fahrgebiete & Reisen 2014

Die Veendam ist im Winter in San Diego stationiert und fährt von dort zuerst nach Hawaii, dann mehrfach entlang der mexikanischen Küste durch den Panamakanal nach Fort Lauderdale und zurück, bevor sie im Sommer wechselweise eine 7-Nächte-Route von Boston aus nach Neuengland und Kanada und eine 14-Nächte-Reise von Boston nach Quebec City fährt. Im Winter kehrt sie nach San Diego zurück.

Durch den Panamakanal

Das Erlebnis Panamakanal (San Diego–Fort Lauderdale oder umgekehrt) verbindet die Veendam mit Stopps an der mexikanischen Westküste sowie in Aruba oder Cartagena. **14 bzw. 15 Nächte, ab € 1.598 ab/bis Hafen**

Roundtrip Transatlantik

Am 12. Juli fährt das Schiff fünf Wochen lang über den Atlantik von Boston nach Amsterdam und zurück, mit Stopps in Neuengland, Grönland, Island, den Shetlands, Schottland und Norwegen. Auch in Teilstrecken buchbar. **35 Nächte, ab € 5.649 ab/bis Boston**

Nah dran: Gletscher in Patagonien

DATEN & FAKTEN

BRZ	57.029	Passagiere	1.350/1.654
Länge	219,00 m	Crew-Mitglieder	580
Breite	31,00 m	PCR (Pass. pro Crew)	2,8
Indienststellung	1996	PSR (Platzangebot)	34,5
letzte Renovierung	2009	Passagierdecks	10
Bordsprache	Englisch	Restaurants/Bars	6/7

Kabinen	675 (davon 197 Balkon, 38 Lanai, 302 außen, 138 innen); Größen: 43 bis 102 m²
Sport & Wellness	4 Pools, 4 Whirlpools, Greenhouse Spa mit Fitnesscenter, „Thermal Suite“ und Beautysalon, Tennisplatz, Basketballplatz
Info-/Entertainment	Show-Theater, Culinary-Arts-Showküche, Bibliothek, Casino, Computer-Workshops, Kinder- und Teens-Club
Dresscode	leger, abends mitunter formell
Preis pro Nacht	€ 74 bis € 1.490, Durchschn. € 229
Info	**Holland America Line**, Rotterdam In Dtl. buchbar u. a. über **Unlimited Cruises**, Tel. (06103) 706 46 14

PROFIL

Info-/Entertainment	⚓⚓⚓⚓○
Sport & Wellness	⚓⚓⚓⚓○
Gastronomie	⚓⚓⚓⚓○
Familienfreundlichkeit	⚓⚓⚓⚓○
Service	⚓⚓⚓⚓○
Routing	⚓⚓⚓⚓○

Hochseeschiffe

Routen

Die vier Großen: Kiel, Hamburg, Bremerhaven und Rostock-Warnemünde (v. l. n. r.)

Abfahrt vor der Haustür

„Zu Hause" abzulegen und möglichst auch wieder anzukommen – für viele gibt's nichts Schöneres. Die deutschen Häfen haben sich darauf eingestellt. Sie setzen kräftig auf das Kreuzfahrtgeschäft

Kleiner Hafen, feiner Besuch: Immer wieder erweist die Deutschland Travemünde die Ehre

Alle zwei Jahre feiert sich die deutsche Kreuzfahrtwelt bei den „Cruise Days" in **Hamburg**. Ein halbes Dutzend (oder mehr) der beliebtesten Liner paradieren dann zu Feuerwerk und den „Blue Port"-Installationen des Lichtkünstlers Michael Batz die Elbe entlang, bestaunt von Hunderttausenden Fans. Die nicht nur bei diesem Event beweisen, dass sie kreuzfahrtverrückt sind in Hamburg. Auch beim jährlichen Hafengeburtstag, bei Schiffstaufen wie zuletzt der Europa 2 im Mai 2013 – und jedes Mal, wenn die Queen Mary 2 die Elbe hinaufkreuzt, steht die Stadt Kopf. Hamburg, so sagen sie, sei der „heimliche Heimathafen" der Cunard-Queen. Was durchaus seine Berechtigung hat: Erst seit dem Erstanlauf der „QM2" 2004 geht es mit den Cruiselinern in Hamburg so richtig aufwärts. Seither gibt es jedes Jahr mehr Anläufe und neue „Firsts", längst auch von US-Firmen wie Royal Caribbean, Celebrity oder Holland America. Über eine halbe Million Kreuzfahrtgäste zählt man heute in Hamburg pro Jahr. Nach dem Cruise Center in der HafenCity (ein aus Containern gebautes Dauer-Provisorium) und dem 2011 eröffneten Cruise Center Altona ist für sie mittlerweile ein drittes Terminal vonnöten. Bis 2015 soll es in Steinwerder am Südufer der Elbe fertig sein.

Vergleichsweise gemächlich ist die Entwicklung im zweitgrößten Kreuzfahrthafen ►

Neu im Geschäft: die Hansestadt Wismar

Taufe eines neuen AIDA-Liners im Hamburger Hafen – eines von vielen Big Events an der Elbe

an der Nordsee: **Bremerhaven** hat mit dem bereits elf Jahre alten Columbus Cruise Center zwar noch immer eines der effizientesten Terminals, doch geht die Zahl der Anläufe seit Jahren über 50 kaum hinaus. Schade eigentlich, denn mit dem neuen Auswandererhaus, dem „Schaufenster Fischereihafen" oder dem Sail City Hotel hat Bremerhaven an touristischer Attraktivität deutlich gewonnen. **Cuxhaven** jedenfalls hat es in dieser Hinsicht abgehängt – wie in der Kreuzfahrt sowieso: Im einst größten deutschen Auswandererhafen gingen 2012 noch zwei, 2013 aber kein einziger Cruiseliner mehr an die Pier. Und einen Fuß haben die Bremerhavener nun auch noch in die Ostsee gesetzt: Unter ihrer Regie wurde **Wismar** 2012 Kreuzfahrthafen, mit einem Besuch der britischen Saga Ruby. Anläufe der Amadea und der Deutschland folgten 2013.

Bereits zehnmal so viele Kreuzfahrer zählt **Travemünde**: 2007 baute man dort ein Terminal; dank der Nähe zu Lübeck als attraktivem Ausflugsziel wird es zunehmend gern besucht. Dass man der Rivalin **Warnemünde** jemals den Rang streitig machen wird, ist aber kaum anzunehmen: Zwar ist deren touristisches Angebot – herrlicher Strand, schönes Ortsbild, Nähe zu einer alten Hansestadt, in diesem Fall Rostock – mit dem Travemündes vergleichbar. Doch den Trumpf, „Port of Berlin" zu sein, hat nun mal Warnemünde: Ein erklecklicher Teil der fast 200 „Calls", die man dort 2013 zählte, bringt amerikanische Gäste. Und für die gibt es nur ein Ziel: das gut zwei Stunden entfernte Berlin. „Port of Norway" könnte man in dieser Logik übrigens fast **Kiel** nennen: Tagtäglich legt dort die Color Line gen Oslo ab. Um auf die 136 Anläufe zu kommen, die auch 2013 wieder erreicht wurden, muss man die Fähren aber nicht mitzählen: Auch ohne sie ist Kiel, nach Warnemünde und Hamburg, Deutschlands Cruiseport Nummer 3. ■

KREUZFAHRTHÄFEN IM KURZPORTRÄT

HAMBURG Zwei Terminals plus die Überseebrücke für kleine Schiffe – und ein weiterer fest in Planung: An der Elbe ist Kreuzfahrt ein Boom-Geschäft. 177 Anläufe in 2013 belegen das; vor elf Jahren waren es 30. Baulich ein Provisorium ist noch immer das Terminal am **Grasbrook** in der HafenCity, das nun aber eine U-Bahn-Anbindung erhielt. Unweit des St.-Pauli-Fischmarkts liegt das neue **Cruise Center Altona**, von dem aus man per Hafenfähre die Stadt erkunden kann. Das dritte Terminal soll bis 2015 am Südufer der Elbe entstehen.

KIEL Vier Liegeplätze, 136 Anläufe im Jahr 2013: Nicht nur MSC und Costa sind Stammkunden an der Förde – auch die **Queen Mary 2** war schon da. Abfertigung und Logistik (u. a. perfekter Park-Service fürs Auto) sind geübt, weil die Stadt eine große Fährschifftradition hat. Ein weiterer Vorteil: Vom Hauptbahnhof kann man zu Fuß aufs Schiff spazieren, wenn der Koffer handlich genug ist. Das Taxi braucht 5–10 Minuten. Ein Erlebnis übrigens: eine Cruise ab oder nach Kiel durch den Nord-Ostsee-Kanal (Foto links: mit der **Amadea**).

ROSTOCK-WARNEMÜNDE Offiziell Teil des „**Rostock Port**" und für US-Gäste schlicht der Hafen Berlins (Foto rechts: Besuch der **Disney Magic** 2010), das beliebtes Tagesausflugsziel ist. Dabei ist Warnemünde selbst sehr reizvoll für einen Aufenthalt. Unbedingt sollte man am „Strom" bummeln gehen! Und bei gutem Wetter am Ostseestrand baden. Vorteil des Terminals: die gute Gleisanbindung (S-Bahn ab Hbf. Rostock). Mit 197 Anläufen in 2013 zeigt die Entwicklung auch in Warnemünde nach oben – 2012 waren es 180.

BREMERHAVEN Das **Columbus Cruise Terminal** ist modern und hocheffizient, u. a. mit vorbildlichem Autopark-Service und reibungslosem Check-in. Allerdings liegt es ein wenig zentrumsfern (und für Autofahrer nicht leicht zu finden) im Containerhafen: Wer mit der Bahn anreist, benötigt ein Taxi. Trotz neuer Attraktionen (Auswandererhaus, Sail City Hotel, Mediterraneo) macht die Zahl der Schiffsankünfte an der Weser keine Sprünge: 55 waren es in 2013. Stammgast ist und bleibt dabei die Phoenix-Flotte (Foto links: die **Artania**).

LÜBECK-TRAVEMÜNDE Als Fährhafen ist die Trave-Stadt seit Jahrzehnten eine feste Größe, die Kreuzfahrt steckt dagegen noch in ihren Anfängen. Das gläserne Cruise Terminal, 2007 eingeweiht, ist ein echter Hingucker. Und immerhin 21 Anläufe, darunter mehrfach von der nebenan in Neustadt beheimateten **Deutschland**, aber auch von Seabourn-, Costa- und Hapag-Lloyd-Schiffen konnte es in 2013 verbuchen.

WISMAR Unter der Regie des Columbus Cruise Center Bremerhaven wurde die alte Hansestadt Ende 2012 erstmals zum Kreuzfahrthafen. Mit Anläufen der **Deutschland** und der **Amadea** ist ein – bescheidener – Anfang gemacht.
CUXHAVEN dagegen, als Auswandererhafen einst ein Riese, sieht die Cruiseliner nur noch vorbeifahren: Im Jahr 2013 legte kein einziges Kreuzfahrtschiff am **Steubenhöft** an.

Europas Südsee

Das Mittelmeer ist eines der vielfältigsten Kreuzfahrtreviere der Welt. Und eines der beliebtesten: Rund 400.000 Deutsche erkunden es jedes Jahr per Schiff

Ob in Barcelona oder Venedig, Civitavecchia oder Istanbul: Von April bis Oktober herrscht am Mittelmeer Kreuzfahrt-Hochbetrieb. Manchmal liegen fünf oder mehr Schiffe in diesen größten Häfen an den Piers. Und längst kann man auch im Winter in See stechen – glasüberdachte Pools und die Bordangebote der schwimmenden Resorts machen's möglich. Viele kreuzen auf festen Wochenrouten – zu verlockenden Preisen, allerdings kaum in der Hauptsaison und nicht in der Balkonsuite. Wie auch immer: Keine andere Reiseform hat das Mittelmeer so bequem zugänglich gemacht wie die Kreuzschifffahrt. In einer, vielleicht auch zwei Wochen begegnet man dem Erbe des alten Griechenlands, Ägyptens und des Orients. Besucht die Städte Frankreichs und Italiens, die Inseln Spaniens und Kroatiens oder die Basare von Istanbul bis Sousse. Wer ausgefallene Ziele sucht, sollte kleinere Schiffe buchen – oder einmal über das Marmarameer ins Schwarze Meer fahren. Doch auch auf den klassischen Routen gilt: Für Überraschungen ist das Mittelmeer immer wieder gut.

Mykonos

Málaga

Monte Carlo

Rund um Westeuropa

Kurs Südwest ab Hamburg, Amsterdam oder Southampton: Rund um Westeuropa fährt man meist im Frühjahr oder Herbst

Frühling und Herbst sind die Jahreszeiten, in denen der Kreuzfahrtverkehr zwischen Gibraltar und Hamburg am regsten ist. Im April und Mai befinden sich viele Schiffe auf dem Weg von den Winterzielen in der Karibik oder der südlichen Hemisphäre zu den klassischen Sommerrevieren an der Ostsee, im Nordland oder im Mittelmeer; im Herbst verläuft die Fahrt in die entgegengesetzte Richtung. An der Route liegen die Küsten und Inseln des Ärmelkanals, die alten Handelsstädte Hollands, Flanderns und Frankreichs, Nordspanien mit der Jakobswegstadt Santiago de Compostela, dann Porto und Lissabon in Portugal. Wer weiterfährt zu den Kanaren, erlebt oft auch noch Marokko und seine legendären Königsstädte.

Legendär: Mont Saint-Michel bei Saint-Malo

Highlight im Winter: Karneval auf Teneriffa

Die Kanarischen Inseln

Sieben Inseln – und jede ist anders: ein perfektes Kreuzfahrtrevier, auch im Winter. Meist ist auch Madeira mit im Programm. Zu Silvester liegen dort oft mehrere Schiffe

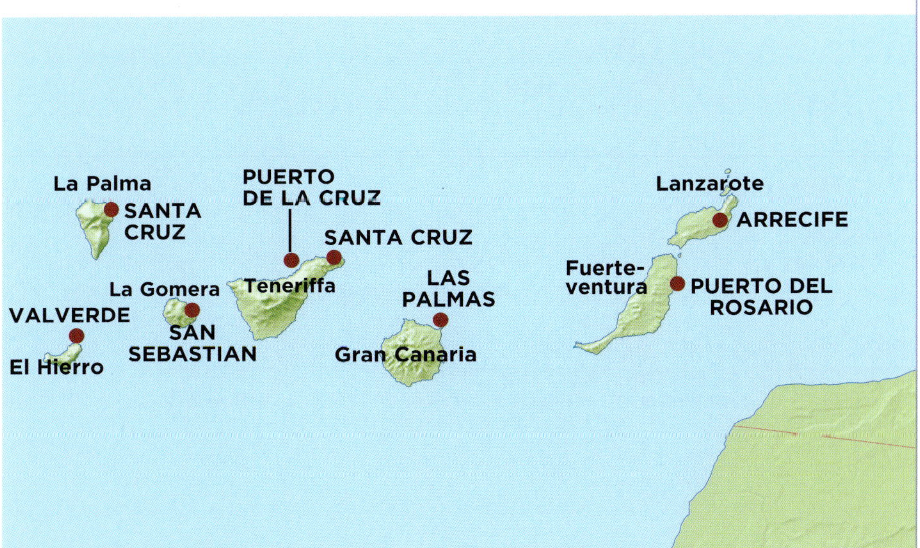

Am Nordkap

Nordsee

Norwegens Fjorde oder „Rund um Großbritannien“: Kurs Nord heißt es in der Kreuzfahrt ab Mai. Und je weiter es hinauf geht, desto länger die Tage. Praktisch: Für Abfahrten von den deutschen Häfen kann man bequem per Bus oder Bahn anreisen!

Ostsee

Neun Länder, fünf Hauptstädte, dazu St. Petersburg, die Stadt der Zaren: das alles in einer Woche. Nur mit dem Schiff ist das in der Ostsee möglich

Riga

Amerikas Mittelmeer

Was für die Europäer das Mittelmeer, ist für die Amerikaner die Karibik: ein Badeparadies unter Palmen, direkt vor der Haustür. Der Unterschied: Historische Bauwerke und Städte gibt es nur wenige. Traumstrände und -buchten dafür umso mehr

Farbenfroh: Karneval auf Curaçao

Auf Antigua, das gerade halb so groß ist wie Ibiza, gibt es angeblich 365 Strände – einen für jeden Tag des Jahres. Und auf Cayo Levantado, einem Inselchen vor der Nordküste der Dominikanischen Republik, das kaum größer sein dürfte als die Hamburger Binnenalster, soll der berühmteste Rum-Werbespot aller Zeiten gedreht worden sein: glückliche Menschen im türkisfarbenen Paradies. Dass der Karibikalltag oft anders aussieht, wird man auch auf Kreuzfahrten nicht übersehen. Ebensowenig, dass Schiffsreisen auch ein Massengeschäft geworden sind, das nicht nur Segen bringt: An manchen Tagen gibt es in so manchem Inselhafen weit mehr Touristen als Einwohner. Die meisten reisen aus Miami oder Fort Lauderdale an, den beiden größten Cruiseports der Welt.

Antigua

Barbados

Havanna

Nordamerika

„Transatlantik" nach New York – ein Kreuzfahrtklassiker schlechthin. Doch wer einmal da ist, will auch Boston, Washington und Charleston sehen. Oder Ostkanada – am besten im magischen Indian Summer

Old South: Plantage bei Charleston

Südamerika

Atacama, Anden, Iguaçu und Kap Hoorn: Südamerika liegt im Trend. Wegen Rio, Buenos Aires, der Fjorde Südchiles. Und wegen des Amazonas, auf dem man quer durch den Kontinent fährt

Olympiastadt 2016: Rio de Janeiro

Pazifischer Ozean

Von L. A. nach Down Under – und dabei den Spuren von Captain Cook, Paul Gauguin oder Robert Louis Stevenson folgen: für viele der Kreuzfahrttraum schlechthin. Wer genügend Zeit – und Geld – hat, kann ihn sich erfüllen

Die Skyline von Hongkong

Beim Pazifischen Ozean denken die meisten an die Südsee: Nur der Südpazifik ist jedoch damit gemeint. Dort liegen die Traumziele, die seit jeher die Fantasien befeuern: Tahiti, Bora Bora, die Osterinsel. Und fernab der Welt Pitcairn, die Insel der Bounty-Meuterer, die zu besuchen nur alle paar Jahre überhaupt angeboten wird. Verschwindend gering ist die Landfläche aller Inseln: Zu Transpazifik-Kreuzfahrten gehören deshalb viele Seetage – bei übrigens nicht immer paradiesischem Wetter (beste Reisezeit ist von Mai bis Oktober). Die Alternative sind Rundreisen vor Ort: in Französisch-Polynesien oder auch rund um die

Inselwelten von Hawaii. Doch zum Pazifik gehören auch die Küsten im Norden bis hinauf nach Alaska (einmalig dort: die Fahrt durch die „Inside Passage"), außerdem Australien und Neuseeland. Und der Ferne Osten mit Japan und China. Das alles sind Fahrgebiete für sich. Nur wer Zeit für eine Weltreise hat, kann alle besuchen.

Dubai
Singapur
40°
0°
40°
IRAN
ABU DHABI
DUBAI
MUSCAT
V. A. E.
SAUDI-ARABIEN
OMAN
SALALA
JEMEN
Wadi Hadramaut
Sana'a
MUKALLA
ADEN
Arabisches Meer
ÄTHIOPIEN
SOMALIA
KENIA
Indischer Ozean
Masai Mara
NAIROBI
MOMBASA
SANSIBAR
DARESSALAM
Vallée de Mai
SEYCHELLEN
TANSANIA
HIGHLIGHT Stadt/Hafen
HIGHLIGHT Ausflugsziel
Stadt/Hafen
KOMOREN
Nosy Be
MADAGASKAR
ANTANANARIVO
MAURITIUS
LA RÉUNION
MOSAMBIK
Kruger Park
MAPUTO
RICHARDS BAY
SÜDAFRIKA
DURBAN
Weinroute
KAPSTADT
PORT ELIZABETH
Garden Route
Kap-Halbinsel
Informationen zu allen Häfen auf dieser und den anderen Karten finden Sie im Internet unter www.kreuzfahrtguide.com/reiseziele

Seychellen

Indischer Ozean

Blaue Wunder vom Kap der Guten Hoffnung bis zu den Stränden Balis: Der „Indik“ ist ein Kreuzfahrtrevier für Fortgeschrittene!

An exotischer Schönheit kann kein anderes Weltmeer mit dem „Indik“, wie Seeleute ihn nennen, mithalten. Wer ihn bereist, erlebt Inseln wie schwimmende Träume, Häfen wie aus einer anderen Zeit – und ungezählte Orte, in denen man den Spuren der Gewürzhändler, der Entdecker und der arabischen oder europäischen Seefahrer folgen kann: Sindbad und Vasco da Gama, Marco Polo und Joseph Conrad haben diesen Ozean bereist. Doch auch die Zukunft hat zwischen Kalkutta und Kapstadt, Mumbai und Mombasa längst begonnen: Der Indische Ozean ist eine Weltgegend, die sich im radikalen Umbruch befindet. In Singapur und Bangkok, in Mumbai und Jakarta – und am auffälligsten am Arabischen Golf: Dort ist mit der „Übermorgenstadt“ Dubai eine Metropole herangewachsen, die als Kreuzfahrtziel zu Recht in aller Munde ist – und deshalb von mehreren Reedereien als Basishafen genutzt wird.

Reisen, Routen, Schiffe

Flüsse

Starkes Team:
Käpt'n Hein und
seine Truppe

„Nicht Brücke – auf dem Fluss heißt das Steuerhaus." Hein Lütten an seinem Arbeitsplatz

Mit Hein auf'm Rhein

Hochseekapitäne auf „Traumschiffen" versprühen oft einen ganz besonderen Charme. Ihre Pendants auf Flussschiffen werden hingegen kaum wahrgenommen. Damit soll jetzt Schluss sein

VON UWE BAHN (TEXT & FOTOS)

Sein Name klingt wie frei erfunden: Hein Lütten. So heißt keiner, der aus Frankfurt, München oder Köln kommt. Hein Lütten – das ist norddeutsch durch und durch. Seit er laufen kann, hat er die Flusskähne vor Augen. Geboren wurde er 1943 in Zollenspieker an der Elbe, das liegt westlich von Hamburg. Wer sich dort beim Fährhaus auf den Elbdeich setzt, der sieht alle fünf Minuten ein Schiff vorbeifahren, vor allem Frachtkähne. Oder die Fähre, die Zollenspieker mit Hoopte auf der anderen Elbseite verbindet. Erste Erfahrungen in der Fahrgastschifffahrt.

Auf einem Schleppkahn begann Hein Lütten bereits 1959. Drei Jahre später dann der Abstecher zur See als Leichtmatrose. „Da sind wir mit der alten Hanseatic in New York abgebrannt", erzählt er. Vor der britischen Küste hat er mal einen Russen nach der Havarie eines Küstenmotorschiffs aus dem Wasser gefischt. Irgendwo zwischen Southampton und Seemannsgarn. Danach fuhr er Stückgut auf der Cap San Diego nach Südamerika.

Hein hat die Welt gesehen. Aber seine Welt ist nicht die See, sondern der Fluss. Und nun ist er Kapitän auf der Alina, die der Scylla Reederei gehört, von Phönix Reisen gechartert ist und den Rhein rauf- und runterfährt. „Ich bin nicht Kapitän, ich bin Schiffsführer!" Ein feiner Unterschied.

Auf dem Fluss gibt es keinen Kapitän und auch keine Brücke. Die heißt – auch auf der Alina – Steuerhaus. Danke für die Nachhilfe. Die Passagiere können ihn dort jederzeit ►

Ohne die Drosselgasse (links) kommt keine Rheinreise aus – und ohne die Helfer an der Landseite kommt kein Flussschiff fest. In Koblenz kommt Käpt'n Heins „Frauchen" an Bord

besuchen. Open Bridge, pardon open Steuerhaus. Und dort gibt Hein bereitwillig Einblicke in sein praktisches Berufsleben. Für jeden Strom hat er ein Patent. Für die Elbe, auf der er nie fährt, für die Donau und eben für den Rhein. Ein Fluss-Patent? „Strom, nicht Fluss!" Ein Strom mündet ins Meer, ein Fluss nicht. Kurze Nachfrage: „Dann ist die Mosel also ein Fluss?" Korrekt.

Fluss beziehungsweise Strom – das ist die hohe Kunst. „Ein Kreuzfahrtschiff, das manövriert mit zwei Schleppern im Hafen. Ich muss hier ohne fremde Hilfe fahren!" Nicht ganz einfach. Der Rhein heißt Strom, weil er strömt. Mit sechs bis zehn Kilometern, je nach Pegelstand. Wenn dann in der 90-Grad-Kurve von Dormagen ein Bergfahrer entgegenkommt – gute Reise. Bergfahrer? „Das sind die Schiffe, die stromaufwärts fahren", klärt Hein die nautische Fragerunde auf.

Bis Dormagen dauert es noch. Das liegt zwischen Köln und Düsseldorf, jetzt steuert die Alina erst mal Rüdesheim an. Landgang auf eigene Faust. Und Treffen mit Hein in Rüdesheim downtown. Durch diese hohle Gasse muss er kommen: die Drosselgasse, der schmale Weg für ein breites Publikum. So mancher torkelt hier in Trauben-Trance zum Rhein hinunter. Vorbei an Weinstuben, die an den Fernsehklassiker „Zum Blauen Bock" mit Heinz Schenk erinnern. Für das Flussreisen-Klientel wie geschaffen.

Das Stammlokal von Hein heißt „Brömserhaus", liegt an der Rheinpromenade und ist befreit von jeglichem Charme. Als er sich Jägerschnitzel mit brauner Soße, ein Glas Milch und danach eine Kugel Eis bestellt, fragen wir uns schon, wie er so vital sein kann. „Seit ich 55 bin, ist der Check beim Amtsarzt Pflicht. Alles bestens!" Fahren will er, solange er gesund ist. Die ihn dann irgendwann beerben, bekommen auf dieser Tour tagtäglich den großen Erfahrungsschatz als Gratis-Know-how.

Die Alina in Koblenz: 135 Meter lang, mit Platz für 220 Passagiere. Das „S“ am Bug verrät, dass sie zur Scylla-Flotte gehört – und die türkise Bemalung, dass sie für Phoenix Reisen fährt

Wie Harald, der dritte Mann an Bord, der irgendwann der erste sein möchte. „Achte auf dein Achterschiff, Harald!“ Was Hein meint: Das Heck schwenkt aus. Wie bei einem Lkw. Der kleine Unterschied: Hinter dem Steuerhaus der Alina sind es beachtliche 120 Meter, die mit in die Rheinkurve genommen werden müssen. Und gerade hier zwischen den Kilometern 530 und 590 hat der Strom die Form einer Ringelnatter und schlängelt sich durch das Tal. Vorbei am 130 Meter hohen Loreley-Felsen, auf dem zumindest an diesem Tag keine Frau mit blonden langen Haaren sitzt und die Schiffsführer ablenkt. An dieser Stelle beginnt eine neue „Stromverkehrsordnung“. Von Mannheim bis St. Goar gilt Rechtsverkehr, danach müssen sich die Kähne und Schiffe koordinieren. „Kann ich backbord überholen?“ Kurze Absprache auf Funkkanal 10, dann fährt die Alina zügig am Tanker vorbei.

Eigentlich sollte die Tour von Koblenz aus ein kleines Stück flussaufwärts in die Mosel hinein gehen, bis nach Alken. Der hohe Pegelstand verhindert es. Die Alina passt nicht unter der Koblenzer Balduinbrücke hindurch. Also langer Stopp mit overnight in Koblenz. Hein ist es recht, er ist hier zu Hause. Und so gibt es Familienzusammenführung. „Frauchen“, wie er Gattin Brigitte nennt, kommt an Bord. Früher fuhr „Frauchen“ mit, bis sie ►

„Harald, achte auf dein Achterschiff!“

Links St. Goarshausen mit der Burg Katz – die Burg Maus liegt einen Hügel weiter in Wellmich. Rechts die neue Seilbahn über den Rhein, von innen und außen, in Koblenz

jeden Stromkilometer kannte. Nun hält die Distanz die 22-jährige Ehe frisch. Gemeinsam gehen sie zu ihrem Lieblings-Inder in der Stadt. Der hat vermutlich „Jägerschnitzel Madras" auf der Karte.

Koblenz selbst wird immer mehr zum Dorado der Flusskreuzfahrt. Hier am Deutschen Eck, wo der Fluss Mosel in den Strom Rhein mündet, ist in den letzten Jahren kräftig investiert worden. Seit der Bundesgartenschau 2011 überquert eine Seilbahn den Rhein hinauf zur Festung Ehrenbreitstein, deren Areal zu einem großen Freizeitpark ausgebaut wurde. Auch für Hein und „Frauchen" ein Naherholungsgebiet. Und das Wichtigste: Von dort oben hat er immer den Strom im Blick. Der verliert seine landschaftliche Faszination kurz vor Köln. Nicht mehr Weinberge, sondern Industrieanlagen bestimmen jetzt das Flusslandschaftsbild.

Die nautische Besatzung der Alina, das sind neben Hein Lütten noch sieben weitere Crewmitglieder. Ihren Job an Bord zu beobachten, das schlägt auf dieser Tour jedes Entertainment. Vom Anlegemanöver bis zur Kurve in Dormagen, die Harald fahren darf. Die Chemie hier oben stimmt. Das Hotellerie-Team hat hingegen eine gebrauchte Woche erwischt. Ein übertriebenes „ja gerne" ist der Mannschaft jedenfalls nicht vorzuwerfen, ihre Körpersprache drückt etwas anderes aus: „Ja, ungerne". Auch eine Erfahrung.

Bessere Stimmung herrscht auf dem Sonnendeck, wo Hein Lütten jetzt, wir sind in Amsterdam angekommen, das letzte Anlegemanöver der Alina überwacht. Das heißt, nicht nur eines. Vier Schiffe liegen hier nebeneinander. Und sobald eines aus der Mitte ablegen will, muss manövriert werden.

Abschied von der Alina und seinem Kapitän, pardon Schiffsführer. Und erst jetzt entdecken wir in unseren Reiseunterlagen, dass er eigentlich „Karl-Heinz Lütten" heißt. Das stört uns nicht, Hein. ■

Der Schnauzbart ist unverkennbar: „Mark Twain“ fährt persönlich mit

Flussfahrt wie einst mit Mark Twain

Eine nostalgische Raddampferfahrt auf dem „Ol’ Man River“: So authentisch ist Amerika vielleicht nirgendwo sonst. Die Queen of the Mississippi lädt dazu ein, es zu erleben

VON FRANZ NEUMEIER (TEXT & FOTOS)

Morgendämmerung. Der Himmel violettrot, das Wasser spiegelblank. Im Schaukelstuhl an Deck der Queen of the Mississippi einem Graureiher hinterhersehen, der mit majestätischen Flügelschlägen über das Wasser gleitet. Nur das Zwitschern einiger Vögel am Ufer, das sanfte Plätschern des Wassers am Bug des Raddampfers durchbrechen die völlige Stille an diesem lauen Sommermorgen. Langsam steigt die Sonne hinter den Bäumen am Ufer des „Ol' Man River" empor, taucht die Landschaft in goldgelbes Licht. Schemenhafte Nebelfetzen schweben über dem Fluss.

Wer an den Mississippi denkt, träumt von Tom Sawyer und Huck Finn. Vom Südstaaten-Flair aus „Vom Winde verweht", von New Orleans und Baumwollplantagen, von Jazz und Blues. Anders als auf Flusskreuzfahrten in Europa reihen sich am Mississippi und seinen Seitenarmen Ohio, Cumberland oder Tennessee keine historischen Städte aus dem Unesco-Kulturerbe aneinander wie beispielsweise an Rhein oder Donau. Bis auf einige Städte wie Cincinnati, Louisville, St. Louis, Memphis oder New Orleans sind es vor allem die kleinen, verschlafenen Nester des Mittleren Wes- ►

Markenzeichen der Raddampfer: Das rhythmische Geräusch, wenn die Schaufelblätter des leuchtend roten Heckrads ins Wasser tauchen, hat fast schon meditativen Charakter

tens, die mit ihrem altmodischen Charme und liebenswerten Details aufwarten. Und in denen Menschen leben, die zur eigentlichen Attraktion einer Mississippi-Reise werden: Sie sind, ganz entgegen allen Amerika-Klischees, herzlich, gastfreundlich und tiefgründig. Nirgendwo lässt sich das Land und seine Geschichte so hautnah erleben – ganz besonders mit einem kleinen Schiff wie der Queen of the Mississippi mit ihren nur rund 150 Passagieren. Da passiert es schon mal, dass man in einem Örtchen in Kentucky in ein Haus aus der viktorianischen Zeit eingeladen wird, um es auch von innen zu besichtigen. Einfach so.

Und an Bord bietet dieses Schiff Entspannung pur. Kein aufwendiges Animationsprogramm, dafür Banjomusik – auch mal zum Selbst-Ausprobieren – und gepflegte Konversation. Unterhaltsam sind die Vorträge von Mark Twain „persönlich", abwechslungsreich ist die Landschaft, die man vom Schaukelstuhl an der Reling aus betrachtet. Abends gibt's Dixie-Jazz, Bluegrass und Fifties- oder Sixties-Sound live – und exquisites Südstaaten-Essen: von butterzarten Spare Ribs und Steaks über Shrimp-Gumbo-Suppe und Jambalaya bis zu Pecan Pie und Bourbon Bread Pudding.

Wer fährt mit auf der Queen of the Mississippi? Es sind fast ausschließlich Amerikaner im gesetzten Alter, die es im Leben zu etwas gebracht haben – oft sehr spannende Persönlichkeiten, mit denen es ein Vergnügen ist, sich beim Lunch, Dinner oder auch im Ausflugsbus ausgiebig zu unterhalten. Die relativ hohen Preise bei American Cruise Lines mögen ein Grund für das hohe Durchschnittsalter an Bord sein – unter 4.000 Dollar ist eine einwöchige Kreuzfahrt nicht zu bekommen. Etwas günstiger geht es nur auf der konkurrierenden, allerdings mit 436 Passagieren auch deutlich größeren American Queen.

Der andere Grund ist die rundum liebevolle Betreuung der Passagiere durch die Crew. Da ist immer ein helfender Arm in der Nähe,

Entspannung pur in der gemütlichen Paddlewheel-Lounge mit Blick aufs Schaufelrad oder im Schaukelstuhl an Deck. Dort ist auch der Lieblingsplatz von Banjospieler Mike Gentry

und für viele Gäste ist die Besatzung so etwas wie ein Enkelkindersatz: Man hat stets ein offenes Ohr und viel Zeit für Gespräche, Hektik gibt es nicht. Selbst der Kapitän ist sich nicht zu fein, mit anzupacken oder abends ausgiebig mit den Passagieren das Tanzbein zu schwingen. Auch ganz pragmatische Dinge machen das Leben leichter, wie etwa motorisierte Golfwägen, die nach dem Anlegen bereitstehen, um gehschwache Gäste die teils recht steilen Uferböschungen hinaufzubringen. Bei American Cruise Lines ist das der Kern des Konzepts: Man soll sich auf den Schiffen so geborgen fühlen wie zu Hause bei der Familie.

Der Begriff „Schaufelraddampfer“ ist übrigens ein wenig geschummelt: Eine Dampfmaschine hat die 2012 gebaute „Königin“ nämlich nicht, sondern Dieselgeneratoren. Zum Antrieb trägt das große rote Schaufelrad am Heck also kaum etwas bei – für das Flair der historischen Raddampfer ist es aber unverzichtbar. Was dagegen, bei aller „Steamboat“-Nostalgie, die moderne Technik leistet, erklärt Käpt'n Kenny Williams anhand der beiden um 360 Grad drehbaren „Z-Drive“-Propeller: „Damit hab ich Schub in alle Richtungen, 360 Grad also! Dagegen kann ein Schaufelrad plus Ruder nur 40 bis 45 Grad abdecken. So aber kann ich Manöver fahren, die ich mit einem konventionellen Boot nicht mal versuchen würde.“ Und da der Mississippi durchaus ein launischer Fluss sei, trage das zur Sicherheit der Passagiere „nicht unerheblich“ bei.

Noch vieles andere lernen wir über die modernen Hilfsmittel – wie Dämme und Schleusen die Wasserstände regulieren, wie mit GPS, Radar und Funk navigiert wird, wozu Leuchtbojen, Echolot und Suchscheinwerfer gebraucht werden. Und doch bleibt eines genau so, wie es schon Mark Twain in „Life on the Mississippi“ beschrieb: „Als Kapitän oder Steuermann“, sagt Williams, „muss man auch heute noch wie damals lernen, den Fluss zu lesen. Wenn das Wasser ansteigt, kräuselt ►

Attraktionen an Land: der kolossale Gateway Arch in St. Louis; Sonnenaufgang auf dem Ohio River bei Louisville; historisches „Main Street America"-Flair in Madison, Indiana

STEAMBOAT-ROUTENTIPPS

Trotz New Orleans und der großen Südstaaten-Plantagen, an die alle denken: Der Unterlauf des Mississippi ist eine eher langweilige Fahrstrecke, zu viele Flutschutzdämme versperren hier die Sicht. Viel interessanter ist der Mississippi nördlich von St. Louis bis Minneapolis, wo er dem Rheintal nicht unähnlich ist. Und ein Geheimtipp ist der abwechslungsreiche **Ohio River** mit seinen vielen Flussbiegungen. Wiederholer fahren auch gerne auf dem **Cumberland River** oder **Tennessee River**, die beide relativ schmal sind – und landschaftlich reizvoll.

sich zum Beispiel die Wasseroberfläche an Stellen, an denen sich neue Sandbänke bilden, die eine Woche zuvor noch nicht da waren. Oder du fährst den Fluss hinab, und plötzlich ist eine Insel verschwunden, die es zwei, drei Jahre lang an dieser Stelle gab. Aber auf der Wasseroberfläche siehst du ihre Spuren noch."

„Life on the Mississippi", fasst der Käpt'n zuammen, „das ist ein wirklich gutes Buch!" Vor 130 Jahren schrieb Twain darin: „Als ich ein Knabe war, gab es für uns Jungs in unserem Heimatort am Westufer des Mississippi nur ein ständiges Ziel: zur Mannschaft eines Dampfschiffs zu gehören." Twain, der eigentlich Clemens hieß und sein Pseudonym der Schiffersprache entlieh („mark twain" bedeutet „zwei Faden"), erfüllte sich diesen Traum. Und mit seinen Geschichten über Tom und Huck hat er Generationen von Lesern in diesen Traum mitgenommen. Als Passagier der Queen of the Mississippi kann man ihn sich auch heute noch erfüllen – ganz real. ■

Die Juno in einer Schleuse – einer von insgesamt 58!

Ein Gong ruft zum Essen an festlicher Tafel. Vor dem Fenster ein Oldtimer, noch einer …

Kurs Bullerbü

Zwei Meere, acht Seen, ein Kanal, ein Fluss – und Idylle pur: Der Götakanal ist Schwedens nostalgisches Stadt-Land-Fluss-Erlebnis

VON FRANZ MARC FREI (TEXT & FOTOS)

Schon die Fotos, die es von ihr gibt, können einem die Knie weich machen. Gut, sie ist eine ziemlich alte Dame. Ja, sie hat ein paar Schrammen, ist manchmal ein wenig außer Atem, und auch Seegang ist nicht ihr Ding. Trotzdem kann man sich in die Juno nur verlieben. Sie ist von oben bis unten, von vorne bis hinten wunderbar anzusehen, elegant und perfekt auf ganzer Linie. Ein Traumschiff – jedenfalls, was mich betrifft.

Durch Bilder also neugierig geworden, lernen wir sie an einem strahlenden Sommertag kennen. An einem Kai in der Stockholmer Altstadt Gamla Stan, wo uns Ingemar empfängt, unser Reisebegleiter für die kommenden Tage. Und der packt die Dame erst einmal in Zahlen. „Seit 1874 pendelt sie zwischen den Metropolen Stockholm und Göteborg“, erzählt er nach dem Ablegen beim Briefing. „Sie ist das älteste Hotelschiff der Welt. 29,65 mal 6,74 mal 2,82 Meter sind ihre Maße. Sie ist mit zwei Dieselmotoren bestückt, die 324 kW, das sind 440 PS, bringen. Ist sie voll in Fahrt, macht sie 10 Knoten, das sind 19 km/h.“

Und während Stockholm hinter uns bleibt und die Abendsonne die Wasserwelt der Schären bemalt, macht Ingemar weiter mit der Geschichte des Kanals, den wir ab morgen befahren. Schon 1516 habe man erstmals darüber nachgedacht, ihn zu bauen, doch erst knapp 300 Jahre später, 1813, damit begonnen. Ein deutschstämmiger Offizier der schwedischen Marine hatte genügend Einfluss, um bei der Regierung die nötigen 24 Millionen schwedi-

Wer mit der Juno reist, entdeckt die Vorzüge der Langsamkeit. Und sieht Landschaften vorbeiziehen, die an längst vergessene Kinderzeiten erinnern: Michel, Pippi, Bullerbü ...

schen Reichstaler für den Bau lockerzumachen: Baltazar von Platen. Schweden von Zöllen unabhängig zu machen, die Dänemark für die Passage des Öresund-Kanals erhob, darum ging es ihm in erster Linie. Ingenieure aus England wurden angeheuert, um die Aufgabe zu stemmen. Ihr Land war bereits von einem Netz an Kanälen durchzogen, für den Warentransport unentbehrliche Lebensadern. Gut 190 Kilometer waren in Schweden zu überwinden, aber nur 87 Kilometer Kanal zu graben, der Rest führt über Seen. Vier volle Tage dauert diese Fahrt heute! Denn der theoretischen Durchschnittsgeschwindigkeit von zwei km/h steht einiges im Wege. Schleusen etwa: 58 an der Zahl! Plausibel, wenn man weiß, dass gut 91 Meter Höhenunterschied zwischen Nord- und Ostsee zu überwinden sind.

Platzsparen muss sein – auch im Restaurant

Und dann sind wir mittendrin in der Bilderbuchlandschaft, die der Kanal durchzieht. Am Ufer des Roxensees herrscht Volksfeststimmung. Sieben Schleusen müssen hier geflutet werden, um 33,3 Meter zu überwinden – das zieht Touristen an. Und es dauert. Uns schenkt es Zeit, um uns an Land die Beine zu vertreten oder mit einem Bordfahrrad ein Stück vorauszufahren. Wären wir in umgekehrter Richtung unterwegs, würde jede Schleusenflutung das Schiff heben – ein im Wortsinn erhebendes Gefühl. Uns entschädigt ein religiöser Familienchor bei Forsvik: Er wünscht der Juno musikalisch eine gute Reise.

Weit gefehlt, wer glaubt, dass nichts passiert am Götakanal! Jede Schleuse ist ein kleines Abenteuer, bei Forsvik singt ein Familienchor für uns – und das Essen ist jeden Tag ein Gedicht

Das ist sie längst. Wir spüren, wie uns die Tage mit der Juno entschleunigen, wie Bilder aus Kindertagen zurückkehren: Michel, Pippi, Bullerbü ... Und zumindest weitgehend haben wir Glück mit dem Wetter. Die Kabinen sind klein, um nicht zu sagen winzig. Bei Wind und Regen ist es dort, wie auch in der Bibliothek oder im Restaurant, eng. Was aber nichts sagt über die Qualität des Essens und den Service der 12-köpfigen Crew: Bestnoten für beides!

Götaland ist platte Provinz – trotzdem gibt es viel zu sehen. In Trosa zum Beispiel: Wir flanieren zwischen Kanälen und bunt bemalten Holzhäuschen. Der Ort ist ein beliebtes Ausflugsziel der Stockholmer. Das Motola Motormuseum bietet eine skurrile, mit viel Liebe zusammengetragene Ausstellung nostalgischer Autos und Elektrogeräte. In Sjötorp wurde dem Kanalbau ein Museum gewidmet. In ihm lernen wir unter anderem, dass der Kanal wirtschaftlich keine große Geschichte schrieb, weil ab 1955 Menschen wie Güter billiger, schneller und auch im Winter mit der Eisenbahn befördert wurden. Welch ein Glück, dass er uns dennoch erhalten blieb.

Doch auch das gehört dazu: Am vorletzten Tag, bei Sjötorp, wühlt eine Sturmfront den Vättarnsee auf. Der Kapitän telefoniert, diskutiert, wiegt ab – und entscheidet, dass es sicherer sei, den letzten Abschnitt im Bus zu reisen. Schade – aber safety first, na klar! Klar auch: Unsere Liebe zu der alten Dame schmälert das nicht im Geringsten. ■

DAS GÖTAKANAL-TRIO

Götakanal-Reisen – auf der **Juno** oder auf ihren bauähnlichen Schwestern **Diana** (Baujahr 1931) oder **Wilhelm Tham** (Baujahr 1918) – kann man in Deutschland u. a. über **Aviation and Tourism** buchen (www.atiworld.de; Tel. 06023 91 71 50). Die Reisen dauern zwischen 2 und 6 Tagen. Die 4-Tages-Tour mit 3 Nächten an Bord wird zu Preisen von 1.340 bis 3.110 Euro p. P. angeboten.

SWISS GLORIA
CH

FOTOS: F. Poth, Langstadt

Hochbetrieb auf deutschen Flüssen: Frankfurt am Main (links), Rüdesheim am Rhein

Alles im Fluss …

Die Deutschen sind Flussreisen-Champions. Doch auch bei Briten und Amerikanern wird die „River Cruise" immer beliebter. Ein Marktüberblick

Weit über 400.000 Deutsche unternehmen jedes Jahr eine Kreuzfahrt auf dem Fluss. Exakt 436.628 waren es laut den Statistiken des Deutschen ReiseVerbands (DRV) im Jahr 2012. Eine beeindruckende Zahl, auch wenn man sie mit den 1,54 Millionen Hochseepassagieren im selben Jahr vergleicht: Fast jede vierte in Deutschland gebuchte Schiffsreise war demzufolge eine Flusskreuzfahrt. Zwar werden es 2013 (die abschließenden Zahlen lagen bei Redaktionsschluss noch nicht vor) etwas weniger gewesen sein: Wegen des Hochwassers im Mai und Juni, wegen der Schleusenwärterstreiks kurz danach und nicht zuletzt wegen der politischen Lage am Nil (S. 292) war es für die Flussschifffahrt ein schwieriges Jahr. Flussreisen-Weltmeister, soviel darf man annehmen, bleiben die Deutschen trotzdem: Die Nächstplatzierten nämlich, Amerikaner und Briten, kommen zusammen auf nicht mehr als rund 350.000 Buchungen.

Beobachtet man allerdings die Neubau-Aktivitäten der englischsprachigen Reeder in diesem Markt, könnte man sich fragen, ob es noch lange so bleiben wird: Eine regelrechte Neubauwelle ist da nämlich zu beobachten. Viking River Cruises etwa, der Marktführer in den USA, hat für 2014 gleich zwölf neue Schiffe für Rhein, Main und Donau in Auftrag gegeben, dazu zwei weitere für den Douro. Und das, nachdem man bereits 2013 einen Eintrag ins Guinness Buch der Rekorde erhielt, mit der Taufe von zehn neuen Schiffen am 20. März in Amsterdam (Foto nächste Seite). Auch andere US-amerikanische, britische und auch australische Anbieter bringen

Weltrekord im März 2013 in Amsterdam: Viking River Cruises tauft zehn neue Flussschiffe zugleich. Fast alle fahren auf Rhein, Main und Donau – den Lieblingszielen der Amerikaner

ENGLISH SPOKEN ...

Dank der vielen Neubauten, die für die englischsprachigen Märkte in Auftrag gegeben wurden, wird man Flusskreuzer, auf denen Englisch die Bordsprache ist, künftig häufiger auf Rhein, Main, Donau oder Elbe sehen (Foto: zwei Avalon-Schiffe in Hamburg). Die führenden Reedereien sind **Viking River Cruises** (12 Neubauten 2014) **AMA Waterways** (2 Neubauten), **Tauck River Cruises** (2 Neubauten) und **Uniworld** (2 Neubauten), allesamt aus den USA. Dazu kommen die zur Schweizer Globus-Gruppe gehörenden **Avalon Waterways** (3 Neubauten) und der australische Anbieter **Scenic Cruises** (2 Neubauten).

serienweise neue Tonnage in Fahrt. Zählt man alle zusammen, so kommen 2014 auf Europas Flüssen 28 neue Einheiten hinzu, die überwiegend oder ausschließlich mit englischsprachigen Passagieren unterwegs sein werden. Nur zwei Schiffe für deutschsprachige Gäste, die **A-ROSA Flora** (S. 258) auf dem Rhein und die **Excellence Princess** auf Rhein, Main und Donau, stehen dem gegenüber. In Europa, wohlgemerkt. Denn in Asien, für die Deutschen eine Trend-Destination, kommen immerhin drei schmucke Neubauten – siehe oben auf der Seite rechts – hinzu.

Zum einen zeigt dies: Für „Old Europe" gibt es offenbar einen Nachholbedarf in den englischsprachigen Ländern. Demgegenüber haben die deutschen, österreichischen und schweizerischen Märkte ihre größten Wachstumswellen hier bereits hinter sich. Interessant ist aber auch: Wer einmal ein amerikani-

Neubauten in Asien: Im Herbst 2014 startet die Rajmahal (o.) für Phoenix auf dem Ganges, Lüftner bringt die Irrawaddy Explorer (u. l.) und die Mekong Navigator (u. r.) in Fahrt

sches oder britisches Flussschiff aus der Nähe betrachten konnte, stellt fest: Sie sind größer, opulenter ausgestattet, nicht selten mit Suiten und echten Balkonen. Der Grund dafür: Für ihre Gäste ist die Rhein- oder Donaureise in aller Regel kein Zweit- oder Dritturlaub, sondern das Jahres-Highlight, für das man ja auch über den Ozean (oder mindestens den Ärmelkanal) angereist ist. Dafür mehr zu bezahlen als hierzulande üblich, ist ebenfalls gelernt – und deshalb sind hochwertiger ausgestattete Schiffe in diesen Märkten schlicht einfacher zu verkaufen als hierzulande.

Damit zurück zu der Perspektive, die für dieses Buch gilt: Auf den folgenden 60 Seiten stellen wir wie in den Vorjahren die besten deutschsprachigen Schiffe vor – und die Flüsse, auf denen sie kreuzen. Und da auf dem Fluss – mehr als bei Hochseereisen – der Weg noch das Ziel ist, erhalten in unserem Fluss-Logbuch die Beschreibungen der Reviere mehr Raum als in den Hochseekapiteln. Nur bei Donau, Rhein und Elbe, die nach wie vor den Löwenanteil des Marktes ausmachen, gibt es ausführliche Porträts von Schiffen. Bei den weiteren Flüssen in Europa (ab Seite 278) und in aller Welt (ab Seite 290) sind kurze Empfehlungen zu einzelnen Schiffen in die Revierbeschreibungen integriert.

Bei den Schiffsporträts zu Donau, Rhein und Elbe wird übrigens auch auf die Hochsee-Kategorien Familienfreundlichkeit, Sport & Wellness sowie Entertainment verzichtet. Stattdessen „benoten" wir, neben Service und Gastronomie, das Raumangebot an Bord und die Ausflugsprogramme. Ansonsten finden sich alle Fakten wie im Hochseeteil. Bei den Passagierdecks rechnen wir Sonnendecks (SD) separat, und alle Preisangaben folgen den Katalogen der Anbieter. ■

Die Donau

Kein Fluss hat so viele Anrainer: Auf der Reise von Passau bis ans Schwarze Meer durchquert man auf der Donau zehn Länder

Nach der Wolga ist die Donau mit 2.888 Kilometern Europas zweitlängster Strom – und das populärste Flussreisenrevier des Kontinents. Über 120 Passagierschiffe verkehren auf ihr, meist mit Passau als Ausgangspunkt; wegen der guten Fluganbindung ist auch Wien als Starthafen beliebt. Die meisten Schiffe bieten das Donauerlebnis in zwei Versionen an: Der Klassiker ist die (meist einwöchige) Fahrt von Passau nach Budapest und zurück. Die zeitaufwendigere Alternative ist die Fahrt bis ans Schwarze Meer und zurück; sie wird auch als „One-way-Route" angeboten, mit Rückflug ab Bulgarien oder Rumänien. Übrigens werden bei der Donau die Stromkilometer von der Mündung zur Quelle gezählt, von „Null" im Delta bis zu Kilometer 2.888 bei der Breg-Quelle im Schwarzwald. Die Saison für Donaureisen ist von Mai bis Oktober; beliebt sind aber auch Advents- und Weihnachtsreisen.

★ Höhepunkte an der Donau

Passau, die „Dreiflüssestadt" an Donau, Inn und Ilz, hat eine gut erhaltene Altstadt, überragt vom Dom St. Stephan, in dem Europas größte Orgel zu bewundern ist. Neben dem Anleger im Zentrum wurde in Lindau, leider vier Kilometer entfernt, ein neuer Anleger gebaut.
Zwischen Linz und Wien mäandert der Strom auf einer Länge von 30 Kilometern durch die Weinanbaugebiete der **Wachau.** Dieser für viele landschaftlich schönste Abschnitt der gesamten Donau beginnt kurz hinter **Melk,** wo die berühmte Stiftskirche aus dem 11. Jahrhundert steht – das Wahrzeichen der Wachau. Malerisch ist auch das Weinstädtchen **Dürnstein.**
In **Wien** hält man am Anleger Nußdorf oder am zentraleren Handelskai. Von dort aus lässt sich die Stadt gut auf eigene Faust erkunden. Top-Sehenswürdigkeiten sind Hofburg (u. a. mit der Spanischen Hofreitschule), Stephansdom und Schloss Schönbrunn. Wenn das Schiff über Nacht bleibt, gibt es meist einen Abendausflug zum Heurigen nach Grinzing.

In der Wachau

Budapest

Bratislava, die Hauptstadt der Slowakei, ist für viele eine Überraschung: Die kompakte Altstadt des ehemaligen Pressburg ist bestens restauriert und überaus lebendig. Beliebte Treffpunkte sind der Hauptplatz und die abzweigenden Gassen mit ihren Bars und Cafés. Vom Anleger geht man, vorbei am imposanten Opernhaus, bequem zu Fuß in die Altstadt.
Höhepunkte in Ungarn sind die nachts angestrahlte Basilika von **Esztergom,** das Donauknie bei **Visegrád** und natürlich **Budapest,** das eine der am schönsten gelegenen Städte Europas ist. In der Altstadt Buda am bergigen Westufer der Donau stehen die Matthiaskirche und das Habsburger Schloss. Nebenan am Gellértberg lohnt sich ein Besuch des nostalgischen Gellért-Bads. Auf der Pester Seite befinden sich das berühmte Parlamentsgebäude und viele Prachtbauten aus der Zeit der Donaumonarchie. Hier legen die Schiffe an; in die Fußgängerzone Váci utca sind es von dort nur Minuten. Stadtrundfahrten sind zu empfehlen, zumal Buda sehr hügelig ist.
Die südungarische Puszta erlebt man zwischen der barocken Bischofsstadt **Kalocsa** und **Mohács:** Rinderherden, akrobatisch gerittene Pferde, Paprikafelder – und die endlose Weite der Pannonischen Tiefebene.

Constanta am Schwarzen Meer

Weiter stromabwärts besucht man das heute serbische **Novi Sad,** die Hauptstadt der Vojvodina. Sie erzählt von der wechselvollen Zeit der Türkenkriege, die in Architektur, Küche und Folklore zahlreiche Spuren hinterließ. In **Belgrad,** der lebhaften Metropole Serbiens, steht aber auch die zweitgrößte Basilika der orthodoxen Christenheit, St. Sava. Die 2.000-jährige Geschichte der heute 1,7 Millionen Einwohner zählenden Stadt kann man in der Festungsanlage Kalemegdan am Zusammenfluss von Save und Donau nacherleben.
Der landschaftliche Höhepunkt der unteren Donau ist die Kataraktenstrecke des **Eisernen Tors:** Über 100 Kilometer zwängt sich der Strom durch die bewaldeten Karpaten. An der engsten Stelle, dem „unteren Kazan", ist er nur 145 Meter breit – bei 90 Meter Wassertiefe. Bis zur Vollendung des Djerdap-Staudamms 1967 war das Eiserne Tor eine gefährliche Passage, die nur ortskundige Lotsen meistern konnten.

Heute ist die sechs Stunden dauernde Fahrt ein Naturerlebnis mit Fotomotiven wie dem **Kloster Mracuna** an der engsten Flussstelle und dem Felsenkopf des letzten Dakerkönigs aus spätrömischer Zeit.
Auf den unteren 940 Kilometern zieht der (bisher nicht regulierte) Strom gemächlich durch die walachische Ebene zum Delta. Malerisch sind die Ausblicke auf Sandbänke, grüne Ufer und kleine Dörfer. Man besucht das bulgarische **Vidin,** macht Ausflüge von **Rousse** ins mittelalterliche **Veliko Tarnovo** oder zum Schwarzmeerhafen **Constanta.** Reisehöhepunkt ist das **Delta** mit seinen stillen Wasserläufen und Seen, die man von **Tulcea** aus mit kleinen Booten erkundet. Der **Flusskilometer Null** am alten Leuchtturm von **Sulina** bildet meist den Abschluss der Reise. Bei One-way-Routen erfolgt der Rückflug in der Regel ab **Bukarest**, der Hauptstadt Rumäniens. Wer dort noch Zeit für Besichtigungen hat, erlebt eine Metropole, in der sich westeuropäische, osmanische und sozialistische Einflüsse bunt mischen.

Ausflugsziele zwischen Donau und Rhein: Bamberg (links) und die Residenzstadt Würzburg

Schiffe auf der Donau 2014

- ⚓ Alina (220 Gäste, Premium)
- Amadeus Brilliant (152 Gäste, Premium)
- Amadeus Classic (152 Gäste, Premium)
- Amadeus Diamond (152 Gäste, Premium)
- Amadeus Elegant (152 Gäste, Premium)
- Amadeus Rhapsody (152 Gäste, Premium)
- ⚓ Amadeus Silver (152 Gäste, Premium)
- ⚓ Amelia (220 Gäste, Premium)
- ⚓ Antonio Bellucci (140 Gäste, Premium)
- ⚓ Ariana (158 Gäste, Premium)
- ⚓ A-ROSA Bella (242 Gäste, Premium)
- ⚓ A-ROSA Donna (242 Gäste, Premium)
- ⚓ A-ROSA Mia (242 Gäste, Premium)
- ⚓ A-ROSA Riva (242 Gäste, Premium)
- ⚓ A-ROSA Silva (186 Gäste, Premium)
- Aurelia (158 Gäste, Premium)
- Bellejour (180 Gäste, Premium)
- Belvedere (176 Gäste, Premium)
- Classica (157 Gäste, Standard)
- Claude Monet (156 Gäste, Standard)
- Deltastar (160 Gäste, Standard)
- Dertour Amadeus (152 Gäste, Standard)
- ⚓ Dertour Mozart (206 Gäste, Premium)
- Dnepr (150 Gäste, Standard)
- Donaustar (160 Gäste, Standard)
- ⚓ Edelweiss (180 Gäste, Premium)
- ⚓ Elegant Lady (128 Gäste, Standard)
- Excellence Princess (144 Gäste, Premium)
- ⚓ Excellence Queen (144 Gäste, Premium)
- Flamenco (200 Gäste, Standard)
- ⚓ Gloria (150 Gäste, Premium)
- ⚓ Heidelberg (110 Gäste, Premium)
- Modigliani (180 Gäste, Standard)
- Moldavia (160 Gäste, Standard)
- Nestroy (230 Gäste, Standard)
- Normandie (100 Gäste, Standard)
- Primadonna (148 Gäste, Premium)
- Princess Sophie (152 Gäste, Standard)
- ⚓ Prinzessin Isabella (140 Gäste, Standard)
- Prinzessin Katharina (144 Gäste, Standard)
- River Art (130 Gäste, Standard)
- ⚓ River Cloud II (88 Gäste, Premium)
- Rousse (201 Gäste, Standard)
- Rousse Prestige (180 Gäste, Standard)
- ⚓ Serenity (190 Gäste, Standard)
- Sofia (206 Gäste, Standard)
- Sound of Music (128 Gäste, Premium)
- ⚓ TUI Allegra (178 Gäste, Premium)
- TUI Maxima (180 Gäste, Standard)
- ⚓ TUI Melodia (178 Gäste, Premium)
- Victor Hugo (180 Gäste, Standard)
- Viktoria (180 Gäste, Premium)
- ⚓ Vista Explorer (170 Gäste, Standard)
- ⚓ Vista Prima (150 Gäste, Premium)
- Vivaldi (180 Gäste, Standard)
- Wolga (160 Gäste, Standard)

Der **Main-Donau-Kanal** verbindet die Donau mit dem Rhein: eine Route, entlang derer man Nürnberg, Bamberg oder Würzburg besuchen kann – oder sogar per Schiff quer durch Europa reisen, von Amsterdam bis hinab ans Schwarze Meer. In fast voller Länge bietet dieses Erlebnis 2014 die ⚓ **Amadeus Silver** an. Auf dem Main und dem Kanal fahren außerdem u. a. die ⚓ **A-ROSA Silva**, die ⚓ **Alina** von Phoenix Reisen, die ⚓ **Elegant Lady** von Plantours, die ⚓ **Excellence Queen** vom Reisebüro Mittelthurgau aus der Schweiz und die ⚓ **River Cloud II** von Seacloud Cruises.

Der Rhein

Der längste deutsche Fluss ist beliebt wie eh und je

Mit 1.320 Kilometern Länge ist der Rhein der größte deutsche Strom – und zugleich der verkehrsreichste Europas. Städte wie Basel, Strasbourg, Mainz und Köln säumen die Ufer, und an den Hängen gedeiht der Wein, den die Römer hier einst heimisch machten. Im Herbst, zur Zeit der Weinfeste, wird er gefeiert: „German Gemütlichkeit", wie sie bei Rhein-Touristen aus aller Welt schon immer hoch im Kurs stand – und offenbar auch vom deutschen Publikum wiederentdeckt wurde: Mit neuen Schiffen haben Veranstalter wie A-ROSA und TUI ihre Rhein-Angebote beträchtlich ausgeweitet. Und bei den Nebenflüssen wird, neben **Main** und **Mosel,** auch der **Neckar** auf neuen Routen erkundet.

Der Kölner Dom

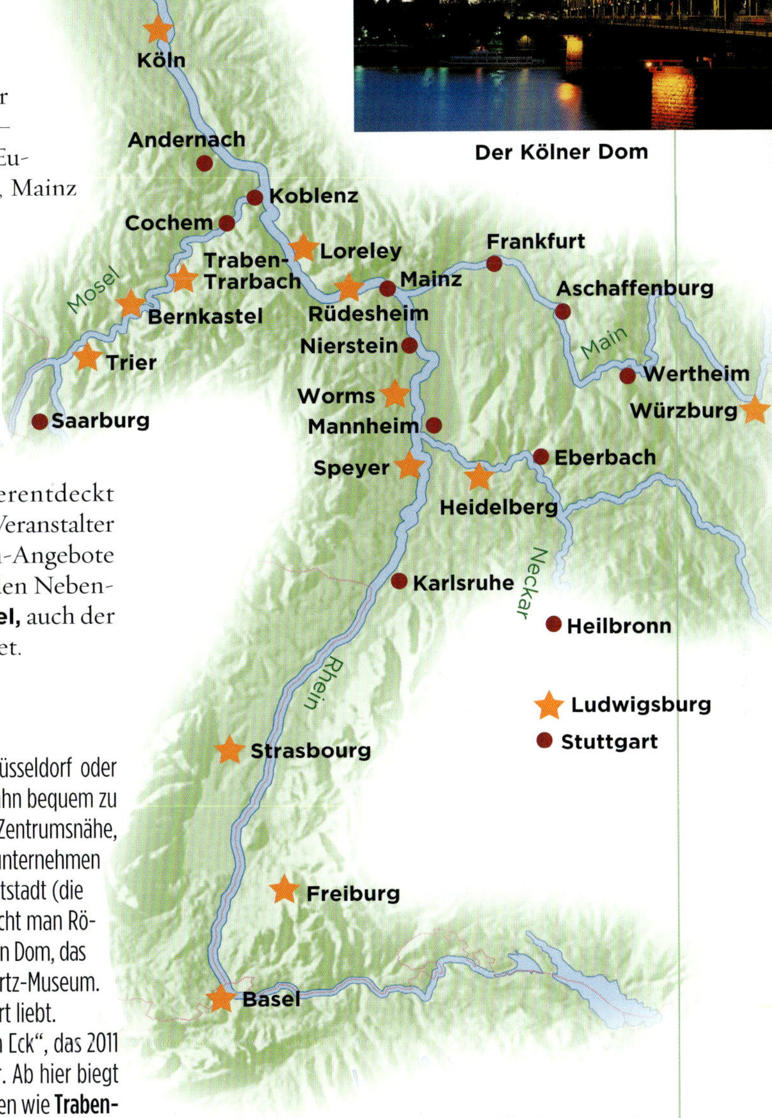

Höhepunkte am Rhein

Als **Starthäfen** für Rheinreisen sind Köln, Düsseldorf oder auch Frankfurt ideal. Alle drei sind mit der Bahn bequem zu erreichen, und die Anleger befinden sich in Zentrumsnähe, so dass man Erkundungen auf eigene Faust unternehmen kann. In **Düsseldorf** spaziert man durch die Altstadt (die „längste Theke der Welt"), in **Frankfurt** besucht man Römer, Paulskirche, Goethehaus – und in **Köln** den Dom, das Römisch-Germanische und das Wallraff-Richartz-Museum. Oder das Museum Ludwig, wenn man Pop-Art liebt. Rheinaufwärts folgt **Koblenz** am „Deutschen Eck", das 2011 Austragungsort der Bundesgartenschau war. Ab hier biegt man zur **Mosel** ab, mit berühmten Winzerorten wie **Traben-Trarbach** und **Bernkastel** sowie der Römerstadt **Trier**. Oder man kreuzt durch das malerische **Mittelrheintal** mit seinen Burgen und Schlössern, mit **Rüdesheim** und seiner „Drosselgasse" – und mit dem legendären **Loreley-Felsen** bei St. Goarshausen. Ab **Mainz,** der Wein- und Karnevalsmetropole, werden die Ufer flacher. Bei Mannheim geht es den **Neckar** hinauf nach Heidelberg, sehenswert sind auch **Speyer** und **Worms** mit ihren Domen aus karolingischer Zeit.

Der nächste Höhepunkt liegt in Frankreich: **Strasbourg,** das als Sitz des EU-Parlaments als „zweite Hauptstadt Europas" gilt – und ein so prachtvolles gotisches Münster besitzt wie **Freiburg** im Breisgau, das Tor zum Schwarzwald. Wer lieber ins Elsass fährt, besucht die Fachwerkstadt **Colmar.** Und last, but not least folgt **Basel** im Dreiländereck mit seinen rund 40 (!) Museen. Und mit „Guggemusik" zur Fastnachtszeit, dem Schweizer Gegenstück zum rheinischen Karneval. ►

Im Rhein-Delta (Niederlande & Belgien)

Entdeckungen im Delta von Rhein und Maas und an der Schelde: Die Niederlande und der Norden Belgiens sind ein Wasserwander-Paradies

Über 891,20 Kilometer ist der Rhein schiffbar – davon verlaufen 171,20 Kilometer auf niederländischem Gebiet. Es vom Wasser aus zu erkunden drängt sich geradezu auf: Holland lebt am und mit dem Wasser wie kaum ein anderes Land. Lek, Maas und Waal, die Delta-Arme, in die der Rhein sich in den Niederlanden verzweigt, dazu das Ijsselmeer und eine Unzahl mal schmaler, mal breiter Nebengewässer: Vom fließenden Element ist man in Holland nirgends weit entfernt. Und über die Schelde und ein verzweigtes Gewirr von Kanälen ist das Rhein-Delta auch mit Flandern verbunden, der Nordprovinz des Nachbarlands Belgien. Dort liegen Brügge, Brüssel, Gent, Antwerpen: für Städtetrips ein perfektes Revier.

★ Höhepunkte in Holland & Flandern

Bei Rheinreisen Kurs Nord ist **Amsterdam** oft das Hauptziel; ein zweitägiger Aufenthalt ist die Regel. Die Schiffe liegen in unmittelbarer Nähe des Hauptbahnhofs. Wer will, kann dort sofort in die Grachtenschiffe umsteigen – die Rundfahrt ist immer noch die beliebteste Form, Amsterdam zu erleben. Weltniveau hat das Amsterdamer Museumsangebot, u. a. mit Rijksmuseum, Van Gogh Museum, Rembrandthaus und dem einstigen Wohnhaus der Anne Frank an der Prinsengracht.
Schiedam vor den Toren **Rotterdams** ist der Ausgangspunkt für viele Ausflüge zu touristischen Klassikern: Man besucht **Delft** mit seiner Porzellanmanufaktur, **Den Haag** mit dem Regierungssitz und der Residenz der königlichen Familie, außerdem **Leiden,** die Geburtsstadt Rembrandts und mit ihren Grachten und Giebeln das fast perfekte Holland-

Ziele im Norden: Amsterdam, Käsemarkt in Alkmaar und die „Terrasjes" von Antwerpen

Idyll. Letzteres gilt auch für zwei Ziele am Rande: die Windmühlen von **Kinderdijk** nahe Dordrecht und die Blumenmeere des **Keukenhofs** südlich von Amsterdam. Ein Tipp ist auch **Nijmegen:** Die älteste Stadt des Landes hat sich zu einer jung-modernen Universitätsstadt entwickelt.

Im belgischen **Antwerpen,** das über die Schelde-Mündung angesteuert wird, legen die Schiffe in unmittelbarer Nähe der Altstadt an. Traditionelle Treffs sind dort der Grote Markt und der Groenplaats mit seinen Restaurants. In **Gent,** der Stadt mit dem Drei-Türme-Panorama, stehen die schönsten Giebelhäuser am Vrijdagmarkt. Da sich der Liegeplatz außerhalb der Altstadt in einem Industriegebiet befindet, ist hier ein organisierter Ausflug zu empfehlen. Auf eigene Faust wiederum kann man **Brüssel** erkunden. Zumindest das historische Zentrum der EU-Kapitale lohnt die Entdeckung.

Schiffe auf dem Rhein und im Rhein-Delta 2014

Die Palette der Rhein-Routen ist groß und bunt: Kleinere Schiffe fahren auch auf die Nebenflüsse Main, Neckar und Mosel oder sogar bis zur Saar. Und auf den Wasserwegen Hollands und Belgiens liegen das Ijsselmeer und die Kunststädte Flanderns voll im Trend.

- **Alegria (100 Gäste, Standard)**
- **Alemannia (184 Gäste, Standard)**
- ⚓ **Alina (220 Gäste, Premium)**
- **Amadeus Brilliant (152 Gäste, Premium)**
- **Amadeus Classic (152 Gäste, Premium)**
- **Amadeus Diamond (152 Gäste, Premium)**
- **Amadeus Elegant (152 Gäste, Premium)**
- **Amadeus Princess (152 Gäste, Premium)**
- ⚓ **Amadeus Silver (152 Gäste, Premium)**
- ⚓ **Amelia (220 Gäste, Premium)**
- ⚓ **Antonio Bellucci (140 Gäste, Premium)**
- ⚓ **A-ROSA Aqua (202 Gäste, Premium)**
- ⚓ **A-ROSA Brava (202 Gäste, Premium)**
- **A-ROSA Flora (186 Gäste, Premium)**
- ⚓ **A-ROSA Silva (186 Gäste, Premium)**
- ⚓ **A-ROSA Viva (202 Gäste, Premium)**
- **Aurelia (158 Gäste, Standard)**
- **Bellejour (180 Gäste, Premium)**
- **Bellevue (196 Gäste, Premium)**
- **Bellriva (186 Gäste, Standard)**
- **Belvedere (176 Gäste, Premium)**
- **Britannia (184 Gäste, Standard)**
- **Calypso (90 Gäste, Standard)**
- ⚓ **Casanova (96 Gäste, Standard)**
- ⚓ **Elegant Lady (128 Gäste, Standard)**
- **Excellence Coral (75 Gäste, Premium)**
- ⚓ **Excellence Queen (144 Gäste, Premium)**
- ⚓ **Gérard Schmitter (156 Gäste, Standard)**
- ⚓ **Gloria (150 Gäste, Premium)**
- **Heinrich Heine (110 Gäste, Standard)**
- **L'Europe (180 Gäste, Standard)**
- **Leonardo da Vinci (180 Gäste, Standard)**
- **Michail Svetlov (136 Gäste, Standard)**
- **Modigliani (156 Gäste, Standard)**
- **Nestroy (230 Gäste, Standard)**
- **Rhein Prinzessin (140 Gäste, Premium)**
- ⚓ **River Cloud II (88 Gäste, Premium)**
- ⚓ **Serenité (12 Gäste, Premium)**
- **Sound of Music (128 Gäste, Premium)**
- ⚓ **Statendam (186 Gäste, Standard)**
- **Swiss Crown (150 Gäste, Standard)**
- **Swiss Sapphire (124 Gäste, Standard)**
- ⚓ **Switzerland (104 Gäste, Standard)**
- ⚓ **TUI Allegra (178 Gäste, Premium)**
- ⚓ **TUI Sonata (178 Gäste, Premium)**
- ⚓ **Vista Prima (150 Gäste, Premium)**

Elbe, Havel und Oder

Über Moldau und Havel verbindet die Elbe Hamburg mit Prag und Berlin. Und über die Oder geht es weiter bis in die offene Ostsee

Jahrzehntelang fristete die Elbe ein Schattendasein: Eine längere Strecke war Teil des Eisernen Vorhangs zwischen Ost und West. In dieser Zeit wurde sie als Kloake missbraucht, zum anderen blieb längs der Grenze auch eine natürliche Auenlandschaft erhalten, die heute unter Schutz steht. Wer ab Hamburg elbaufwärts fährt, kann diesen „Naturpark Elbtalaue" erleben. Die meisten Schiffe aber befahren den Strom weiter südlich: von Magdeburg über Dresden ins Elbsandsteingebirge und weiter auf der Moldau bis Prag, für viele Höhepunkt der Reise. Sofern nicht Niedrigwasser die Elbfahrt vereitelt: Wenn das Schiff nicht weiterkommt, wird die Kreuzfahrt zur Busreise.

Und in der anderen Richtung? Geht's über die Havel via Potsdam nach Berlin, zum „1. Kreuzfahrtterminal Spandau". Der nicht nur Ziel-, sondern auch Ausgangspunkt für Flusstouren ist: Über den Havel-Oder-Kanal können kleinere Kreuzer zur Oder fahren. Und über das Stettiner Haff, vorbei an Usedom und Wollin, bis hinauf nach Stralsund und zur Insel Rügen. Ein Stückchen Hochseefahrt also – bei dem es schon mal kräftig schaukeln kann ...

Wunder der Natur: das Elbsandsteingebirge

★ Höhepunkte

Wer in **Hamburg** startet und die Stadt nicht kennt, sollte einen Tag vorher anreisen. Hafenrundfahrt und Musicalbesuch, Rathaus und Michel, HafenCity und Speicherstadt: Das „Tor zur Welt" bietet Sehenswertes in Fülle. Elbaufwärts geht es dann durch den **Naturpark Elbtalaue** (am Ostufer die Festung Dömitz) nach **Magdeburg** mit seinem gewaltigen Dom. Und über **Dessau**, wo die Bauhaus-Architekten wirkten, zur Lutherstadt **Wittenberg**. Vor ihren Toren liegt der bezaubernde **Wörlitzer Park**. In **Meißen**, der „Wiege Sachsens", sollte man neben Dom und Albrechtsburg auch die Porzellanmanufaktur besuchen; die Exponate sind atemberaubend.

Viel neuen Glanz hat **Dresden** erhalten – mit der restaurierten Semperoper, der wiedererrichteten Frauenkirche und dem Grünen Gewölbe des Zwingers, in dem überwältigende Kunstschätze ausgestellt sind. Ein besonderes Landschaftserlebnis bietet das **Elbsandsteingebirge** bei Bad Schandau, schon an der Grenze zur Tschechischen Republik. Hier bildet am Nebenfluss **Moldau** (tschechisch „Vltava") die „Goldene Stadt" **Prag** den krönenden Abschluss. Man wandelt auf den Spuren Kafkas, Mozarts oder des braven Soldaten Schwejk. Und genießt in den Gasthäusern die vielleicht besten Biere Europas.

Wer in **Potsdam** an der Havel startet, entweder mit Prag oder mit Rügen als Ziel, kann im Schloss Sanssouci dem Geist der Preußenkönige nachspüren und im Cecilienhof dem der „Potsdamer Konferenz" von 1945. In **Berlin**, seit 1999 wieder deutsche Hauptstadt (und zu groß, um hier auch nur skizziert zu werden), erlebt man die Politik von heute hautnah, zum Beispiel mit einem Besuch der Kuppel über dem Reichstag.

Weiter Richtung Oder: Am **Oder-Havel-Kanal** passiert man in **Niederfinow** mit dem zweitgrößten Schiffshebewerk der Welt ein technisches Meisterwerk der 1930er-Jahre. Ab **Lunow** fährt das Schiff auf der **Oder** und erreicht bald **Szczecin** (früher **Stettin**), wo die wechselvolle deutsch-polnische Geschichte lebendig bleibt. Über das Stettiner Haff geht es zur Insel **Usedom** mit den „Kaiserbädern" Ahlbeck und Heringsdorf. Und dann beginnt die kurze „Seefahrt" längs der Ostseeküste, durch den Greifswalder Bodden via **Stralsund** zur Insel **Rügen**. Das Seebad Binz, die Kreidefelsen im Nationalpark Jasmund und den Besuch der stillen (autofreien) Nachbarinsel **Hiddensee** sollte man dort nicht versäumen.

An der Oder: der Dom von Stettin

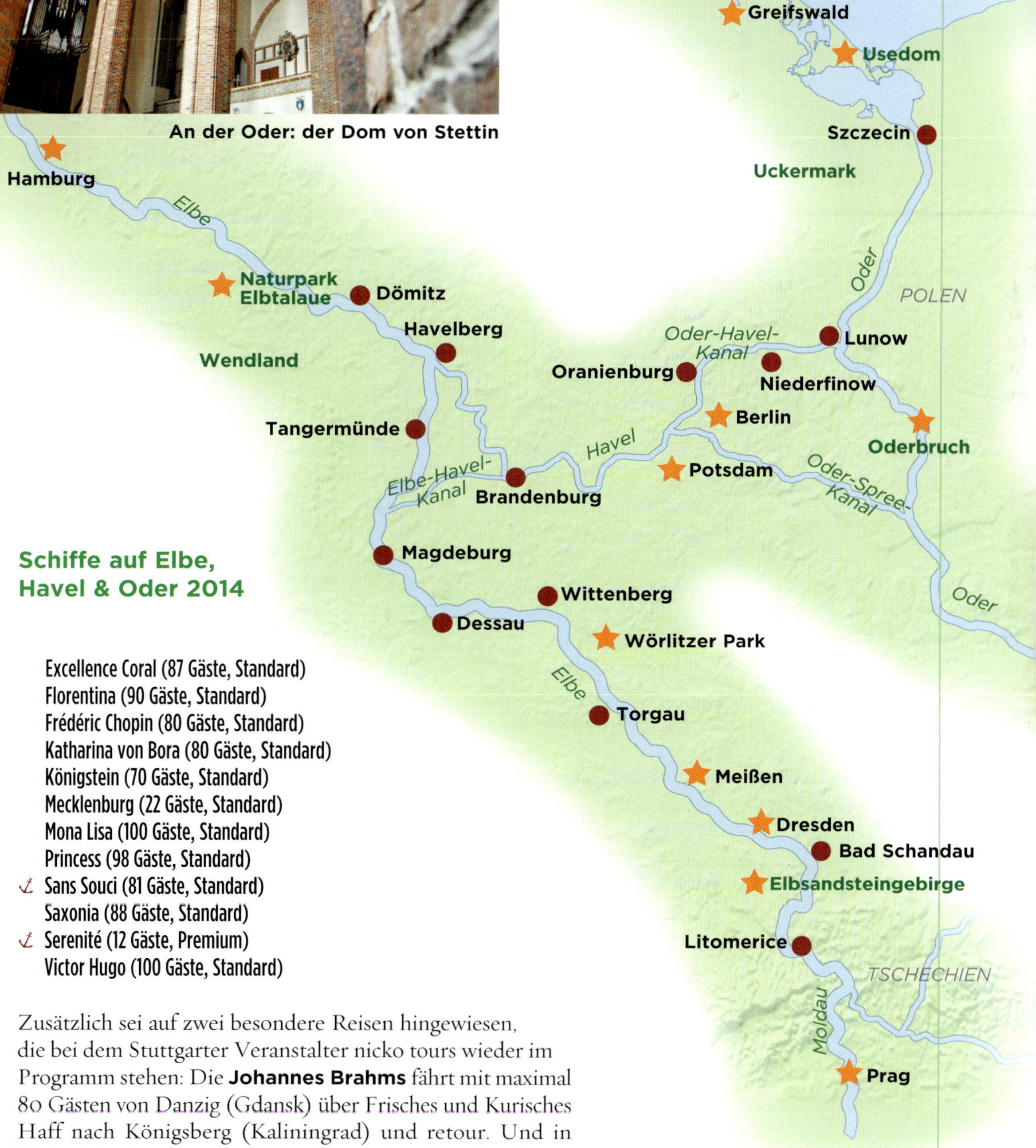

Schiffe auf Elbe, Havel & Oder 2014

- Excellence Coral (87 Gäste, Standard)
- Florentina (90 Gäste, Standard)
- Frédéric Chopin (80 Gäste, Standard)
- Katharina von Bora (80 Gäste, Standard)
- Königstein (70 Gäste, Standard)
- Mecklenburg (22 Gäste, Standard)
- Mona Lisa (100 Gäste, Standard)
- Princess (98 Gäste, Standard)
- ⚓ Sans Souci (81 Gäste, Standard)
- Saxonia (88 Gäste, Standard)
- ⚓ Serenité (12 Gäste, Premium)
- Victor Hugo (100 Gäste, Standard)

Zusätzlich sei auf zwei besondere Reisen hingewiesen, die bei dem Stuttgarter Veranstalter nicko tours wieder im Programm stehen: Die **Johannes Brahms** fährt mit maximal 80 Gästen von Danzig (Gdansk) über Frisches und Kurisches Haff nach Königsberg (Kaliningrad) und retour. Und in Tschechien kann man auf der **Florentina** (90 Gäste) von Prag aus auch die Obere Moldau erkunden. ■

Beste Aussicht auf den Fluss – auch in Budapest

Amadeus Silver

Jüngster Spross der Amadeus-Flotte: ein Flusskreuzer der Luxusklasse

Der Komfort der Amadeus Silver besteht im Raumangebot. Sie hat für ein Flussschiff viele unterschiedliche „Locations“: Zwei Alternativen zum großen Salon sind wahrer Luxus. Zum einen das mittschiffs gelegene Wiener Café mit seinen stilvollen Schwarz-Weiß-Fotos, zum anderen die Lounge im Heck, die wiederum über eine kleine Außenterrasse verfügt – mit Sitzgelegenheit und Aschenbecher. Hinzu kommt die Außenlounge, mit windabweisenden Scheiben und Blick in Fahrtrichtung am Bug platziert. Die Küche verdient ein Extralob: Im Restaurant mit reichlich Platz für guten Service warten schon zum Lunchbuffet Spaghetti mit Gambas, gefüllte Hähnchenbrust, Lachs und Roastbeef, Suppen, verschiedene Gemüse- und Meeresfrüchte-Cocktails, Salat und ein frisch aufgeschnittenes Filet. Die zwölf Suiten haben keine getrennten Wohn- und Schlafräume, aber verschwenderisch viel Platz mit Sitzecke und begehbarem Balkon. Auch die 77 „Standard“-Kabinen liegen weit über dem, was ein Flussschiff erwarten lässt.

Reiserouten 2014

Auf dem Rhein gibt es Amsterdam – Basel sowie eine Tulpenfahrt (**7 Nächte, ab € 1.183**). Im Herbst geht es quer durch Europa von Budapest bis Amsterdam (**14 Nächte, ab € 3.058**).

DATEN & FAKTEN

Länge	135,00 m	**Crew-Mitglieder**	46
Breite	11,40 m	**Bordsprache**	Deutsch
Tiefgang	1,45 m	**Passagierdecks**	3 + SD
Indienststellung	2012	**Restaurants**	1
Passagiere	152	**Bars**	4

Kabinen	89: 12 Suiten mit 24 m² u. 77 Kabinen mit 16 m², davon 58 mit franz. Balkon, 12 mit begehbarem Balkon
Sport & Wellness	Massage, Friseur, Frühsport auf dem Sonnendeck, Fitnessraum mit mehreren Cardiogeräten
Info-/Entertainment	Livemusik, abendliche Unterhaltungsprogramme, Crew-Show, TV und Video
Dresscode	sportlich-leger bis elegant
Preis pro Nacht	€ 218 bis € 395; Durchschn. € 294
Info	**Dertour** Frankfurt, Tel. (069) 95 88-00, www.dertour.de **Lüftner Cruises** Innsbruck, Tel. +43 (0)512 36 57 81 www.lueftner-cruises.com

PROFIL

Kabinen/Raumangebot	⚓⚓⚓⚓⚓
Ausflüge/Programm	⚓⚓⚓½
Gastronomie	⚓⚓⚓⚓½
Service	⚓⚓⚓⚓

Braun- und Beigetöne: eine der 110 Kabinen

Amelia & Alina

Die neue A-Klasse: die beiden Phoenix-Schwestern auf Rhein und Donau

Die Alina und die Amelia sind zwei Schwesterschiffe, mit denen die Schweizer Scylla-Reederei und Phoenix Reisen aus Bonn gemeinsam Rhein und Donau befahren. Bis zu 220 Passagiere haben Platz auf den 135-Meter-Schiffen. Dabei sehen die riesigen Dreidecker (plus Sonnendeck) durchaus modern aus, was die Zielgruppe nicht unbedingt ist. Sie findet wohnlich eingerichtete und gut ausgestattete Kabinen vor, auf den beiden obersten Decks mit französischen Balkonen. Gespeist wird auf zwei Ebenen. Während das obere Deck als Buffetrestaurant fungiert, ist die untere Ebene als À-la-carte-Restaurant konzipiert. Bei voller Auslastung wirkt dieser Bereich recht beengt – was sich auch auf den Gemütszustand des Service auswirken kann. Einmal pro Reise besteht die Möglichkeit zum intimen Candle-Light-Dinner im Heckbistro, was jedem Mitreisenden zu empfehlen ist. Von der Panoramalounge durch wenige Stufen abgetrennt ist der Barbereich. Die Crew ist international – spricht aber meist auch Deutsch.

Reiserouten 2014

Z. B. Schnupperreise ab Köln nach Rüdesheim (**2 Nächte, ab € 169**); von Köln über Würzburg nach Passau (**8 Nächte, ab € 899**); Passau–Budapest–Passau (**6 Nächte, ab € 749**).

DATEN & FAKTEN

Länge	135,00 m	**Crew-Mitglieder**	42
Breite	11,40 m	**Bordsprache**	Deutsch
Tiefgang	1,60 m	**Passagierdecks**	3 + SD
Indienststellung	2011/12	**Restaurants**	2
Passagiere	220	**Bars**	2

Kabinen	110 Außenkabinen, davon 86 mit franz. Balkon, 4 Dreibett-Kabinen; Größen: 14 bis 16 m²
Sport & Wellness	Großes Sonnendeck mit Pool, Shuffleboard
Info-/Entertainment	Themenabende, Tanzmusik oder Livemusik, Bücherecke, Brett- und Kartenspiele, Quizabende, Folklore, Internetcafé
Dresscode	leger bis elegant; Anzug bzw. Kleid am Kapitänsabend
Preis pro Nacht	€ 116 bis € 284; Durchschnitt ca. € 180
Info	**Phoenix Reisen** Bonn, Tel. (0228) 92 60-200 www.PhoenixReisen.com

PROFIL

Kabinen/Raumangebot
Ausflüge/Programm
Gastronomie
Service

Am Anleger in Rüdesheim am Rhein

FOTO: F. Poth, Langstadt

Antonio Bellucci

Hingucker auf Europas Flüssen: ein Meisterwerk der Schiffbaukunst

Es dürfte kaum ein Schiff geben, das die Emotionen von Flussfans so anspricht wie dieses: Das Flaggschiff der Feenstra Rijn Lijn stiehlt nicht nur optisch zahlreichen Konkurrentinnen die Show. Rassig ist der Schnitt seines Stahlkleides, und die Interieurs sind so elegant, dass man das Schiff, das dem Premium-Segment angehört, eher dem Luxusmarkt zurechnen möchte. Der Panoramasalon jedenfalls gehört mit seinem riesigen Skylight zu den schönsten Gesellschaftsräumen auf europäischen Flüssen. Ein Refugium für Ruhesuchende ist die „Captain's Corner" im Heck des Schiffes. Hinzu kommen behaglich eingerichtete Passagierunterkünfte (auf den beiden oberen Decks mit französischen Balkonen), Gastronomie und Service sind auf Topniveau, und auch ein Sauna- und Fitnessbereich fehlt nicht. Neben Niederländern dürfen sich 2014 auch wieder Schweizer auf das luxuriöse, dabei wohltuend informelle Ambiente freuen. Das Kommando über den außergewöhnlichen Kreuzfahrer hat der junge niederländische Kapitän Popke Dillingh.

Reiserouten 2014

Das Schiff fährt zum Saisonauftakt auf dem Rhein und von Mai bis August ein- und zweiwöchige Routen auf der Donau.

DATEN & FAKTEN

Länge	110,00 m	**Crew-Mitglieder**	34
Breite	11,45 m	**Bordsprachen**	Deutsch, Englisch, Niederländisch
Tiefgang	1,60 m	**Passagierdecks**	2,5 + SD
Indienststellung	2012	**Restaurants/Bars**	1/1
Passagiere	140		

Kabinen	70 Außenkabinen, davon 54 mit franz. Balkon (ca. 16 m^2), 1 Suite (ca. 32 m^2), 15 mit Fenster (ca. 13 m^2)
Sport & Wellness	Teilweise überdachtes Sonnendeck mit Whirlpool, Fitnesscenter, Sauna, Personenlift und Sitzlift
Info-/Entertainment	Livemusik, Bibliothek, Bordshop, Quiz, Zaubertricks, Gastkommentator zur Streckenführung
Dresscode	sportlich-elegant
Preis pro Nacht	ca. € 140 bis € 280
Info	**Feenstra Rijn Lijn** Arnhem, Tel. +31 26 445 28 05 www.feenstrarhineline.nl **Thurgau Travel**, Schweiz Tel. +41 71 626 55 00

PROFIL

Kabinen/Raumangebot

Ausflüge/Programm

Gastronomie

Service

Am Anleger in Mainz

FOTO: M. Tragbar

Ariana

Ein grundsolides Schiff, das auf langen Donaurouten unterwegs ist

Das erst 2012 gebaute Schiff aus Bulgarien ist bei Phoenix Reisen eine feste Größe auf der Donau: ein moderner Zweieinhalbdecker mit französischen Balkonen auf Saturn- und Oriondeck und mit attraktiv gestalteten Badezimmern mit großzügig bemessenen Duschkabinen in den Unterkünften. Das Interieur der meisten öffentlichen Bereiche ist modern und wirkt dennoch unaufdringlich. Beileibe kein Nachteil, doch würde ein klein wenig mehr Mut zu Farben und maritimen Ausstattungsdetails (z. B. im Panoramasalon) der gepflegten Flusslady gut zu Gesicht stehen. Im Restaurant ist das gut gelöst: Dort sorgen rote und graue Töne für Abwechslung und einen eigenen Stil. Glanzpunkte findet man auch im Heckbereich auf dem Oriondeck: die einladende Panoramalounge, einen Massageraum, ein kleines Fitnesscenter. Auch einen Aufzug hat das Schiff, ebenso einen Whirlpool auf dem Sonnendeck. Gute Mittelklasse ist die Gastronomie, und für gute Serviceleistungen sorgt die freundliche bulgarische Crew.

Reiserouten 2014

Zweiwöchige Donaureisen ab/bis Passau von Mitte April bis Anfang Oktober (**14 Nächte, ab € 1.999**). Dabei werden u. a. Serbien (2-mal), Rumänien, Bulgarien und das Delta besucht.

DATEN & FAKTEN

Länge	110,00 m	**Crew-Mitglieder**	40
Breite	11,45 m	**Bordsprache**	Deutsch
Tiefgang	1,60 m	**Passagierdecks**	2,5 + SD
Indienststellung	2012	**Restaurants**	1
Passagiere	158	**Bars**	2

Kabinen	81 Außenkabinen, davon 64 mit franz. Balkon, 7 Einzel-, 1 Dreibettkabine; Größen: 12 bis 14 m²
Sport & Wellness	Großes Sonnendeck mit Whirlpool, Friseursalon mit Massage, Fitnessraum, Lift
Info-/Entertainment	Bar, Tanzfläche, Bibliothek/Leseecke, Brett- und Kartenspiele, Quizabende, Folklore, Internet
Dresscode	leger bis elegant; Anzug bzw. Kleid am Kapitänsabend
Preis pro Nacht	€ 135 bis € 185 Durchschnitt ca. € 160
Info	**Phoenix Reisen** Bonn, Tel. (0228) 92 60-200 www.PhoenixReisen.com

PROFIL

Kabinen/Raumangebot

Ausflüge/Programm

Gastronomie

Service

Whirlpool mit Aussicht

A-ROSA Aqua, Viva & Brava

A-ROSA auf dem Rhein: Routenvielfalt sogar bis in die Nordsee

„Schöne Zeit“ lautet der aktuelle Slogan der Rostocker Reederei, die unter dem neuen Chef Jörg Eichler (Ex-AIDA) noch konsequenter eine jüngere Klientel anpeilt. Dazu wird die Rheinflotte 2014 mit der **A-ROSA Flora** (mit Suiten und Familienkabinen) aufgestockt. Neu ist auch auf allen A-ROSA-Schiffen „Select Premium“, ein All-inclusive-Tarif, bei dem neben den meisten Getränken auch WLAN und ausgewählte Ausflüge enthalten sind. Die klassischen Rheinrouten sind bei A-ROSA durchaus kreativ: Die Schiffe fahren sogar durch das Ijsselmeer in die Nordsee hinein bis nach Harlingen. Innovativ ist das Design in den öffentlichen Räumen, farbenfroh präsentieren sich Café, Marktrestaurant und Weinwirtschaft, eine Freude fürs Auge sind die modernen Kabinen mit ihren schönen Bädern sowie (zu drei Vierteln) französischen Balkonen. State of the Art ist auch der Wellnessbereich im Bug: Sein Außenwhirlpool ist ein Platz zum Träumen – exponierter ist nur der Blick von der Brücke.

Reiserouten 2014

Z. B. Holland & Flandern ab Köln (**9 N., ab € 1.324**), Mosel ab Köln (**5 N., ab € 549**) und die neue Familienreise mit Europa-Park Rust und Movie Park Bottrop (**6 N., ab € 879**).

DATEN & FAKTEN

Länge	135,00 m	**Crew-Mitglieder**	54
Breite	11,40 m	**Bordsprache**	Deutsch
Tiefgang	1,60 m	**Passagierdecks**	3 + SD
Indienstst.	2009/10/11	**Restaurants**	3
Passagiere	max. 202	**Bars**	3

Kabinen	99 Außenkabinen, davon 70 mit franz. Balkon; Größe: 14,5 m²
Sport & Wellness	Spa mit Massage/Beauty und Sanarium, Fitnesscenter, Whirlpool, Putting Green, Shuffleboard, Großschach, Nordic Walking, Kurse, Trekkingbikes für Ausflüge
Info-/Entertainment	Shows, Künstlergruppen, Spiele; Themenreisen für Feinschmecker und Golfer sowie mit prominenten Gastkünstlern
Dresscode	sportlich-leger
Preis pro Nacht	€ 109 bis € 253; Durchschn. € 190
Info	**A-ROSA Flussschiff GmbH** Rostock, Tel. (0381) 202 60 01 www.a-rosa.de

PROFIL

Kabinen/Raumangebot	⚓⚓⚓⚓
Ausflüge/Programm	⚓⚓⚓⚓½
Gastronomie	⚓⚓⚓⚓
Service	⚓⚓⚓⚓

Am Donauknie bei Esztergom

A-ROSA Mia, Riva, Bella & Donna

Donaureisen für Junggebliebene – auch als „Grand Tour" bis ins Delta

Was Sport und Wellness betrifft, fahren die ab 2001 gebauten ältesten A-ROSA-Schiffe noch immer auf der Donau voraus. Die vier Schwestern sind bestens gepflegt – und mit Saunen, Fitnessbereich, Bikes für Ausflüge sowie Anwendungen (kostenpflichtig) von der Hot-Stone-Massage bis zur Salztherapie ist ihr Aktivangebot das größte auf dem Fluss. Etabliert ist das gastronomische Konzept: Man speist vom Buffet (mit Front-Cooking), und einmal pro Woche werden fünf Gänge in der Weinwirtschaft serviert, inklusive Weinprobe mit dem Sommelier. Die Tropfen dazu kommen aus der Region, z. B. aus der Wachau. Es gibt auch Restaurant-Außenplätze im Heck, dort stört aber zuweilen der Motorenqualm das Vergnügen. An schönen Tagen gibt es Barbecue auf dem Sonnendeck. Mit speziellen Themenreisen wie einer Klassiktour (inkl. Konzert in der Basilika von Esztergom) will A-ROSA auch auf der Donau neue Zielgruppen an Bord holen. Für Behinderte sind die Schiffe nicht geeignet: Es gibt keinen Lift.

Reiserouten 2014

12 Routen von 3 bis 17 Nächte, darunter neu u. a. Klassikreise mit Konzerten in Wien und Esztergom (**7 Nächte, ab € 1.199**) und Katarakten ab/bis Budapest (**7 Nächte, ab € 1.474**).

DATEN & FAKTEN

Länge	124,50 m	**Passagiere**	max. 242
Breite	14,40 m	**Crew-Mitglieder**	50
Tiefgang	1,50 m	**Bordsprache**	Deutsch
Indienststellung	2001, 2002, 2003, 2004	**Passagierdecks**	3 + SD
		Restaurants/Bars	2/2

Kabinen	100 Außenkabinen, davon 48 mit Balkon; Größen: 14,50 bis 16,50 m²
Sport & Wellness	Fitnessbereich, Sauna/Dampfbad, Pool, Massage- & Beauty-Anwendungen, Putting Green, Schach, Shuffleboard, Nordic Walking, Kurse, Mountainbikes für Ausflüge
Info-/Entertainment	Shows, lokale Künstlergruppen, Disco, Spiele und Wettbewerbe, Themenreisen zu Golf, Kulinarik, Musik und Wellness
Dresscode	sportlich-leger
Preis pro Nacht	€ 149 bis € 296; Durchschn. € 200
Info	**A-ROSA Flussschiff GmbH** Rostock, Tel. (0381) 202 60 01 www.a-rosa.de

PROFIL

Kabinen/Raumangebot	⚓⚓⚓⚓
Ausflüge/Programm	⚓⚓⚓⚓½
Gastronomie	⚓⚓⚓⚓
Service	⚓⚓⚓⚓

Farbenfroh: die Lounge

A-ROSA Silva

Komfort-Schiff für die Langstrecken vom Rhein bis zur Donau

Die Silva ist das erste Schiff einer neuen Generation speziell für längere Routen von zehn und mehr Tagen. Mit der **A-ROSA Flora** erhält sie 2014 eine Schwester. Die 2,5-Deck-Architektur wurde von den Rhône-Schwestern übernommen: Im vorderen Teil mit Rezeption, Restaurant und Lounge liegt das Sonnendeck, ein halbes Deck tiefer als hinten, und bleibt damit auch bei Strecken mit niedrigen Brückendurchfahrten, etwa am Rhein-Main-Donau-Kanal und auf der Mosel, geöffnet. Erstmals bietet A-ROSA hier auch einige Suiten – am deutschen Markt noch eine absolute Seltenheit: zwei mit privatem Balkon und Bad mit Tageslicht sowie vier Juniorsuiten. Fans der großen A-ROSA-Schiffe werden den Restaurant-Außenbereich und die Weinwirtschaft am Heck vermissen: Letztere ist auf der Silva mittschiffs in das Restaurant integriert. Vertraute Standards auch auf der Silva sind dagegen die Buffets mit Live-Cooking, das Café-Restaurant, der Außenpool, ein großes Spa, Fitnessgeräte sowie die Trekkingbikes für Landausflüge.

Reiserouten 2014

Z. B. Donau Katarakten ab/bis Passau (**10 N., ab € 1.499**), Donau-Delta ab/bis Passau (**10 Nächte, ab € 1.599**), Rhein, Main und Donau von Köln nach Passau (**7 Nächte, ab € 1.999**).

DATEN & FAKTEN

Länge	135,00 m	**Crew-Mitglieder**	50
Breite	11,40 m	**Bordsprache**	Deutsch
Tiefgang	1,60 m	**Passagierdecks**	2,5 + SD
Indienststellung	2012	**Restaurants**	3
Passagiere	186	**Bars**	3

Kabinen	83 Außenkabinen (14,5 m²), 4 Juniorsuiten (21 m²), 2 Balkonsuiten (29 m²)
Sport & Wellness	Spa mit Massage/Beauty und Sanarium, Fitnesscenter, Pool, Putting Green, Shuffleboard, Großschach, Nordic Walking, Kurse, Trekkingbikes für Ausflüge
Info-/Entertainment	Shows, Künstlergruppen, Spiele; Themenreisen für Feinschmecker, Golfer u. Ä.
Dresscode	sportlich-leger
Preis pro Nacht	€ 149 bis € 557; Durchschnitt € 247
Info	**A-ROSA Flussschiff GmbH** Rostock, Tel. (0381) 202 60 01 www.a-rosa.de

PROFIL

Kabinen/Raumangebot	⚓⚓⚓⚓⚓
Ausflüge/Programm	⚓⚓⚓⚓½
Gastronomie	⚓⚓⚓⚓
Service	⚓⚓⚓⚓

Unverkennbar ein einstiges Deilmann-Schiff

Casanova

Barocke Verführungskunst auf Neckar, Rhein und Mosel

Sie wurde 2001 in Deutschland für die Reederei Deilmann gebaut. Dass sie mit luxuriöser Innenausstattung und gediegen stilvollen Unterkünften punktet, überrascht also nicht. Die Oberdeckkabinen verfügen über französische Balkone; die Standardkabinen, wohnlich eingerichtet, sind mit zwölf Quadratmetern ausreichend groß. Ein Blickfang sind ihre schmucken Badezimmer. Elegant, wenn auch konservativ ist der Einrichtungsstil der Gesellschaftsräume. Doch zu dem mit historischen Sehenswürdigkeiten gesegneten Einsatzgebiet des Schiffs zwischen Stuttgart und Saarbrücken passt das hervorragend. Auch erfahrene Flusskreuzfahrer sind von dieser Route fasziniert – mit Perlen wie Trier, Mainz und Heidelberg an Neckar, Rhein und Mosel; und dem Erlebnis „Blühender Barock" in der einstigen Sommerresidenz der Württemberger Herrscher in Ludwigsburg – für viele der Reisehöhepunkt. Am Schiff zu loben sind ferner das attraktive Sonnendeck – und die kulinarischen Verführungen, für die die Catering-Spezialisten von River Advice verantwortlich zeichnen.

Reiserouten 2014

Wie in den Vorjahren von Saarbrücken nach Stuttgart (oder umgekehrt) auf Saar, Mosel, Rhein und Neckar: **7 Nächte, ab € 1.099**.

DATEN & FAKTEN

Länge	103,00 m	**Crew-Mitglieder**	29
Breite	9,70 m	**Bordsprache**	Deutsch
Tiefgang	1,40 m	**Passagierdecks**	2 + SD
Indienststellung	2001	**Restaurants**	1
Passagiere	max. 96	**Bars**	1

Kabinen	48 Außenkabinen, davon 22 mit franz. Balkon, 26 mit nicht zu öffnenden Fenstern; Größen: ca. 12 m²; 2 Deluxe-Kabinen mit 16 m²
Sport & Wellness	Sonnendeck mit Sonnensegel und Liegestühlen
Info-/Entertainment	Livemusik, Themenabende, Quizveranstaltungen, Bingo, Brett- und Kartenspiele
Dresscode	leger, zum Abendessen gepflegte Kleidung
Preis pro Nacht	ca. € 125 bis € 220 Durchschnitt ca. € 150
Info	**nicko tours** Stuttgart, Tel. (0711) 24 89 80-0 www.nicko-tours.de

PROFIL

Kabinen/Raumangebot	⚓ ⚓ ⚓ ⚓ ○
Ausflüge/Programm	⚓ ⚓ ⚓ ⚓ ○
Gastronomie	⚓ ⚓ ⚓ ½ ○
Service	⚓ ⚓ ⚓ ⚓ ○

Besondere Bauweise: ein Semikatamaran

Dertour Mozart

Große Kabinen, stattlicher Innenpool, klassischer Stil: ein stolzes Schiff

Die „Königin der Donau" ist das größte Schiff auf diesem Fluss: Als Semikatamaran gebaut, fährt es auf zwei Rümpfen. Einst das Flaggschiff der Deilmann-Flotte, fuhr es schon für Transocean, TUI und schließlich Dertour, unter dessen Flagge es noch bis 2015 kreuzen soll. Das Besondere ist und bleibt die Größe, auch die der Kabinen: 20 Quadratmeter sind Standard; zwei Suiten sind sogar doppelt so groß. Noch die Deilmann-Handschrift tragen die Interieurs: Zuletzt 2010 renoviert, erstrahlen sie in prachtvollen Gold-, Rot- und Blautönen. Top-Niveau haben Service und Küche. Salatbuffet und Pastastation ergänzen das Angebot zum Lunch, tagsüber gibt's eine Kaffee-/Teestation zur Selbstbedienung, abends werden fünf Gänge serviert. Ein Hingucker ist der Wellnessbereich im Bug: mit Innenpool (mit Gegenstromanlage!), Sauna, Jacuzzi – und mit Panoramaaussicht auf den Fluss und die Ufer. Die hat man auch vom weiträumigen Sonnendeck aus – und bei schlechtem Wetter von der Rundumpromenade auf dem Don-Giovanni-Deck.

Reiserouten 2014

Das Schiff fährt ab/bis Passau auf der Donau, auf der klassischen Route (**7 Nächte, ab € 599**) bis Budapest, zu ausgewählten Terminen auch bis ins Delta am Schwarzen Meer.

DATEN & FAKTEN

Länge	120,44 m	**Passagiere**	max. 206
Breite	22,85 m	**Crew-Mitglieder**	50
Tiefgang	1,60 m	**Bordspr.**	Deutsch, Englisch
Indienststellung	1987	**Passagierdecks**	3 + SD
letzte Renovierung	2010	**Restaurants/Bars**	1/1

Kabinen	103 (98 außen, 5 innen), z. T. mit bodentiefen Fenstern, alle mit WLAN, Minibar, Fön, Bademänteln etc.; Standardgröße: 20 m², 2 Suiten mit 40 m²
Sport & Wellness	Wellnessbereich mit Innenpool, Sauna, Whirlpool; Kosmetik, Massage, Coiffeur, Shuffleboard, Sportangebot (z. B. Gymnastik, Yoga)
Info-/Entertainment	Bibliothek, TV, WLAN, Audiosystem (Kopfhörer für Ausflüge), Gastkünstler, Lesungen u. v. m.
Preis pro Nacht	ca. € 120 bis € 350; Durchschnitt ca. € 290
Info	**Dertour** Frankfurt, Tel. (069) 95 88-59 28, www.dertour.de

PROFIL

Kabinen/Raumangebot	⚓⚓⚓⚓⚓
Ausflüge/Programm	⚓⚓⚓⚓
Gastronomie	⚓⚓⚓⚓½
Service	⚓⚓⚓⚓½

Am Mainufer in Frankfurt

FOTO: M. Tragbar

Edelweiss

Gut durchdacht, solide, schön: ein gelungener Neubau für Schweizer

Das neueste Schiff der Scylla-Flotte fährt für Thurgau Travel aus der Schweiz. Es ist 25 Meter kürzer als seine Phoenix-„Stiefschwestern" **Alina** und **Amelia**, es verfügt nicht wie jene über ein Fitness- und Wellnesscenter, und auch das Atrium ist weniger großzügig ausgefallen. Dennoch sorgen große Fensterflächen auf diesem gut durchdachten Schiff für ein angenehm helles Raumgefühl. Ein gläserner Aufzug, geschickt in die Lobby integriert, verbindet die Passagierdecks miteinander. Die Ausstattung ist modern und weniger pompös als bei anderen Scylla-Schiffen. Neben Panoramasalon und Bar (auf zwei Ebenen) gibt es zwei Restaurants, getauft Matterhorn und Jungfrau. Eine Lidobar mit Außenterrasse findet sich im Heck, eine weitere kleine Aussichtsterrasse im Bug. Großzügig ist das Sonnendeck mit Whirlpool und Putting Green. Die Kabinen, wenngleich nur durchschnittlich groß, sind umfassend ausgestattet (sogar mit Minibar) – und haben auf den beiden oberen Decks französische Balkone. Kurzum: schweizerisch solide in allen Belangen.

Reiserouten 2014

Rhein-Routen ab/bis Basel sowie bis Würzburg am Main und Trier/Mosel. Z. B. Basel–Amsterdam–Basel, u. a. mit Speyer u. Baden-Baden, 10 Termine März–Juni (**8 Nächte, ab sFr 490**).

DATEN & FAKTEN

Länge	110,00 m	**Passagiere**	max. 180
Breite	11,45 m	**Crew-Mitglieder**	40
Tiefgang	1,60 m	**Bordsprache**	Deutsch
Indienststellung	2013	**Passagierdecks**	3 + SD
letzte Renovierung	–	**Restaurants/Bars**	2/2

Kabinen	90 Außenkabinen, auf dem Unterdeck mit feststehendem Fenster, auf dem mittleren und oberen Deck mit franz. Balkon; Größen: ca. 12 m²
Sport & Wellness	Großes Sonnendeck (teilweise überdacht) mit Whirlpool, Liegestühlen und Putting Green; Personenlift
Info-/Entertainment	Bibliothek, Internet-Corner
Dresscode	leger bis elegant; Anzug bzw. Kleid zum Kapitänsdinner
Preis pro Nacht	sFr 62 bis sFr 236 Durchschnitt ca. sFr 150
Info	**Thurgau Travel** Weinfelden/Schweiz, Tel. +41 (0)71 626 55 00 www.thurgautravel.ch

PROFIL

Kabinen/Raumangebot	⚓⚓⚓½
Ausflüge/Programm	⚓⚓⚓⚓
Gastronomie	⚓⚓⚓⚓
Service	⚓⚓⚓⚓

Bordshop in der Lobby

FOTO: M. Tragbar

Elegant Lady

Attraktives Schiff mit vielfältigen Routen von der Donau bis zum Rhein

Das neue Plantours-Flussflaggschiff trägt seinen Namen zu Recht. Die schnittige bulgarische Schiffslady, 2003 in den Niederlanden gebaut, sieht aus jedem Winkel blendend aus. Sie hat behaglich eingerichtete Kabinen mit gekachelten Bädern (aber leider ohne französische Balkone), eine angenehm elegante und dabei sehr wohnliche Inneneinrichtung – und als großes Plus eine beheizbare und absenkbare Sky Lounge auf dem Sonnendeck. Man erreicht sie vom großzügigen Lobbybereich aus über das Treppenhaus, frei von Wettereinflüssen. Zusätzlich führt ein gläserner Lift nach oben – eine weitere Besonderheit dieses toll gepflegten Schiffs. Die freundliche bulgarische Crew spricht gut Deutsch und sorgt mit Folklore und Showeinlagen für Kurzweil. Die Küche hat gutes Mittelklasseniveau. Neben internationalen Gerichten werden hin und wieder auch bulgarische Spezialitäten angeboten. Beeindruckend ist die Routenvielfalt des schmucken Schiffs: Aus 16 Programmen von 5 bis 15 Tagen Dauer kann man 2014 wählen.

Reiserouten 2014

Z. B. Basel–Amsterdam (**7 Nächte, ab € 999**); von Trier über Mosel und Main nach Passau (**9 Nächte, ab € 1.199**); von Passau ins Donaudelta und retour (**14 Nächte, ab € 1.899**).

DATEN & FAKTEN

Länge	110,00 m	**Passagiere**	128
Breite	11,00 m	**Crew-Mitglieder**	32
Tiefgang	1,40 m	**Bordsprache**	Deutsch
Indienststellung	2003	**Passagierdecks**	2 + SD
Renovierung	–	**Restaurants/Bars**	1/2

Kabinen	64 Außenkabinen mit Panoramafenster (Oberdeck) oder 3 kleinen Fenstern (Hauptdeck); ca. 14 m²
Sport & Wellness	Diverse Fitnessgeräte in der Sky Lounge, Sonnendeck
Info-/Entertainment	Themenabende mit Livemusik, Folklore-Darbietungen der Crew, Vorträge, Quizabende, Brettspiele, Leseecke, Großschach, Internet-Corner, Bordshop
Dresscode	leger bis sportlich-elegant
Preis pro Nacht	ca. € 95 bis € 270; Durchschnitt ca. € 195
Info	**Plantours Kreuzfahrten** Bremen, Tel. (04 21) 173 69-0 www.plantours-partner.de

PROFIL

Kabinen/Raumangebot
Ausflüge/Programm
Gastronomie
Service

Die elegante Schweizerin auf dem Rhein

Excellence Queen

Exzellente Flussschiff-Erlebnisse unter Schweizer Flagge

Die vier (ab 2015 fünf) „Excellence"-Schiffe des Schweizer Reisebüros Mittelthurgau belegen im Premium-Markt eine Spitzenstellung. Vor allem die Queen und ihre baugleiche Schwester **Excellence Royal** (die 2014 erstmals auf der Seine fährt) bieten alle Annehmlichkeiten eines modernen 4-Sterne-plus-Schiffs. Dabei gibt sich die Queen bewusst sachlicher als die Royal: Ihre Lounge mit integrierter Bar etwa ist ein Musterbeispiel für superbes zeitgemäßes Ambiente. Umfassend ausgestattet sind alle Unterkünfte. Auf den beiden oberen Kabinendecks gibt es französische Balkone – und zusätzlich eine opulente Grand-Suite. Auch die Gastronomie ist vorzüglich. Bemerkenswert ist etwa die Käseauswahl, die im eleganten Restaurant serviert wird: Man fährt mit Schweizer Gästen! Bei genügender Teilnehmerzahl gibt es in der Hecklounge zusätzlich eine Light-Lunch-Alternative. Ebenfalls zu loben: die vielen Frischluftplätze des Schiffs.

Reiserouten 2014

Z. B. von Remich/Luxemburg über Saar, Mosel und Rhein nach Straßburg: **6 Nächte, ab sFr 1.595**. Herbstreise von Straßburg über den Main nach Passau: **7 Nächte, ab sFr 1.595**

DATEN & FAKTEN

Länge	110,00 m	**Crew-Mitglieder**	36
Breite	11,40 m	**Bordsprache**	Deutsch
Tiefgang	1,60 m	**Passagierdecks**	2,5 + SD
Indienststellung	2011	**Restaurants**	1
Passagiere	144	**Bars**	2

Kabinen	70 Außenkabinen und 6 Mini-Suiten, davon 54 mit frz. Balkon; Größen: 13, 16 und 17 m²; Grand-Suite: 30 m²
Sport & Wellness	Sonnendeck mit Golfputting, Tischtennis, Whirlpool; kleiner Wellnessbereich mit Sauna, Massagestuhl und Fitnessgeräten
Info-/Entertainment	Musikalische Unterhaltung, Bordspiele, Quizabende, Tanzmusik
Dresscode	leger bis sportlich-elegant
Preis pro Nacht	ab ca. sFr 225 (inkl. An-/Abreise)
Info	**Reisebüro Mittelthurgau** Weinfelden, Schweiz Tel. +41 71 626 85 85 www.mittelthurgau.ch

PROFIL

Kabinen/Raumangebot	⚓⚓⚓⚓
Ausflüge/Programm	⚓⚓⚓⚓½
Gastronomie	⚓⚓⚓⚓½
Service	⚓⚓⚓⚓

Feierliche Taufe in Straßburg

Gérard Schmitter

Solide Eleganz unter der Trikolore: das jüngste Schiff von CroisiEurope

Als Gérard Schmitter, Gründer und Patriarch des elsässischen Familienunternehmens CroisiEurope, 2012 starb, wurde flugs der jüngste Neubau ihm zu Ehren benannt. Es ist ein echter Dreidecker, mit in die Aufbauten integrierter Kommandobrücke und spitzem Bug, was der französischen Flusslady eine gehörige Portion Attraktivität verleiht. Zeitgemäßen Komfort bieten die einheitlich zwölf Quadratmeter großen Kabinen; auf den beiden oberen Decks haben sie stattliche Panoramafenster. Zu den inneren Werten des schmucken Kreuzers gehören das einladende Atrium und das ansprechend farbenfrohe Interieur. Besonderes Lob verdient die intime Bar im Heck, deren Außenterrasse mit Rattanmöbeln bestückt ist. Bei den in Deutschland von Anton Götten Reisen angebotenen CroisiEurope-Kreuzfahrten sind neben Tischgetränken auch fast immer die Ausflüge im Reisepreis inkludiert. Bordsprachen sind Deutsch und Französisch. Die Küche ist international mit französischem Einschlag.

Reiserouten 2014

Z. B. Straßburg–Amsterdam an 5 Terminen von Mai bis September, mit Stopps in Rüdesheim, Köln und Nijmegen: **5 Nächte, ab € 728**.

DATEN & FAKTEN

Länge	110,00 m	**Crew-Mitglieder**	23
Breite	11,00 m	**Bordspr.**	Franz., Deutsch
Tiefgang	1,40 m	**Passagierdecks**	3 + SD
Indienststellung	2012	**Restaurants**	1
Passagiere	156	**Bars**	2

Kabinen	88 Außenkabinen mit 12 m², auf Oberdeck und mittlerem Deck mit Panoramafenster, auf dem unteren Deck mit kleinerem Fenster
Sport & Wellness	Sonnendeck, Lift
Info-/Entertainment	Musikalische Unterhaltung, Bordspiele, Tanzmusik, WLAN (gegen Gebühr), Bibliothek
Dresscode	sportlich-leger, beim Galadinner elegant
Preis pro Nacht	€ 145 bis € 155; Durchschnitt € 153
Info	**CroisiEurope / Götten Reisen** Saarbrücken, Tel. (0681) 30 32-120 www.goetten.net

PROFIL

Kabinen/Raumangebot	⚓ ⚓ ⚓ ½
Ausflüge/Programm	⚓ ⚓ ⚓ ⚓
Gastronomie	⚓ ⚓ ⚓ ½
Service	⚓ ⚓ ⚓ ½

Seit dem letzten Umbau: 64 Kabinen mit französischem Balkon

FOTO: M. Tragbar

(Swiss) Gloria

Bewährte Eleganz auf dem Fluss und wohnliche Kabinen

Seit der letzten Saison verfügt das Phoenix-Flaggschiff über ein zweites Kabinendeck mit französischen Balkonen. Die „Gloria", wie sie bei dem Bonner Veranstalter genannt wird, verbindet zeitgemäßen Komfort und elegantes maritimes Bordambiente. Sämtliche Passagierunterkünfte verwöhnen mit wohnlichen Farben und einer umfassenden Ausstattung. Herzstück des 2005 gebauten Schiffs ist der große Lobbybereich samt Reiseleiterbüro, Boutique und Rezeption. Das gepflegte Scylla-Schiff besitzt einen Wellnessbereich mit Sauna, Dampfbad, Whirlpool und Solarium. Ein zweiter Whirlpool ist auf dem großzügig bemessenen Sonnendeck vorhanden. Im Bugbereich vor dem Panoramasalon befindet sich eine zusätzliche kleine Außenterrasse. Auch in puncto Küche erfüllt die Gloria alle Erwartungen des deutschen Publikums. Im Panoramarestaurant wird auf gutem 4-Sterne-Niveau serviert. Alternativ gibt es in der Heckbar ein kleines Mittagsbuffet und zu verschiedenen Terminen Themendinners (z. B. Spargelmenü oder Österreich-Abend).

Reiserouten 2014

Z. B. „Donausymphonie" (**7 Tage, ab € 1.099**), „Donauglanzlichter" (**15 Tage, ab € 1.999**), Schnupperreise Straßburg (**4 Tage, ab € 399**).

DATEN & FAKTEN

Länge	110,00 m	**Passagiere**	150
Breite	11,40 m	**Crew-Mitglieder**	35
Tiefgang	1,50 m	**Bordsprache**	Deutsch
Indienststellung	2005	**Passagierdecks**	2,5 + SD
Renovierung	2012	**Restaurants/Bars**	2/2

Kabinen	76 Außenkabinen, davon 64 mit franz. Balkon, 4 Deluxe-Kabinen; Größen: 14 bis 17 m²
Sport & Wellness	Großes Sonnendeck mit Whirlpool, Wellnessbereich mit Dampfbad, Whirlpool und Solarium; Lift
Info-/Entertainment	Themenabende, Tanzmusik oder Livemusik, Bücherecke, Brett- und Kartenspiele, Quizabende, Folklore, Internetcafé
Dresscode	leger bis elegant; Anzug bzw. Kleid am Kapitänsabend
Preis pro Nacht	ca. € 120 bis € 290; Durchschnitt ca. € 180
Info	**Phoenix Reisen** Bonn, Tel. (0228) 92 60-200 www.PhoenixReisen.com

PROFIL

Kabinen/Raumangebot	⚓ ⚓ ⚓ ⚓ ○
Ausflüge/Programm	⚓ ⚓ ⚓ ⚓ ○
Gastronomie	⚓ ⚓ ⚓ ⚓ ○
Service	⚓ ⚓ ⚓ ⚓ ○

Das große Panoramarestaurant

Heidelberg

Wien, Budapest, Bratislava – nicko tours bringt Luxus auf die Donau

Die Heidelberg ist das Vorzeigeschiff der nicko-tours-Flotte: Kein europäischer Flusskreuzer des Stuttgarter Veranstalters bietet mehr Luxus. Edle Möbel und eine gut bestückte Bibliothek laden zum Verweilen ein. Das beste Passagier-Raum-Verhältnis der Flotte spiegelt sich unter anderem in den 56 Kabinen wider: Sie bieten geräumige 18 Quadratmeter mit großzügigen und luxuriös ausgestatteten Bädern, nur vier Kabinen haben keinen französischen Balkon. Eine Ausnahme auf dem Fluss ist der üppige Wellnessbereich mit Sauna, Dampfbad, Massage, Ruhe- und Fitnessraum. Auf dem Sonnendeck sorgen opulente Teakholzliegen für Komfort. Die ungarische Küchencrew zaubert leichte und würzige Speisen. Ein Großteil des gut organisierten Ausflugsprogramms mit deutschsprachigen Reiseleitern ist bereits vorab als preisgünstiges Paket buchbar. Und auch die Reise selbst ist deutlich günstiger als beim ehemaligen Schiffseigner Deilmann. Eine attraktive Kombination: luxuriöses Ambiente zum Schwabenpreis.

Reiserouten 2014

Das Schiff fährt von April bis Oktober von Passau nach Budapest und zurück (mit Melk, Wien, Bratislava, Wachau und Übernachtaufenthalt in Budapest); **7 Nächte, ab € 899**.

DATEN & FAKTEN

Länge	109,40 m	**Crew-Mitglieder**	35
Breite	11,40 m	**Bordsprachen**	Deutsch, Englisch
Tiefgang	1,60 m		
Indienststellung	2004	**Passagierdecks**	3 + SD
Passagiere	max. 110	**Bars/Restaurants**	1/1

Kabinen	56 Außenkabinen, davon 52 mit französischem Balkon; Größe 18 m², Einzelkabinen 13 m²
Sport & Wellness	Wellnessbereich mit Fitnessraum, Sauna, Dampfbad, Ruheraum und Massage (gegen Gebühr); Putting Green, Shuffleboard, Schach auf dem Sonnendeck
Info-/Entertainment	Themenabende, Quizveranstaltungen, Bingo, Livemusik, Bücher, Brett- und Kartenspiele
Dresscode	sportlich-leger bis elegant
Preis pro Nacht	€ 128 bis € 284, Durchschnitt € 188
Info	**nicko tours** Stuttgart, Tel. (0711) 24 89 80-0 www.nicko-tours.de

PROFIL

Kabinen/Raumangebot
Ausflüge/Programm
Gastronomie
Service

Gute Aussicht in den Suiten auf dem Oberdeck

Prinzessin Isabella

Viel Platz und Komfort für Phoenix-Gäste auf der Donau

Sie ist das Schwesterschiff der **Vista Explorer**, die für 1AVista ebenfalls auf der Donau verkehrt. Wie jene wurde sie ursprünglich für US-amerikanische Gäste gebaut, auf einer Werft in Holland. Beiden gemeinsam sind die komfortabel ausgestatteten Kabinen und großzügigen Suiten; allerdings sind die acht Suiten bei Phoenix laut eigener Auskunft kleiner als bei 1AVista. Doch auch so bietet das Schiff ein überdurchschnittlich gutes Raumgefühl. Elegant und modern ist die Inneneinrichtung, und auf dem obersten Kabinendeck gibt es französische Balkone. Das im Heck gelegene Panoramarestaurant bietet viel Platz und herrliche Ausblicke auf Fluss- und Uferlandschaften. Im Foyer befindet sich neben Rezeption, Boutique und Ausflugsbüro auch eine Bibliothek samt Leseecke, Internetcafé und WLAN. Neben Fitnessraum und Lift ist auch ein Sitzlift zum Sonnendeck vorhanden. Eine freundliche internationale Crew kümmert sich um das Wohl der Gäste und das gut gepflegte Schiff.

Reiserouten 2014

Donaureisen von April bis Oktober ab/bis Passau. Bis Budapest u. Südungarn: **6 Nächte, ab € 749**; bis ins Delta: **13 Nächte, ab € 1.599**.

DATEN & FAKTEN

Länge	125,50 m	**Passagiere**	max. 170
Breite	11,40 m	**Crew-Mitglieder**	42
Tiefgang	1,50 m	**Bordsprachen**	Deutsch
Indienststellung	2002	**Passagierdecks**	2,5 + SD
letzte Renovierung	2012	**Bars/Restaurants**	1/1

Kabinen	77 Außenkabinen (14 m²) und 8 Suiten (21 m²), auf dem unteren Deck mit kl. Fenster, auf dem mittleren Deck mit Panoramafenster, auf dem Oberdeck mit frz. Balkon
Sport & Wellness	Großes Sonnendeck mit Liegestühlen und Schattenplätzen, Fitnessraum
Info-/Entertainment	Boutique, Bibliothek mit Leseecke, Internetcafé und WLAN
Dresscode	leger, zum Kapitänsabend festlich (Anzug mit Krawatte/Kleid)
Preis pro Nacht	€ 123 bis € 234, Durchschnitt € 184
Info	**Phoenix Reisen** Bonn, Tel. (0228) 92 60-0 www.phoenixreisen.com

PROFIL

Kabinen/Raumangebot	⚓ ⚓ ⚓ ⚓ ○
Ausflüge/Programm	⚓ ⚓ ⚓ ⚓ ○
Gastronomie	⚓ ⚓ ⚓ ⚓ ○
Service	⚓ ⚓ ⚓ ⚓ ○

Eleganz im Yachting-Stil

River Cloud II

Ganz oben schwimmen – bei Service, Ausstattung und Landausflügen

Fünf-Sterne-Luxus trifft auf Familiengefühl: Das einzige Flussschiff von Sea Cloud Cruises gehört zu den edelsten überhaupt. Es mutet wie ein Salondampfer aus längst vergangenen (guten alten) Zeiten an und strahlt diskreten Charme aus. In elegantem Edelholz-Ambiente reist man auf Europas Flüssen ausgesprochen angenehm. Es wird auf Sterneniveau gekocht; regelmäßig sind Starköche und Sommeliers mit an Bord. Auf der Karte finden sich immer auch Gerichte und Weine aus der Region, die gerade bereist wird. Überall an Bord ist der Service perfekt. Spätestens am zweiten Tag sprechen die Stewards ihre Gäste mit Namen an und wissen, wer stilles Wasser bevorzugt – und das bei freier Tischwahl. Restaurant und Lounge befinden sich auf dem Promenadendeck. Besonders zu loben ist das Infotainment an Bord: 2014 werden alle Reisen von versierten Lektoren, Künstlern oder Wissenschaftlern begleitet. Zu nautischen Fragen gibt der Käpt'n Auskunft, die Brücke steht den Gästen offen. Dank seiner kompakten Maße kann das Schiff auch auf Main und Mosel fahren.

Reiserouten 2014

Z. B. „Filmschauplätze entlang von Main und Rhein" ab 7. Juni (**7 Nächte, ab € 1.845**); auf den Spuren Karls des Großen ab 12. Juli, (Basel–Amsterdam, **7 Nächte, ab € 1.845**).

DATEN & FAKTEN

Länge	103,00 m	**Crew-Mitglieder**	35
Breite	9,80 m	**Bordsprachen**	Dt., Engl.
Tiefgang	1,30 m	**Passagierdecks**	2 + SD
Indienststellung	2001	**Restaurants**	1
Passagiere	max. 88	**Bars**	2

Kabinen	44 Außenkabinen mit Panoramafenstern; Größen: 11 bis 14 m²
Sport & Wellness	Putting Green, Schachfeld, Shuffleboard, Friseursalon (Massage, Maniküre)
Info-/Entertainment	Vorträge versierter Lektoren und Künstler zu Themenschwerpunkten, Pianomusik in der Lounge, Bibliothek, Boutique
Dresscode	sportlich-elegant, festlich zu besonderen Anlässen
Preis pro Nacht	€ 263 bis € 537; Durchschnitt ca. € 350
Info	**Sea Cloud Cruises** Hamburg, Tel. (040) 30 95 92 50 www.seacloud.com

PROFIL

Kabinen/Raumangebot	⚓ ⚓ ⚓ ½
Ausflüge/Programm	⚓ ⚓ ⚓ ⚓ ⚓
Gastronomie	⚓ ⚓ ⚓ ⚓ ⚓
Service	⚓ ⚓ ⚓ ⚓ ⚓

Hier ist der Käpt'n auch der Eigner

Sans Souci

„Susi Sorglos" – schlankes Schiff für ungewöhnliche Routen

Wenn Kapitän Peter Grunewald seine Sans Souci durch die Flüsse, Kanäle und Bodden nordöstlich von Berlin bis in die Ostsee steuert, fühlt er sich zu Hause, denn das ist seine Heimat – und das Schiff gehört ihm auch. Vielleicht macht das die Atmosphäre an Bord so familiär. Im Restaurant werden zu maritimer Deko gute Menüs serviert. Der beliebteste Platz an Bord ist die große, helle Lounge mit schräg gestellten Scheiben und Tanzfläche in der Mitte. Im Foyer gibt es eine kleine Bibliothek mit Schmökerecke. Die Kabinen sind ein kleines Raumwunder: Sind die Betten zur Nacht herausgeklappt und ansprechend zurechtgemacht, erinnert nichts mehr an den Wohnraum, den sie bei Tag darstellten. Die Sans Souci ist so schlank gebaut, dass sie die Binnengewässer mit ihren Schleusen von Flandern bis Usedom befahren kann. Einzelheiten erklärt Kapitän Grunewald bei einem Besuch im Steuerhaus, das den Passagieren jederzeit offen steht.

Reiserouten 2014

Auf Elbreisen bis nach Prag im April folgt im Juli eine Fahrt nach Heidelberg und Stuttgart (**9 Nächte, ab € 1.130**). Im Spätsommer steht das Revier zwischen Berlin und Ostsee auf dem Fahrplan (**7 Nächte, ab € 870**).

DATEN & FAKTEN

Länge	82,00 m	**Passagiere**	max. 81
Breite	9,50 m	**Crew-Mitglieder**	25
Tiefgang	1,60 m	**Bordsprache**	Deutsch
Indienststellung	2000	**Passagierdecks**	2 + SD
Renovierung	2004	**Restaurants/Bars**	1/1

Kabinen	41 Außenkabinen mit nicht zu öffnenden Panoramafenstern; Größe: ca. 12 m²
Sport & Wellness	Sonnendeck, Sauna (gegen Gebühr), Beautysalon, Fitnessgeräte
Info-/Entertainment	Bibliothek, TV mit Videoempfang, Tanzmusik
Dresscode	leger bis sportlich-elegant
Preis pro Nacht	ca. € 122 bis € 224; Durchschnitt ca. € 180
Info	**Transocean Kreuzfahrten** München, Tel. (089) 12 28 15 99 www.transocean.de **Plantours Kreuzfahrten** www.plantours-partner.de

PROFIL

Kabinen/Raumangebot	⚓⚓⚓○○
Ausflüge/Programm	⚓⚓⚓○○
Gastronomie	⚓⚓⚓⚓○
Service	⚓⚓⚓⚓○

Ungewöhnliches Fahrgebiet: die Ems, hier bei Emden

Serenité

Familiär auf dem Fluss: nur zwölf Passagiere und fünf Crew-Mitglieder!

Die in Haren an der Ems gebaute Serenité ist ein kleiner Kreuzfahrtschatz: 2011 kürte die Jury des **Kreuzfahrt Guide Award** (S. 107) sie zum „Flussschiff des Jahres". Dank ihrer Maße kann sie ebenso durch Mecklenburgs Kanäle fahren wie durch Frankreichs Schleusen; 2014 ist sie erstmals auf der Maas zu Gast. Eigner Georg Ebert ist gemeinsam mit seiner Partnerin Rita auf diesem kleinen Schiff ein perfekter Gastgeber. Zur Besatzung gehören noch ein Koch und zwei Stewardessen, die morgens die Kabinen herrichten und abends das Menü servieren. Gespeist wird gemeinsam an zwei Sechsertischen, am Abschiedsabend an der großen Tafel. Jederzeit darf man Käpt'n Georg über die Schulter schauen – und sogar den Reiseverlauf mitbestimmen. Bei Bedarf verlängert der Käpt'n die Liegezeit oder fährt ein anderes Ziel an. Ausflüge werden an Bord organisiert und meist im Großraumtaxi oder einem Kleinbus durchgeführt. Kurzum: ein rundum familiäres Vergnügen.

Reiserouten 2014

Holland, Belgien – und viel Frankreich stehen im Plan. Auf Mosel und Saar folgen im Sommer neue Routen durch Lothringen, die Ardennen und Holland. Flandern, die Champagne ab Paris und die Rhône folgen. Zum Herbst geht es über Saône, Doubs und Rhein zurück an den Main.

DATEN & FAKTEN

Länge	38,50 m	**Crew-Mitglieder**	5
Breite	5,05 m	**Bordsprache**	Deutsch
Tiefgang	k. A.	**Passagierdecks**	2 + SD
Indienststellung	2001	**Restaurants**	1
Passagiere	max. 12	**Bars**	1

Kabinen	6 Außenkabinen mit je 2 Einzelbetten (umwandelbar in Doppelbetten); Größe: ca. 12 m²
Sport & Wellness	Whirlpool, Sonnendeck; sechs Fahrräder an Bord zur kostenlosen Benutzung
Info-/Entertainment	Bibliothek, offene Brücke
Dresscode	sportlich-leger bis elegant
Preis pro Nacht	€ 320 bis € 425 Durchschnitt ca. € 365
Info	**Serenité River Cruising** Erlenbach Tel. (0172) 652 43 78 www.serenite-rivercruising.de

PROFIL

Kabinen/Raumangebot	⚓⚓⚓⚓○
Ausflüge/Programm	⚓⚓⚓⚓○
Gastronomie	⚓⚓⚓⚓○
Service	⚓⚓⚓⚓○

Typisch Select Voyages: der dunkelrote Rumpf

Serenity

International und zeitgemäß: ein unkompliziertes Donauvergnügen

Als grundsolide kann man die 2006 in den Niederlanden gebaute Serenity bezeichnen. Sie ist ein echter Dreidecker, betrieben von Select Voyages, der guten Mittelklassekomfort und trotz relativ großer Passagierzahl ein angenehmes Raumgefühl bietet. So gibt es neben einer großen Lounge mit integrierter Bar auch eine intime Heckbar mit Außenterrasse. Die Kabinen, sämtlich mit TV, Safe, Fön und ansprechenden Badezimmern ausgestattet, sind alle gleich groß. Auf dem Oberdeck haben sie französische Balkone, auf dem mittleren Schiebefenster und unten nicht zu öffnende Fenster. Zu den Bordeinrichtungen gehören eine kleine Boutique, eine Bibliothek, eine Sauna plus Fitnessbereich – und ein Lift. Für gute Küchenleistungen bürgt die Catering-Firma River Advice. An der Bar und im Rezeptionsbereich kann man sich kabellos ins Internet einloggen. Gelobt wird die Laufruhe des Schiffs in Fahrt. Es wird international vermarktet; 2014 werden auch Skandinavier anzutreffen sein. Deutsche können die Serenity über SE-Tours aus Bremerhaven buchen.

Reiserouten 2014

Von April bis Oktober klassische 7-Nächte-Donaureisen ab/bis Passau, mit Melk, Wien, Budapest, Bratislava, Dürnstein.

DATEN & FAKTEN

Länge	110,00 m	**Passagiere**	max. 190
Breite	11,40 m	**Crew-Mitglieder**	46
Tiefgang	1,60 m	**Bordspr.**	Deutsch, Engl.
Indienststellung	2006	**Passagierdecks**	3 + SD
Renovierung	2012	**Restaurants/Bars**	1/2

Kabinen	95 Außenkabinen, auf dem Oberdeck mit franz. Balkon; Größe: ca. 12 m²
Sport & Wellness	Sonnendeck, Sauna, Fitnessbereich; Personenlift
Info-/Entertainment	Lounge, Lidobar mit Terrasse, Bibliothek, Boutique, WLAN
Dresscode	leger bis sportlich-elegant
Preis pro Nacht	bei Redaktionsschluss noch nicht bekannt
Info	**Select Voyages** www.select-voyages.nl **SE Tours**, Bremerhaven Tel. (0471) 483 88-11 www.se-tours.de

PROFIL

Kabinen/Raumangebot	⚓⚓⚓½
Ausflüge/Programm	⚓⚓⚓⚓
Gastronomie	⚓⚓⚓½
Service	⚓⚓⚓½

1966 gebaut – und dank bester Pflege weiter in Fahrt

Foto: M. Tragbar

Statendam

Die Legende lebt: ein Schiff mit scheinbar ewiger Jugend

Sie ist auch mit fast fünfzig immer noch toll in Form. Mit dem mächtigen Bug, dem klassischen Schornstein und makellosem Anstrich stiehlt sie jüngeren Schiffen mühelos die Show. Auch 2013 hat Reeder Willem Hendriksen wieder viel Liebe und Geld in seinen maritimen Schatz investiert; neben den öffentlichen Bereichen kam dabei auch die Technik nicht zu kurz. Highlights auf der Statendam sind die elegante Bar, die vielen maritimen Ausstattungsdetails, der Frischluft-Fitnessbereich im Heck sowie das herrliche Sonnendeck samt beheiztem Pool und Putting Green. Hinzu kommt eine Servicecrew (von Bali und aus Osteuropa), die sich herzlich um die deutschen und niederländischen Passagiere kümmert. Neben dem stellvertretenden Hoteldirektor Michal Koblizek hat vor allem der Eigentümer des Schiffs seine Fangemeinde: Ein Reeder, der seine Passagiere gelegentlich mit gekonnten Gesangseinlagen unterhält – das passt zum Bild dieser fast schon legendären Grande Dame des Rheins.

Reiserouten 2014

Diverse Routen auf Rhein und Mosel sowie in den Niederlanden, z.B. 7 Tage ab/bis Arnheim nach Rüdesheim, 10 Tage ab/bis Arnheim nach Bernkastel oder 13 Tage ab/bis Arnheim nach Basel.

DATEN & FAKTEN

Länge	104,30 m	**Passagiere**	186
Breite	11,60 m	**Crew-Mitglieder**	38
Tiefgang	1,53 m	**Bordsprachen**	Niederl., Dt.
Indienststellung	1966	**Passagierdecks**	3 + SD
letzte Renovierung	2013	**Restaurants/Bars**	1/2

Kabinen	88 Außenkabinen (ca. 12 m^2) mit Panoramafenster oder kleinerem Fenster, 10 1-Bett-Kabinen
Sport & Wellness	Großes Sonnendeck mit beheizb. Pool, Putting Green, Heckterrasse mit Fitnessgeräten, Schach
Info-/Entertainment	Balinesischer Abend mit Folklore, Livemusik
Dresscode	leger bis sportlich-elegant
Preis pro Nacht	ab ca. € 95; Durchschnitt: k. A.
Info	**Feenstra Rijn Lijn** Arnheim, Tel. +31 (0)26 445 28 05 www.feenstrarijnlijn.nl **Müller Touristik** Tel. (0251) 500 60 www.mueller-touren.de

PROFIL

Kabinen/Raumangebot	⚓⚓⚓
Ausflüge/Programm	⚓⚓⚓½
Gastronomie	⚓⚓⚓⚓
Service	⚓⚓⚓⚓

Am Rheinufer in Köln

FOTO: R. Heinrich

Swiss Ruby

Hochwertig, persönlich, individuell und gesundheitsbewusst

Die Swiss Ruby ist die heimliche Queen in der Flotte der Schweizer Reederei Scylla und deswegen das Lieblingsschiff von Carara Kreuzfahrten und deren vielen Stammgästen. Sie ist gemütlich und persönlich, ohne dass diese Nähe zum Passagier am sehr guten Vier-Sterne-Standard rührt; das Veranstalter-Ehepaar Carola und Ralf Apel begleitet die Reisen und wirkt an der Routenplanung mit. Ihre schlanke Form gestattet es der Swiss Ruby, den Schwerpunkt auf die schmalen Wasserläufe in Flandern zu legen, was dem Kulturprogramm von Carara entgegenkommt. Die Kabinen erfordern zum Teil einen Tag-/Nacht-Umbau, sind aber im Scylla-Stil sehr behaglich und hochwertig eingerichtet. Das Restaurant ist gediegen und bietet Frühstück und Lunch in Buffetform an, während am Abend ein erstklassiges Menü serviert wird. Für viele Reisende sind die Diätmenüs, die Herzsportgruppe und die Begleitung durch einen Arzt ein weiterer Buchungsgrund.

Reiserouten 2014

Im Mai beginnt die Swiss Ruby mit dem Elbklassiker Prag–Berlin. Der Sommer führt sie nach Holland und Belgien, Schwerpunkt Flandern. Im Oktober reist sie von Berlin über den Mittelland- und den Dortmund-Ems-Kanal nach Münster.

DATEN & FAKTEN

Länge	85,00 m	**Passagiere**	88
Breite	10,60 m	**Crew-Mitglieder**	24
Tiefgang	1,20 m	**Bordsprache**	Deutsch
Indienststellung	2002	**Passagierdecks**	2 + SD
Renovierung	2012	**Restaurants/Bars**	1/1

Kabinen	44 Außenkabinen, davon 22 auf dem Oberdeck mit franz. Balkon; Größe ca. 12 m²
Sport & Wellness	Sonnendeck, täglicher Herzsport
Info-/Entertainment	Bordshop, Satelliten-TV, Alleinunterhalter (Keyboard), Lektorenvorträge
Dresscode	leger bis sportlich-elegant
Preis pro Nacht	€ 155 bis € 248; Durchschnitt € 199
Info	**Carara Kreuzfahrten** Würzburg Tel. (0931) 32 13 20 www.carara.com

PROFIL

Kabinen/Raumangebot	⚓⚓⚓½
Ausflüge/Programm	⚓⚓⚓⚓
Gastronomie	⚓⚓⚓⚓½
Service	⚓⚓⚓⚓

Seit 2013 in den Farben von Phoenix Reisen

FOTO: M. Tragbar

Switzerland

Elegant, gemütlich und familiär: ein kleines Schiff mit großen Vorteilen

Seit der Sommersaison 2013 präsentiert sich das kleine Schiff der Schweizer River Tours AG in Weiß und Türkis, den Farben von Phoenix Reisen aus Bonn. Sie haben damit ein gepflegtes Schiff unter Vertrag, zu dessen Stärken neben der elegant-wohnlichen Ausstattung aller öffentliche Bereiche die kontinuierlich gute Küche im kürzlich renovierten Restaurant gehört. Ansprechend möbliert und gut ausgestattet sind auch die Kabinen; sie verfügen über Fenster, die sich in Teilbereichen öffnen lassen. Viele Crew-Mitglieder, darunter die junge ungarische Hotelmanagerin, halten dem Schiff schon seit Jahren die Treue. Für die Schiffsführung ist das niederländische Ehepaar Alida und Arie den Boer verantwortlich. Die Bordatmosphäre ist familiär, und wie schon immer auf der Switzerland sind alle Getränke inklusive.

Reiserouten 2014

Eine gute Gelegenheit, nicht nur das Schiff, sondern auch die Vorfahren des neuen niederländischen Königs kennenzulernen, sind die Kurzreisen nach Amsterdam (**2 Nächte, ab € 319**): In Nijmegen gibt es dabei einen Ausflug in das ehemalige königliche Schloss Het Loo. Außerdem: „Schatzkästchen Rhein“: **9 Nächte, ab € 1.399**; Rheinromantik & Moselzauber: **7 Nächte, ab € 1.099** (alle ab/bis Köln).

DATEN & FAKTEN

Länge	100,00 m	**Passagiere**	115
Breite	11,10 m	**Crew-Mitglieder**	30
Tiefgang	1,40 m	**Bordsprache**	Deutsch
Indienststellung	1988	**Passagierdecks**	2 + SD
Renovierung	2013	**Restaurants/Bars**	1/1

Kabinen	57 Außenkabinen mit Fenstern (teilweise zu öffnen), davon 51 Zweibett- (11 m²), 3 Dreibett-, 2 Einzelkabinen und 1 Minisuite (18 m²)
Sport & Wellness	Sonnendeck, Sauna, Solarium
Info-/Entertainment	abendliche Unterhaltungsprogramme, Livemusik, Bordshop, Spiele, Unterhaltungsspiele
Dresscode	leger bis sportlich-elegant
Preis pro Nacht	ca. € 110 bis € 220; Durchschnitt ca. € 145
Info	**Phoenix Reisen** Bonn, Tel. (0228) 92 60–200 www.PhoenixReisen.com

PROFIL

Kabinen/Raumangebot	⚓ ⚓ ⚓ ½
Ausflüge/Programm	⚓ ⚓ ⚓ ⚓
Gastronomie	⚓ ⚓ ⚓ ⚓
Service	⚓ ⚓ ⚓ ⚓

TUI Sonata am Mainufer in Frankfurt

FOTO: F. Poth, Langstadt

TUI Allegra, Melodia & Sonata

„Flussgenuss" auch für eine jüngere Klientel: die hellblauen TUI-Cruiser

Das 2009 bis 2011 gebaute Terzett fährt unter dem Motto „Flussgenuss" auf Rhein, Main, Mosel und Donau. Und das geräuscharm, denn alle drei sind Twin-Cruiser, bei denen Maschine und Passagierbereich voneinander getrennt sind. Mit Shopping-Trips, Partynächten oder Feiertags-Specials, mit neuen Routen und frischem Bordprogramm möchten die Schiffe mit dem Smiley am Bug eine jüngere Klientel an Bord holen, unterstützt von der älteren **TUI Maxima**, jedoch nicht mehr vom Luxuskreuzer **TUI Queen**, der 2013 nach Holland wechselte. Weiterhin aber gehören Radtouren ins Ausflugsprogramm und Specials wie Tanz- oder Weinreisen in den Jahreskalender. Die Hardware überzeugt: Auf drei Decks bieten sie ein Ambiente, in dem sich auch die iPad-Generation wohlfühlt. Das Heckrestaurant reicht über anderthalb Decks; es wird mit Stil serviert, mittags um ein kleines Buffet ergänzt. Neben der Panoramalounge samt Bar gibt's auch eine Vinothek mit Bibliothek und eine Raucherlounge.

Reiserouten 2014

„Partynacht", „Weinzeit", „Tanzgenuss", „Foto-Motive": Die Palette reicht von 1 bis 16 Nächten. Z.B. Rhein **7 N., ab € 599**; Donau klassisch **5 N., ab € 499**; Deltareise **16 N., ab € 1.999**.

DATEN & FAKTEN

Länge	135,00 m	**Crew-Mitglieder**	44
Breite	11,40 m	**Bordsprache**	Deutsch
Tiefgang	1,60 m	**Passagierdecks**	3 + SD
Indienststellung	2009–11	**Restaurants**	1
Passagiere	max. 178	**Bars**	2

Kabinen	89 Außenkabinen, 12 und 15 m², überwiegend mit franz. Balkon
Sport & Wellness	Wellnessbereich mit Whirlpool, Wärmeliegen, Panorama-Sauna und Cardiogeräten, Großschach, Shuffleboard, Sportangebot wie z. B. Gymnastik, Yoga
Info-/Entertainment	TV, WLAN, Bibliothek, portables Audiosystem (Hörbücher/Musik), Multimediasystem in der Kabine, zus. Gästebetreuer für das Entertainment, Lesungen, Malkurse u. v. m.
Dresscode	leger bis sportlich-elegant/festlich
Preis pro Nacht	€ 120 bis € 290; Durchschn. ca. € 200
Info	**TUI Deutschland**, Hannover www.tui-flussgenuss.de

PROFIL

Kabinen/Raumangebot	⚓⚓⚓⚓
Ausflüge/Programm	⚓⚓⚓⚓½
Gastronomie	⚓⚓⚓⚓
Service	⚓⚓⚓⚓

Abends im Restaurant

VistaExplorer

Ein besonderes, bequemes All-inclusive-Donauvergnügen

Großzügig und komfortabel: So lässt sich dieses 2001 für US-Gäste gebaute Schiff der gehobenen Mittelklasse am besten charakterisieren. Highlights sind die acht Deluxe-Suiten und die überdurchschnittlich großen Kabinen; auf dem Oberdeck verfügen sie über die immer beliebter werdenden französischen Balkone. Das Restaurant im Heckbereich hat große Fensterflächen und bietet viel Platz für die bis zu 170 Gäste. Ebenfalls geräumig präsentiert sich der Panoramasalon mit Bar. Außerdem gibt es eine separate Bibliothek und einen Fitnessraum, und nebst einem Aufzug ist auch ein Treppenlift zum Sonnendeck vorhanden. Insgesamt hinterlässt die Ausstattung aller öffentlichen Räume einen modernen, wohnlichen Eindruck. Viel Lob verdient die Crew von Gsell & Partner: Das bekannte Schweizer Catering-Unternehmen ist für die All-inclusive-Verpflegung an Bord verantwortlich. Und eine feste Institution auf dem gepflegten Schiff ist nach wie vor Reiseleiter Alex Gottschalk.

Reiserouten 2014

Diverse Routen ab/bis Passau, vom 5-Nächte-Klassiker (**ab € 549**) bis zur großen Delta-Reise (**16 Nächte, ab € 1.999**). Neu ist die 8-Nächte-Cruise plus Wellnesshotel in Bad Füssing (**10 Nächte, ab € 1.399**).

DATEN & FAKTEN

Länge	125,50 m	**Passagiere**	max. 170
Breite	11,40 m	**Crew-Mitglieder**	40
Tiefgang	1,30 m	**Bordsprache**	Deutsch
Indienststellung	2001	**Passagierdecks**	2,5 + SD
letzte Renovierung	2010	**Restaurants/Bars**	1/1

Kabinen	85 Außenkabinen, davon 25 Deluxe-Kabinen und -Suiten mit frz. Balkon; Größen: 14–15 m², Suiten 25–28 m²
Sport & Wellness	Sonnendeck (teilweise überdacht) mit Liegestühlen und Gartenmöbeln, Fitnesscenter
Info-/Entertainment	Themenabende mit Livemusik, Quizveranstaltungen, Vorträge, Bibliothek, Brett- und Kartenspiele
Dresscode	gepflegt, zum Kapitänsdinner sportlich-elegant
Preis pro Nacht	€ 118 bis € 290 Durchschnitt ca. € 190
Info	**1AVista Reisen** Köln, Tel. (0221) 99 80 08 00 www.1avista.de

PROFIL

Kabinen/Raumangebot	⚓ ⚓ ⚓ ⚓ ○
Ausflüge/Programm	⚓ ⚓ ⚓ ⚓ ○
Gastronomie	⚓ ⚓ ⚓ ⚓ ○
Service	⚓ ⚓ ⚓ ⚓ ○

Auf dem Waal bei Nijmegen

FOTO: M. Tragbar

VistaPrima

Der Name hält, was er verspricht: ein rundum elegantes Schiff

Erst 2010 in Dienst gestellt, hat sich das elegante Flaggschiff von 1AVista hervorragend im Premiumsektor des Flussreisenmarktes etabliert. Der luxuriöse Einrichtungsstil und die durchdachte Schiffskonstruktion verraten die Zugehörigkeit zur Schweizer Scylla-Flotte. Zu loben ist die unaufdringliche Eleganz aller Interieurs in den öffentlichen Bereichen, ebenso wie in den Kabinen und Minisuiten. Ob Möbel, Wandverkleidungen, Teppichböden oder Vorhänge – alles korrespondiert miteinander. Die Heckbar, neu bestuhlt und wohnlicher möbliert, heißt jetzt Vista Club Heckbar und fungiert als ein „zweites Wohnzimmer". Weitere Pluspunkte sammelt das in den auffälligen 1AVista-Farben gestrichene Schiff für die vielen Frischluftplätze nicht nur auf dem Sonnendeck, sondern auch auf Heckterrasse, Bugterrasse und vor dem Steuerhaus. Zu den Bordeinrichtungen zählen außerdem Aufzug, Boutique, Wellnessbereich und Whirlpool.

Reiserouten 2014

Auch 2014 liegt der Fokus wieder auf Rhein und Mosel sowie Holland und Belgien. Z. B. Kurzreise „Holland deluxe" (**3 Nächte, ab € 349**), „Mosel deluxe" (**7 Nächte, ab € 549**) oder „Rheingold" mit Amsterdam, Straßburg und Basel ab/bis Köln (**9 Nächte, ab € 899**).

DATEN & FAKTEN

Länge	110,00 m	**Crew-Mitglieder**	35
Breite	11,40 m	**Bordsprache**	Deutsch
Tiefgang	1,35 m	**Passagierdecks**	2,5 + SD
Indienststellung	2010	**Restaurants**	1
Passagiere	max. 150	**Bars**	2

Kabinen	75 Außenkabinen (ca. 14 bis 15 m²) und Juniorsuiten (ca. 18 m²), davon 63 mit französischem Balkon
Sport & Wellness	Whirlpool außen, Wellnessbereich mit Sauna, Dampfbad, Massage (gg. Gebühr), Sonnendeck mit Putting Green, Großschach, Shuffleboard; zeitweise Bordarzt
Info-/Entertainment	Themenabende, Quiz, Bingo, Tanzabende mit Livemusik, Vorträge und Folklore (reiseabhängig)
Dresscode	leger bis sportlich-elegant
Preis pro Nacht	€ 114 bis € 278; Durchschn. ca. € 185
Info	**1AVista Reisen** Köln, Tel. (0221) 99 80 08 00 www.1avista.de

PROFIL

Kabinen/Raumangebot	⚓⚓⚓⚓○
Ausflüge/Programm	⚓⚓⚓⚓○
Gastronomie	⚓⚓⚓⚓○
Service	⚓⚓⚓⚓○

Flussfahrt zum Bordeaux-Wein: Von der Gironde aus besucht man Saint-Emilion

Europäische Entdeckungen

Vom Douro bis zum Don, vom Götakanal bis zum Guadalquivir: Die Palette der Flussreiseziele in Europa ist riesengroß. Und hält wieder neue Ziele bereit

Den Titel „Flussreisen-Weltmeister" tragen die Deutschen, weil in ihrem Sprachgebiet die beiden meistbefahrenen Ströme – zumindest größtenteils – verlaufen: die Donau und der Rhein. Manch einer, der dort seine erste Flussfahrt genoss, wurde neugierig auf Entdeckungen anderswo. Auf die Flüsse Russlands und der Ukraine etwa, von der Wolga bis zum Dnepr und zum Don. Und wer einmal zur Zeit der „Weißen Nächte" von St. Petersburg nach Moskau fuhr, ist begeistert vom Komfort dieser Reiseform in einem Land, das sich Fremden ansonsten durch Visumsbeschränkungen noch immer stark verschließt. So gesehen erstaunt es nicht, dass auch lange Russland-Reisen von St. Petersburg oder Moskau bis hinab ans Kaspische Meer wachsenden Erfolg haben (S. 288).

Vertrauter sind natürlich Frankreich, Spanien oder Portugal. Wie bequem es ist, auch sie

Von Portugal bis Russland: Europäische Flussdestinationen im Überblick

statt mit dem Auto vom schwimmenden Hotel aus zu erleben, beweist der Erfolg, den Flüsse wie die Rhône, die Seine oder der spektakuläre Douro in den letzten Jahren hatten. Die Veranstalter hat das ermutigt, weitere Ziele anzubieten: den Guadalquivir in Südspanien, den Po in Italien oder das Mündungsgebiet von Gironde, Garonne und Dordogne bei Bordeaux. Zwischen Land und offenem Meer verlaufen alle diese Routen: Beim Po geht es längs der Adria in die Lagune von Venedig, beim Guadalquivir auf Atlantikwasser bis nach Cádiz. Und fast schon eine Seereise sind die Fahrten auf der **Belle de l'Adriatique** oder der **Thurgau Dalmatica** vor den Küsten und in den Flussmündungen Kroatiens (S. 283).

Da es bei all diesen Zielen in erster Linie die Destination ist, derentwegen man sich für die Reise entscheidet, legen wir auch in diesem Jahr wieder den Schwerpunkt unserer Darstellung auf die Flüsse statt auf die Schiffe. Ausführliche Schiffsporträts wie bei Donau und Rhein entfallen dadurch zwar, doch sind alle für deutschsprachige Gäste buchbaren Schiffe aufgelistet. Und der gewonnene Platz kann Beschreibungen auch solcher Reviere zugute kommen, die sonst gern vergessen werden. Sie liegen, zum Beispiel, in Norwegen, Finnland oder Schottland. Bon voyage!

Ausflugsziel am Douro: Mateus-Palast in Vila Real

A-ROSA Stella – eines der größten Schiffe auf der Rhône

Auf Rhône und Saône

Von Lyon durch die Provence bis in die Camargue und ans Mittelmeer: Auf Rhône und Saône erlebt man Südfrankreich von seinen schönsten Seiten

Per Schiff auf der Rhône und ihrem Nebenfluss Saône: Auf angenehmere Art kann man die Schönheiten Südfrankreichs in einer Woche kaum erleben. Lyon, drittgrößte Stadt Frankreichs und per Bus, Bahn oder Flug bequem zu erreichen, ist meist der Ausgangspunkt. Sie lockt mit der schönen, zu Fuß erkundbaren Altstadt „Vieux-Lyon" unterhalb des Fourvière-Hügels, mit prächtigen Renaissance-Bauten, die zum Unesco-Weltkulturerbe gehören – und mit bester Küche: Gourmetpapst Paul Bocuse ist hier zu Hause.

Die Themen Wein und Küche begleiten den Reisenden weiter – nordwärts auf der Saône, die zu den Weinbergen des Burgund führt, südwärts über 310 Flusskilometer bis zur Mündung ins Mittelmeer bei Port-Saint-Louis. Schlösser, Weingüter und alte Städte säumen den Weg: Avignon, Stadt der Päpste und berühmt geworden durch die St.-Bénézet-Brücke („Sur le pont d'Avignon"), versprüht trotz der vielen Touristen mittelalterlichen Charme; Reste einer 4,3 Kilometer langen Mauer umgeben die Altstadt. Mittelpunkt in Arles ist eine römische Arena, vor deren Kulisse (unblutige) Stierkämpfe stattfinden.

Daneben warten Ausflüge zu den wilden Schluchten des Verdon, zum Pont du Gard bei Nîmes und zu den Wildpferden der Camargue. Der interessanteste Ort an der Saône ist das idyllische Städtchen Chalon-sur-Saône. Im Mittelalter war es ein bedeutender Han-

Die Excellence Rhône vor der Brücke von Avignon – und der berühmte Pont du Gard bei Nîmes

delsplatz, und noch heute herrscht dort ein besonderes Flair, speziell am Marktplatz, der Place St.-Vincent.

Rund ein Dutzend Passagierschiffe verkehren auf den beiden Flüssen. Sie haben Platz für 120 bis 170 Gäste; einige bieten Themenreisen für Golfer, Gourmets oder Weinliebhaber an. Als anspruchsvollste Schiffe gelten die **Amadeus Symphony** von Lüftner Cruises aus Innsbruck, die beiden **A-ROSA**-Schiffe, die **Excellence Rhône** vom Schweizer Reisebüro Mittelthurgau und die **Bellefleur** von Transocean. Die früher bei Transocean angebotene **Maribelle** ist ebenfalls weiter in Fahrt, allerdings unter dem neuem Namen **Bijou** und unter Vertrag bei nicko tours, die damit neben der **Princesse de Provence** ein zweites Schiff auf der Rhône anbieten.

Die Schiffe passieren auf der Rhône zwölf Schleusen; die mit 23 Metern höchste ist die Schleuse Bollène. Bekannt ist das Rhônetal als „Einflugschneise" für den Mistral. Bei wolkenlosem Himmel weht der „Schönwetterwind" von Norden durch das Flusstal und über die Provence bis zum Mittelmeer. Neben Frühjahr und Sommer ist der Herbst als Reisezeit zu empfehlen: die Zeit der Weinlese.

Schiffe auf Rhône & Saône 2014

- Amadeus Symphony (146 Gäste; Premium)
- A-ROSA Luna (172 Gäste; Premium)
- A-ROSA Stella (172 Gäste; Premium)
- Bellefleur (150 Gäste; Premium)
- Bijou (155 Gäste; Standard)
- Camargue (146 Gäste; Standard)
- Excellence Rhône (142 Gäste; Premium)
- Mistral (158 Gäste; Standard)
- Princesse de Provence (148 Gäste; Standard)
- Swiss Corona (155 Gäste; Standard)
- Swiss Pearl (123 Gäste; Standard)
- Van Gogh (158 Gäste; Standard)

Monets Garten in Giverny, die Cézanne von nicko tours in Paris – und die Weinstadt St.-Emilion

Seine • Gironde (Dordogne/Garonne)

Die **Seine**, Frankreichs „Fluss der Könige", fließt durch das Kernland der französischen Kultur. Von Paris aus, wo die Reise mit Rundfahrten und meist auch einer Versailles-Visite beginnt, ziehen die Schiffe durch die Gartenlandschaft der Normandie. Burgen wie Richard Löwenherz' Château Gaillard, alte Klöster und Kirchen und ab Les Andelys die markanten Kreidefelsen der Region begleiten die Fahrt. In Giverny besucht man Monets Seerosenteich; in Rouen, der bedeutendsten Stadt an dem über 365 Kilometer zum Atlantik mäandernden Fluss, lebte Flauberts „Madame Bovary", und Jeanne d'Arc wurde hier verbrannt. Obwohl im Landesinneren gelegen, ist Rouen ein Hochseehafen, viel kleiner jedoch als Le Havre am Atlantik. Von dort führen Ausflüge zu den Klippen von Étretat, nach Honfleur oder zum Seebad Deauville. Zu den hier fahrenden Schiffen gehört seit vielen Jahren mit der **Cézanne** ein ehemaliges Deilmann-Schiff – und mit der **Excellence Royal** 2014 erstmals auch ein Premium-Schiff des Reisebüros Mittelthurgau (s. auch S. 263).

- **Botticelli (154 Gäste; Standard)**
- **Cézanne (100 Gäste; Standard)**
- **Excellence Royal (144 Gäste; Premium)**
- **Renoir (160 Gäste; Standard)**
- **Seine Princess (134 Gäste; Standard)**

Ein neu entdecktes Flussrevier in Frankreich ist die **Gironde** bei Bordeaux, genauer: das Mündungsgebiet von Gironde, Garonne und Dordogne in der historischen Region Aquitanien (Aquitaine) am Atlantik. Höhepunkte sind die Stadt Bordeaux selbst, das malerische Tal der Dordogne mit seinen mittelalterlichen Schlössern und Burgen – und nicht zuletzt die Weingüter im weltberühmten Anbaugebiet St.-Emilion. Erst seit 2011 vom Pionier Croisi Europe angeboten, hat dieses Fahrgebiet sich schnell zu einem großen Publikumserfolg entwickelt. Seit 2013 setzt die Reederei aus Straßburg zwei baugleiche Schiffe hier ein:

- **Princesse d'Aquitaine (134 Gäste; Standard)**
- **Cyrano de Bergerac (134 Gäste; Standard)**

Princesse d'Aquitaine in Bordeaux

Traumziel: Mit der Bellissima von nicko tours hat man viel Zeit für die Entdeckung Venedigs

Po • Kroatische Küsten

Eine Wiederentdeckung ist der längste Strom Italiens, der **Po**. Reisen auf ihm stehen im Zeichen der Kunst, berühmte Städte wie Ferrara, Ravenna und Verona werden dabei besucht. Den Großteil ihrer Reise aber verbringen die 2012 erstmals hier eingesetzte **Bellissima** von nicko tours und die **Michelangelo** von Croisi Europe in und vor Venedig. Bis zu vier Tage liegt man in der Lagune, in Fußnähe zu Markusdom und Rialto-Brücke. Und wer mag, kann zusätzlich noch ein Ausflugsprogramm zu den bekanntesten Kunststädten der Toskana (Pisa, Florenz und Siena) dazubuchen. Auf dem Po selbst fährt man während dieser Reisen nur ein kurzes Stück: Über Chioggia und Taglio di Po geht es bis nach Polesella kurz vor Ferrara – und wieder retour. Wer unbedingt weiter hinauf auf dem Fluss reisen möchte, der kann dies auf der (italienischsprachigen) **Vita Pugna** tun (Info unter www.vitapugna.it): Der nur 26 Meter lange Kreuzer für maximal 25 Gäste kann auf dem Po bis hinauf nach Mantua fahren. Die Kabinen sind zwar klein – doch mit an Bord sind Fahrräder, die eventuellem Bewegungsmangel abhelfen: Viele Ausflugsziele werden per Pedale erkundet.

- Bellissima (134 Gäste; Standard)
- Michelangelo (156 Gäste; Standard)
- Vita Pugna (25 Gäste; Standard)

Ein Hinweis, der auch im Hochsee-Kapitel stehen könnte, betrifft die andere Seite der Adria: In den Flussmündungen und zwischen den Inseln vor der Küste **Kroatiens** kreuzen mit der **Belle de l'Adriatique** (Croisi Europe, maximal 200 Gäste) und neuerdings auch der Motoryacht **Thurgau Dalmatica** (Thurgau Travel, 23 Gäste) zwei Schiffe, die Salz- und Süßwasser verbinden. Erstere besucht übrigens 2014 auch die Küsten Zyperns; letztere fährt nach Dubrovnik, Split und Trogir – und landeinwärts in den Canyon des Krka-Flusses und zu den Plitvicer Seen.

Belle de l'Adriatique in Kroatien

Britisch durch und durch: Die Spirit of Chartwell ist die neue Attraktion auf dem Douro

Douro und Guadalquivir

Nordportugal und Südspanien, vom Fluss aus betrachtet: Auf dem Douro ist das kein Geheimtipp mehr – der Guadalquivir dagegen ist noch zu entdecken

Lissabon kennen viele. Aber Porto? Die Stadt, die sich gern als heimliche Hauptstadt Portugals sieht, liegt eine halbe Stunde vom Atlantik entfernt, blickt aber genauso landeinwärts wie zum Meer. Sie besitzt eine zauberhafte Altstadt mit malerischen, kachelgeschmückten Plätzen. Und sie ist Umschlagplatz des Portweins, der am **Rio Douro** reift – dem Fluss, der wie kaum ein anderer in Europa in den letzten Jahren von Flussreisenden entdeckt wurde. Über 204 Kilometer führt die meist einwöchige Reise von Porto aus den Fluss hinauf, bis an die Grenze zu Spanien, wo der Douro, spanisch **Duero**, entspringt. Fast immer führt ein Ausflug auch hinein ins Nachbarland, nach Salamanca, der ältesten und schönsten Universitätsstadt Spaniens. Flamenco und Fado also: Man hört beides an Bord. Spektakulär im Fahrtverlauf sind die steil ansteigenden Rebberge am Oberlauf des Flusses – und seine fünf bis zu 15 Meter hohen Schleusen. Früher gab es hier berüchtigte Stromschnellen; erst in den 1970er-Jahren wurde der Douro für Kabinenschiffe befahrbar gemacht. Die schönste Reisezeit ist sicher auch hier der Herbst, die Zeit der Weinlese. Kellereibesuche und Portwein-Degustationen gehören aber auch zu allen anderen Terminen zum festen Programm einer Douro-Fahrt.

Ein halbes Dutzend Schiffe verkehrt mittlerweile auf dieser Strecke. Unter ihnen ist die 2005 gebaute **Douro Cruiser** eines der besten. Von ihren 65 Außenkabinen haben 38 einen

Blick auf Porto (o.), das obere Douro-Tal (r.) und das Premium-Schiff Douro Cruiser

(wenn auch winzigen) Balkon, und auf dem großen Sonnendeck gibt es einen Pool und zwei Whirlpools. Zumindest optisch stiehlt dem Douro Cruiser aber seit 2013 die **Spirit of Chartwell** die Schau: Die schokobraune Barge fuhr früher auf der Themse und war 2012 sogar bei der Parade zum Thronjubiläum der Queen mit von der Partie. Kurz darauf wurde sie von der portugiesischen Firma Douro Azul erworben – und kreuzt seither mit maximal 30 Gästen auf dem Douro. Sie wohnen in 15 luxuriösen, britisch-pluschig ausgestatteten Kabinen, darunter eine Suite. Über Lernidee Reisen kann das Schiff 2014 gebucht werden.

- Douro Cruiser (130 Gäste; Premium)
- Douro Princess (80 Gäste; Standard)
- Douro Queen (130 Gäste; Standard)
- Infante Don Henrique (142 Gäste; Standard)
- Magellan (150 Gäste; Standard)
- Spirit of Chartwell (30 Gäste; Premium)
- Vasco Da Gama (142 Gäste; Standard)

Zwischen Land und Meer reist man auf einem anderen iberischen Strom: dem **Guadalquivir** im Südwesten Spaniens. Von Sevilla aus kreuzt man dabei durch flaches Land und ein Stück längs der Küste bis Cádiz. Und erlebt auf Ausflügen Ziele wie Granada mit der Alhambra, Córdoba mit der Mezquita oder die „weißen Dörfer" Andalusiens. Nur ein Schiff, die **Belle de Cadiz** (180 Gäste) bietet die Reise an; es gehört Croisi Europe aus Sraßburg.

„Weißes Dorf" in Andalusien

Schweden-Idyll: der Götakanal im Sommer, eine Schleusenfolge – und in der Mitte die Juno

Schweden, Norwegen, Schottland

Hätten Sie's gewusst? Das älteste Passagierschiff der Welt mit Übernachtungsmöglichkeit kreuzt nicht auf dem Meer, sondern auf einem Binnengewässer: Es ist die **Juno**, getauft 1874; ihr Fahrgebiet ist der **Götakanal** im Süden Schwedens. Im Wechsel mit ihren bauähnlichen Schwestern **Wilhelm Tham** (Bj. 1912) und **Diana** (1931) verkehrt sie im Sommer auf dieser Strecke, die man eigentlich als „Wassertreppe" bezeichnen müsste: Über 58 (!) Schleusen führt sie von Göteborg nach Stockholm. Die nostalgischen Dampfer werden liebevoll gepflegt und sind echte Schmuckstücke – mehr dazu in der Reportage ab Seite 236. Etwas Vergleichbares, kaum bekannt, gibt es neuerdings auch an der anderen Seite der Ostsee, in Finnland: die Seen-Kreuzfahrten mit der 1914 gebauten **Puijo** von Savonlinna nach Kuopio (S. 30)

Immerhin 18 Schleusen gilt es auch auf dem **Telemarkkanal** in Norwegen zu überwinden. Über 105 Kilometer verbindet er die Orte Skien und Dalen in der östlich von Oslo gelegenen Region Telemark. Auch hier verkehren fotogene Oldtimer-Schiffe: die **Victoria** von 1882, die **Henrik Ibsen** von 1902, die **Skarsfors** von 1909 und die **Telemarken** von 1951. Sie bieten Tagesfahrten mit Rückkehr per Bahn nach Oslo an – zu bestimmten Terminen aber auch veritable kleine Kreuzfahrten mit Übernachtung an Bord.

Ausgewachsene 10-Tages-Ptogramme erlebt man auf der **Lord of the Glens** in den schottischen Highlands: Mt 54 Gästen fährt sie auf dem **Caledonian Canal** zwischen Loch Ness und der schottischen Westküste. Ein Landschaftserlebnis der Extraklasse!

Victoria

Lord of the Glens

Begrüßung mit Brot und Salz in der Ukraine; Offiziere auf der Brücke eines Dnepr-Schiffs

Ukraine: Dnepr & Schwarzes Meer

Die Fußball-Europameisterschaft 2012 brachte die Ukraine ins Licht der Medien. Unter Flussreisenden ist das (nach Russland) zweitgrößte Land Europas dagegen schon lange bekannt: Von der Hauptstadt Kiew aus kann man es auf dem **Dnepr** (oder Dnjepr; auf Russisch **Dnipro**) erleben, bei einer Fahrt über Cherson im Dnepr-Delta bis hinab ans Schwarze Meer – und auf diesem weiter nach Odessa, zur Krim oder sogar bis nach Varna in Bulgarien oder Tulcea im Delta der Donau. Entsprechend ausgerüstet sind die Schiffe: Sie sind hochseetauglich und können dem kräftigen Wind, der auch im Sommer am Schwarzen Meer auftreten kann, trotzen. Dafür werden bevorzugt jene großen Schiffe aus der Boizenburg-Werft in der ehemaligen DDR eingesetzt, wie man sie auch von der Wolga kennt: robuste Kreuzer mit gediegenem Komfort, auf denen landesübliche Küche serviert wird und lokale Folklore für die Unterhaltung sorgt. Mit der **Fidelio** ist auch ein anspruchsvolleres Komfortschiff dabei; es wird auch 2014 wieder von 1AVista angeboten, auch in Kombination mit einer Donau-Kreuzfahrt ab Passau. Letzteres bietet auch nicko tours auf der **Watutin** auf dem Dnepr und der **Wolga** auf der Donau.

Anders als in Russland ist für Reisen in die Ukraine ein Visum nicht nötig.

Höhepunkte sind neben der Metropole Kiew, wo meist zwei oder drei Tage verbracht werden, die Kosakenstadt Saparoschje, das zu neuem Glanz erwachte Seebad Jalta auf der Krim und die Hafenstädte Odessa und Sewastopol, wo die Schwarzmeerflotte zu Hause ist. Samt einschlägigem Soldatenchor übrigens, dessen herzerweichende Darbietungen man auf keinen Fall verpassen sollte.

- **Dnepr (150 Gäste; Standard)**
- **Dnepr Star (260 Gäste; Standard)**
- **Dnieper Princess (260 Gäste; Standard)**
- **Fidelio (148 Gäste; Komfort)**
- **Watutin (280 Gäste; Standard)**

Russische Flüsse: Wolga, Don und Lena

Der Russland-Klassiker ist und bleibt die Fahrt von Moskau nach St. Petersburg. Wachsender Nachfrage erfreut sich aber auch die dreiwöchige „Große Wolga-Reise" bis ans Kaspische Meer

Mit dem Schiff von Moskau nach St. Petersburg: Erst im 20. Jahrhundert wurde diese Passage von der **Wolga** zur **Newa** dank des **Moskau-Wolga-Kanals** und des **Wolga-Baltik-Kanals** möglich. Auf der beliebten Route, zu der auch die Fahrt über Europas größte Binnengewässer gehört (**Ladogasee** und **Onegasee**), verkehren rund 60 Passagierschiffe. Die meisten wurden zu Sowjetzeiten in der DDR gebaut und werden von russischen Eignern verchartert. In den Programmen mehrerer deutscher Anbieter, von Plantours über Phoenix, 1AVista und nicko tours bis Dertour, ist diese Strecke seit Jahren gesetzt. Nur noch im englischsprachigen Markt angeboten werden dagegen die Schiffe von Viking River Cruises.

In Moskau

Höhepunkte dieser Reise sind zweifellos die Aufenthalte in den beiden Metropolen zu Beginn und am Ende (die Fahrt wird in beiden Richtungen angeboten): In Moskau und St. Petersburg werden je meist zwei- bis dreitägige Vor- und Nachprogramme absolviert, mit Besichtigungen von Kreml und Eremitage, Besuchen im Bolschoi-Theater oder im St. Petersburger Ballett und Ähnlichem mehr. Dem unbekannteren Russland begegnet man längs der Strecke: Sie führt durch die weiten Wälder Kareliens, durch Stauseen und Schleusen aus stalinistischer Zeit – und zu kulturellen Perlen wie der Klosterinsel Kishi im Onegasee oder den Zarenstädten Jaroslawl, Kostroma und Uglitsch am „Goldenen Ring".

Steigende Nachfrage erlebt seit einiger Zeit aber auch die „Große Wolga-Reise", wie sie 2014 zum Beispiel auf der **Kandinsky** von 1A Vista Reisen und auf der **Michael Scholochow**

Die Volga Dream in Moskau (o.); Erlöserkirche und Peterhof in St. Petersburg

von Phoenix Reisen gebucht werden kann: Sie beginnt in St.Petersburg, führt auf der klassischen Stecke zuächst bis Jaroslawl – und dann im großen Bogen durch Russland auf der Wolga über Nishni Nowgorod, Kazan und Wolgograd bis zur Mündung der Wolga bei Astrachan ins Kaspische Meer. Über den **Wolga-Don-Kanal** folgt zum Schluss noch die letzte Etappe bis nach Rostov am **Don**. Eine Russlandreise für Fortgeschrittene also – für die man auch Zeit braucht: Sie dauert in der Regel 20 Tage. Auch sie wird in beiden Richtungen angeboten – was auch für die etwas kürzere Variante gilt, die Moskau als Start- (oder Ziel-)hafen hat: Sie steht 2014 im Programm der **Volga Dream** von Dertour und der **Ivan Bunin** von Phoenix Reisen.

Wer es noch abenteuerlicher mag, bucht die **Lena** in der sibirischen Region Jakutien; Lernidee Reisen hat dafür die **Michael Svetlov** gechartert. Die insgesamt 16-tägige Tour (mit Vorprogramm Moskau) führt über den Polarkreis zu den legendären Lena-Felsen und weiter in die endlosen Weiten von Tundra und Taiga. Nur im Frühsommer ist diese Reise möglich. Und wie für alle Russland-Reisen braucht man dafür ein Visum.

Schiffe auf russischen Flüssen 2014

- Andrey Rublev (250 Gäste; Standard)
- Chekhov (220 Gäste; Standard)
- Fedin (240 Gäste; Standard)
- Igor Stravinski (240 Gäste; Standard)
- Ivan Bunin (210 Gäste; Standard)
- Kandinsky (196 Gäste; Standard)
- Lavrinenkov (231 Gäste; Standard)
- Michael Scholochow (260 Gäste; Standard)
- Michael Svetlov (136 Gäste; Standard; fährt auf der Lena in Sibirien)
- Simonov (280 Gäste; Standard)
- Tschitscherin (240 Gäste; Standard)
- Volga Dream (100 Gäste; Premium)

Die Road To Mandalay in Burma

Flüsse für Sammler

Amazonas, Mississippi, Nil – und in Asien Jangtse, Mekong, Irrawaddy oder Ganges: Auch außerhalb Europas gibt es vom Fluss aus viel zu entdecken

Die jährliche Kreuzfahrtenstatistik des Deutschen Reise Verbands (DRV) fasst sie unter „Sonstige" zusammen. Weil nur um die 7.000 deutsche Passagiere sie pro Jahr buchen – nicht einmal zwei Prozent des gesamten Flussreisenmarktes. Gemeint sind damit alle „Exoten", die auf den folgenden Seiten behandelt werden. Alle bis auf einen: den Nil. Der allein nämlich bringt es – normalerweise – auf bis zu 100.000 Buchungen aus Deutschland pro Jahr, fast so viele wie der nach der Donau (über 140.000) zweitplatzierte Rhein. Doch „normal" ist die Lage am Nil schon seit 2011 nicht mehr: Wegen der ungewissen politischen Situation sind es magere Jahre für den Ägypten-Tourismus, verschärft noch einmal seit den neuerlichen Unruhen im Sommer 2013. Doch weil der Nil eine der schönsten außereuropäischen Flussdestinationen ist und bleibt – und weil die Hoffnung

Neue Ufer in fernen Welten: Exotische Flussreiseziele finden sich auf allen Kontinenten

auf eine Verbesserung der politischen Rahmenbedingungen weiter besteht –, bleibt ein Kapitel zum Nil Teil dieses Buches.

Auch ein anderer berühmter Strom hat turbulente Zeiten durchgemacht: Auf dem Mississipppi fuhr von 2009 bis 2011 kein einziger der legendären Raddampfer mehr; die große Finanzkrise war der Grund dafür. 2012 aber haben sich die ersten Schiffe wieder zurückgemeldet. Deshalb hat der „Ol' Man River" in diesem Buch nicht nur seinen angestammten Platz in den Revierbeschreibungen (S. 298), sondern wird auch in einer eigenen Reportage (ab S. 230) in Wort und Bild vorgestellt.

Weitere Destinationen für Flüssesammler liegen in Afrika (Chobe River, Senegal River), in Südamerika (Amazonas) – und vor allem in Asien: der Jangtse und der Mekong, der Ganges und der Brahmaputra, der Irrawaddy in Burma oder der River Kwai in Thailand. Echte Exoten also, die zu bereisen oft bedeutet, dass man die Flussfahrt als Teil eines Pakets bucht, das auch Rundreisen, Hotelnächte und lange An- und Abreisen enthält. Und bei denen die Schiffe so ganz anders daherkommen als bei uns in Europa: Riesengroß sind sie auf dem Jangste – winzig klein und oft aus Teakholz gebaut auf dem Mekong und auf dem Irrawaddy.

Flussschiffer in China

Auf dem Nil

Von Kairo bis Assuan auf dem Strom der Pharaonen: Die politische Lage wird Ausschlag darüber geben, wann dies wieder möglich ist

Alle schauen auf das Auswärtige Amt. So jedenfalls ist es bei Redaktionsschluss dieses Buches Ende September 2013: Seitdem im Sommer eine offizielle Reisewarnung für ganz Ägypten erlassen wurde, steht am Nil fast alles still. Die Sicherheitslage gebietet es: Seit Frühjahr 2011, als Präsident Mubarak gestürzt wurde, ist Ägypten kaum zur Ruhe gekommen. Zuletzt eskalierte die Lage noch einmal beträchtlich nach dem Sturz der Regierung Mursi. Wie sehr Ägyptens Tourismuswirtschaft darunter leidet, liegt auf der Hand – dass eine Gefährdung von Reisenden nicht akzeptiert werden kann, aber ebenso. Und auch wenn zum aktuellen Zeitpunkt erwartet wird, dass die Reisewarnung in Kürze zumindest teilweise aufgehoben werden kann, so gilt dennoch: Bevor man eine Nilkreuzfahrt bucht, sollte man unter **www.auswaertiges-amt.de** prüfen, ob möglicherweise noch eine Teilreisewarnung für das Niltal besteht.

Die Hoffnung, dass die Dinge sich zum Guten wenden, ist aus gutem Grund groß: Am Nil liegt die wohl größte Flussflotte der Welt. Eine ganze Industrie hat sich darauf eingestellt, Reisende zu den Zeugnissen jener fünf Jahrtausende alten Kultur zu bringen, die an Afrikas längstem Strom zu bestaunen ist. Gerade Deutsche waren – neben Briten – über Jahrzehnte die treuesten Gäste auf diesem Fluss. Möge die Politik es ermöglichen, dass sie bald wiederkommen können.

Denn als Flussdestination ist und bleibt der Nil einzigartig – erst recht, seitdem im Winter 2012 erstmals wieder eine Reise angeboten werden konnte, die zuvor nicht möglich gewesen war: die lange Passage von Kairo über Luxor bis hinauf nach Assuan. Sandbänke im

Eine Dahabeya auf dem Nil; die Hassan-Moschee in Kairo; ein First Class-Schiff von nicko tours

Unterlauf hatten dies über zwei Jahrzehnte hinweg verhindert – nun ist es, nach entsprechenden Arbeiten an der Fahrrinne, wieder möglich. Neben der – bekannten – Kurzvariante natürlich: der meist fünftägigen Flussfahrt von Luxor nach Assuan, verbunden mit einem Vorprogramm in Kairo (von wo aus man per Flugzeug nach Luxor weiterreist) und einem Tagestrip zum Tempel von Abu Simbel am Nassersee und oft kombiniert mit einem abschließenden Badeaufenthalt am Roten Meer.

Vorbehaltlich der Annahme, dass die Lage sich entspannt, noch einige Hinweise zu den Schiffen, die man für Nilreisen buchen kann. Man trifft auf eine große Bandbreite hinsichtlich Größe und Ausstattung. Klassifiziert wird meist nach „Komfort"-, „First"- und „Premium First"-Class, was in Landeskategorien drei, vier oder fünf Sternen entspricht. Ein Tipp für alle, die das Besondere suchen: Neben Motorschiffen verkehren auch traditionelle Segler, die so genannten **Dahabeyas**, auf dem Nil. Sie haben Platz für bis zu 20 Passagiere und segeln in gemächlichem Tempo zu Anlegeplätzen, die für die Motorschiffe nicht erreichbar sind. Ägypten für Insider – insch' Allah ...

Schiffe auf Nil & Nassersee 2013

- Club Vision
- Dahabeyas
- Darakum
- Egyptian Princess
- Feddya
- Grand Glory
- Grand Palm
- Grand Preziosa
- Grand Rose
- Grand Star
- Grand Sun
- Hamees
- King of Egypt
- Mahrousa
- Misr
- Miss Esadora
- Nile Beauty
- Nile Excellence
- Nile Romance
- Nile Smart
- Nile Supreme
- Orchestra
- Prince Abbas
- Royal Lily
- Royal Lotus
- Steigenberger Legacy
- Steigenberger Omar El Khayam (Nassersee)
- Sultan Hassan
- Suntimes

Auf dem Jangtse

Schluchten, Geisterstädte, Staudämme: An Chinas längstem Strom sind Attraktionen aus zwei Jahrtausenden zu bestaunen

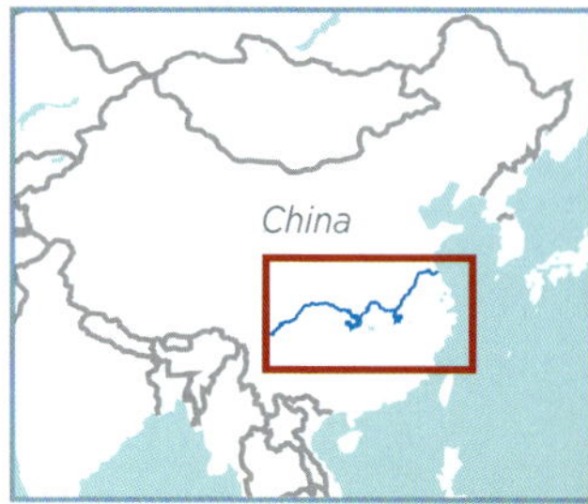

Chang Jiang, „Langer Fluss", nennen die Chinesen den Jangste: bei 6.300 Kilometern Länge wahrhaftig keine Übertreibung. Die Donau, zum Vergleich, misst 2.888 Kilometer von der Quelle bis zur Mündung – und Städte wie Chongching oder Shanghai gibt es an ihr nicht. Sie haben von Chongching noch nie gehört? Mit über 30 Millionen Menschen in ihrem Einzugsgebiet ist sie eine der größten, wenn nicht bereits *die* größte Stadt der Welt! Ihr rasendes Wachstum hat sie seit der Flutung der Drei Schluchten (ab 2003) und den damit verbundenen Umsiedlungen erlebt; zuvor dämmerte die über 800 Jahre alte Bergstadt als Provinzmetropole eher vor sich hin. Eine Reise auf dem Jangtse ist also eine Begegnung mit dem alten und dem neuen China: einem Land, das Entwicklungssprünge vollzogen hat, die im alten Europa kaum vorstellbar sind.

Die Skyline von Shanghai

So betritt man etwa gleich hinter Chongching eine ganz und gar mystische Welt: die Geisterstadt Fengdu mit dem 1.600 Jahre alten Tempel des Höllenkönigs. Dann folgt die „Edelsteinfestung" von Shibaozhai, eine in den Fels gebaute zwölfstöckige Holzpagode. Bei Wushan mündet der **Daning-Fluss** in den Jangtse, der hier die „Drei kleinen Schluchten" bildet: Sie werden von Wushan aus befahren und faszinieren mit dicht zusammen stehenden Felswänden mit „hängenden Särgen". Dann der **Drei-Schluchten-Staudamm** selbst – ein (umstrittenes) Bauwerk der Superlative. Mit über 2.300 Metern Länge und 185 Metern Höhe ist er das größte Wasserkraftwerk der Welt. 1,3 Millionen Menschen mussten für seinen Bau umgesiedelt werden,

über 30 Milliarden Euro soll das Projekt gekostet haben.

In ganz anderer Hinsicht atemberaubend sind die bis zu 1.800 Meter hohen Huangshan-Berge bei Guichi am unteren Jangtse. Sie bilden Chinas ältestes Naturschutzgebiet. Weiter flussabwärts wartet die ehemalige Reichshauptstadt Nanjing (früher: Nanking), ausgestattet mit der weltgrößten Stadtmauer: Über 33 Kilometer windet sie sich um die Innenstadt. Zum Pflichtprogramm zählt auch Suzhou, eine aufstrebende Hightech-Metropole im Westen von Shanghai, deren Gartenparadiese zum Weltkulturerbe der Unesco gehören. Und ein Muss am Ende (oder Anfang) der Reise ist Shanghai selbst. Das einstige „Paris des Ostens" ist mit seinen heute fast 15 Millionen Einwohnern eine Stadt der Superlative und Baurekorde.

All das zu erleben, dafür steht eine Flotte von über 30 Passagierschiffen bereit. Angeboten werden in der Regel zwei Routen; die kurze führt von Yichang nach Chongching (oder umgekehrt) und die längere von Chongching nach Shanghai (oder umgekehrt). Oft werden Jangtse-Kreuzfahrten aber auch in Kombination mit China-Rundreisen angeboten, mit Besuchen Pekings, der Großen Mauer und der alten Kaiserstadt Xi'an. Grundsätzlich benötigen Ausländer dafür ein Visum! Die besten Reisezeiten sind von Mitte März bis Juni oder von Anfang September bis Ende Oktober.

Die meisten Schiffe fahren für englischsprachige Gäste; allein die US-Reederei **Victoria Cruises** hat sieben Schiffe im Einsatz. Die größten haben Platz für über 300 Gäste, so auch der Neubau **Century Paragon**, der bei nicko tours angeboten wird und mit einem über 200 Quadratmeter großen Spabereich neue Maßstäbe auf dem Jangtse setzt. Neu bei Phoenix Reisen ist die 2001 in China gebaute **Yangtse Victoria** (160 Gäste), und für Thurgau Travel aus der Schweiz fährt 2014 die **President No. 7** mit bis zu 190 Gästen.

In der Geisterstadt Fengdu (o.), darunter die Century Paragon mit ihrem Innenpool

Die Mekong Sun ist eines von fünf Schiffen bei Lernidee. Rechts eine Marktszene in Laos

Auf dem Mekong in Südostasien

Mit 4.350 Kilometern Länge, von der Quelle in Tibet bis zur Mündung ins Südchinesische Meer, ist der Mekong Südostasiens mächtigster Strom. Seinen Anwohnern ist er heilig: Sie nennen ihn „Mutter aller Wasser" oder „Buddhas eigenen Fluss" – entsprechend dicht stehen die Tempel, Pagoden und Klöster an seinen teils noch von Urwäldern gesäumten Ufern. Noch intakt scheint auch das Ökosystem des Mekong: Er gilt als einer der fischreichsten Flüsse der Welt.

Und seit einigen Jahren hat er sich zu einem echten Trendziel im Flussreisenmarkt entwickelt. Die abenteuerlichen Fahrten auf den typischen Holzschiffen der Region bieten nicht nur Reisebilder wie aus einer anderen Zeit, sondern auch die Begegnung mit gleich vier Ländern: Vietnam, Laos, Kambodscha und Thailand. Verschiedene Routen sind dabei möglich: Mal wird nur ein kurzer Abschnitt in Laos befahren, wo die alte Königsstadt Luang Prabang der unbestrittene Reisehöhepunkt ist. Oder es geht über die ganze Strecke von Ho-Chi-Minh-Stadt (früher Saigon) über Kambodschas Hauptstadt Phnom Penh und weiter über den See Tonle Sap bis hinauf nach Angkor Wat, der magischen Tempelstadt mitten im Urwald, die nach Ansicht vieler allein schon eine Weltreise wert ist.

Ein Erlebnis für sich sind auch die Schiffe auf dem Mekong: nostalgische Teakholzboote mit 12 bis 50 Kabinen – und immer mit überaus freundlichen Crews. Neuere Schiffe wie die **Marguerite** sind luxuriöse Boutique-Kreuzer im französischen Kolonialstil. Sie steht, neben vier anderen Mekong-Schiffen, im Programm von Lernidee aus Berlin.

- **Jayavarman (58 Gäste; Lernidee, Rb. Mittelthurgau)**
- **La Marguerite (92 Gäste; Lernidee)**
- **Lan Diep (44 Gäste; Phoenix Reisen)**
- **Mekong Explorer (32 Gäste; Lernidee, Thurgau Travel)**
- **Mekong Islands (22 Gäste; Lernidee)**
- **Mekong Navigator (68 Gäste; Dertour)**
- **Mekong Prestige (63 Gäste; 1A Vista Reisen)**
- **Mekong Sun (32 Gäste; Lernidee, Thurgau Travel)**

Die Lan Diep fährt für Phoenix Reisen

Pagoden in der Bagan-Ebene; das Teakholzschiff Paukan auf dem Irrawaddy

Der Irrawaddy in Burma

Das „goldene" Burma, offiziell heute Myanmar, blickt in die Zukunft: Nachdem es seit 1962 von einer diktatorischen Generalsclique regiert worden war, erhielt es 2011 nach langem Kampf endlich einen zivilen Präsidenten, der den demokratischen Wandel eingeleitet hat. Für die Opposition um die Friedensnobelpreisträgerin Aung San Suu Kyi ein epochaler Sieg – und für die Bevölkerung ein Signal zum Aufbruch. Allzu lange war für sie die Begegnung mit Fremden eines der wenigen, wenn nicht das einzige Fenster zur Welt. Und noch jeder, der Burma bereist hat, erlebte ein Land wie aus einer anderen Zeit: ein altes Kulturland mit magischen Landschaften und goldenen Pagoden. Die Heiligtümer der Bagan-Ebene etwa (und nicht nur sie) sind einzigartig auf der Welt. Die bequemste Art, dies zu erleben, ist eine Flussreise auf dem Irrawaddy (auch: Ayeyarwady). Von Oktober bis März kann man ihn zwischen Mandalay und Bagan bereisen, auch bis Bhamo in Oberburma. Unter den Schiffen, die das Abenteuer ermöglichen, gilt noch immer die **Road To Mandalay** als Grande Dame. Mit der **Orcaella** kam 2013 ein ebenbürtiger Neubau hinzu.

- **Orcaella (50 Gäste; VSOE Orient Express)**
- **Katha Pandaw (32 Gäste; Reisebüro Mittelthurgau)**
- **Pandaw 2 (32 Gäste; Reisebüro Mittelthurgau)**
- **Paukan (55 Gäste; Geoplan, Lernidee)**
- **Paukan 1947 (32 Gäste; Phoenix Reisen, Thurgau Travel)**
- **Road To Mandalay (82 Gäste; VSOE Orient Express)**
- **Thurgau Exotic I & II (21 bzw. 28 Gäste; Thurgau Travel)**

Road To Mandalay – die Grande Dame auf dem Irrawaddy

Der Mississippi, wie Mark Twain ihn schilderte. An Bord der Dampfer herrscht barocke Pracht

Mississippi & Amazonas

Die liebsten Flussreiseziele der Amerikaner liegen in ... Europa! Der Rhein, die Donau, die Wolga. Aus Mangel an Alternativen daheim? Eine Zeitlang schien es tatsächlich so: Im Gefolge der Finanzkrise ab Ende 2008 gerieten die Veranstalter von Flussreisen auf dem **Mississippi** in derartige Nöte, dass auf dem „Ol' Man River" von 2009 bis 2011 keiner der großen alten Raddampfer mehr fuhr. Eines von ihnen, die legendäre **Delta Queen**, ging in Chattanooga als Hotelschiff an die Pier – und liegt dort bis heute. Seit Sommer 2012 gibt es trotzdem Entwarnung: Mit viel Pomp ließ die Firma American Cruise Lines die nagelneue **Queen of the Mississippi** vom Stapel und brachte auch die ältere **American Queen** wieder in Fahrt. Beide haben Platz für je gut 150 Passagiere und kreuzen auch auf den Nebenflüssen Ohio und Tennessee River (hierzu auch S. 230–34).

FOTO: M. Marczok

Keine Pause musste der größte Strom Südamerikas einlegen: Flussfahrten auf dem **Amazonas** haben ungebrochen Konjunktur. Der nach dem Nil zweitlängste Fluss der Erde ist so gewaltig, dass sogar Hochseeschiffe wie die **Hanseatic** oder die **AIDAcara** auf ihm fahren können – jedenfalls bis hinauf nach Manaus, der Stadt mit dem Opernhaus inmitten des Dschungels. Wer über die weitverzweigten Nebenflüsse noch tiefer in den Regenwald eindringen will, dem sei ein kleineres Schiff wie die **Amazon Clipper Premium** empfohlen, die bei Phoenix Reisen und Lernidee angeboten wird (Foto unten). Es hat geringen Tiefgang, Kabinen mit Klimaanlage, Safe und Nasszelle – und eine routinierte Crew, die auch schon mal Piranhas aus dem braunen Flusswasser angelt. Abenteuer pur!

Amazon Clipper Premium

Echte Exoten: die Charaidew auf dem Brahmaputra und die Zambezi Queen in Botswana

Indien, Thailand, Afrika

Flussreisen für alle Sinne: Das gibt es auf dem indischen Subkontinent. Mit Luxus haben sie weniger zu tun – dafür kann man Nashörnern und Elefanten begegnen. Oder Teeplantagen besuchen und farbenfrohe Tempelfeste erleben. Robuste Schiffe wie die **Charaidew**, die **Bengal Ganges** oder die **Rajmahal** machen das Abenteuer möglich: Sie kreuzen auf dem vom Himalaya ins bengalische Tiefland fließenden **Brahmaputra** ebenso wie auf dem **Ganges,** Indiens heiligem Strom, der in Bangladesch sein Delta bildet. Als Veranstalter seien Phoenix Reisen, Lernidee und Thurgau Travel in der Schweiz genannt. Und wer Südindien komfortabel bereisen will, bucht eine Tour durch die **Kerala Backwaters** bei Cochin: Die dort fahrenden Reisboote sind große Hausboote mit oft bestem Komfort.

Echte Tropenabenteuer kann man auch in Thailand finden, auf dem berühmten **River Kwai**. Dort kreuzt ein Schiff gleichen Namens mit bis zu 20 Gästen auf 3- bis 4tägigen Törns; über www.cruiseasia.net kann man sie buchen. Noch intimer sind die Reisen auf zwei Teakholzschiffen, die auf dem **Chao Praya** von Bangkok nach Ayuttayah fahren: **Anantara Dream** und **Anantara Song** befördern auf Drei-Nächte-Touren durch Thailand nur vier bzw. acht Personen.

Oder wie wär's mit einer Luxus-Cruise samt Safari in Afrika? Auf dem **Chobe River** in Botswana geht das mit der so schmucken wie coolen **Zambezi Queen**. 2009 gestartet, bietet sie Safari-Erlebnisse de luxe, mit „Game Drives" zu Elefanten, Büffeln und Löwen, mit Touren in eigens mitgeführten Motorbooten – oder schlicht mit der Panoramaaussicht aus den äußerst opulent bemessenen Designer-Kabinen (Info: www.zambeziqueen.com).

Nicht ganz so komfortabel sind Reisen auf dem Senegal River in Westafrika. Lernidee aus Berlin bietet sie auf der **Bou El Mogdad** an (Foto unten). Der Kreis der Interessenten ist aber offenbar klein. Ob das Schiff 2014 wieder fahren wird, war bei Redaktionsschluss noch nicht zu erfahren.

Die Bou el Mogdad am Senegal River

SEESCHIFFE

FLUSSSCHIFFE

REEDEREIEN & VERANSTALTER

BELLEVUE AND MORE

Uwe Bahn, Johannes Bohmann
Kreuzfahrt Guide 2014

Autoren

Uwe Bahn, Dr. Johannes Bohmann (Hauptautoren), Dr. Ulrich Brümmer, Franz Marc Frei, Peggy Günther, Thomas P. Illes, Sigrid Krings, Franz Neumeier, Christian Oldendorf, Oliver Schmidt, Marc Tragbar

Chefredaktion Claus-Peter Haller
Redaktion Dr. Johannes Bohmann
Grafik Claudia Spring
Litho PROFIREPRO GmbH/ Guido Zbinden
Bildredaktion Dr. Johannes Bohmann, Christian Oldendorf
Schlussredaktion Lektornet (www.lektornet.de), Heike Heijnk
Karten Axel Kock (www.AxelKock.de), Jochen Schäfers (www.gecko-graphics.de)

Verlag

BELLEVUE AND MORE GmbH
Dorotheenstraße 64, 22301 Hamburg
Tel. +49 (0)40 696 595-0
Fax +49 (0)40 696 595-399
E-Mail info@bellevue.de
Internet www.kreuzfahrtguide.com

Geschäftsführung Andrea Wasmuth
Gesamtleitung Anzeigen und Marketing Sebastian Schurz
Anzeigendisposition Andreas Schröder
Druck Kraft Druck GmbH, Ettlingen

Vertrieb

GEO CENTER Touristik
+ Medienservice GmbH
Schockenriedstr. 44
70565 Stuttgart
Tel. +49 (0)711 78 19 46 10

DPV Network GmbH
Postfach 57 04 12
22773 Hamburg
Tel. +49 (0)40 37 84 50

Fotonachweis

Wir bedanken uns für die freundliche Genehmigung zum Abdruck der Fotos aus den Archiven der Reedereien, Veranstalter und Fremdenverkehrsämter. Von ihnen oder aus dem Archiv des Verlags stammen, soweit nicht anders vermerkt, sämtliche Fotos in diesem Band.

Die für die Recherche erforderlichen Reisen, die in diesem Buch geschildert werden, fanden statt mit freundlicher Unterstützung der Reedereien und Veranstalter.

1. Auflage 2013
ISBN 978-3-9813349-4-4
Pressecode 73486